Theologica

Theologica

Publicações de Teologia, sob a responsabilidade
do Departamento de Teologia
FAJE – Faculdade Jesuíta de Filosofia e Teologia
Av. Dr. Cristiano Guimarães, 2127 – Planalto
31720-300 Belo Horizonte, MG
Telefone 55 31 3115 7000 / Fax 55 31 3115 7086
www.faculdadejesuita.edu.br

ORGS.
FRANCISCO DAS CHAGAS DE ALBUQUERQUE

FRANCISCO DE AQUINO JR.

IGNACIO ELLACURÍA

Escritos teológicos

Tradução
Cesar Kuzma
Eduardo Pessoa Cavalcante
Francisco de Aquino Júnior
Francisco Taborda
Jerfferson Amorim
José F. Castillo Tapia
Luiz Carlos Susin
Matheus S. Bernardes

Edições Loyola

Título original:
Escritos teológicos I, II, III, IV
Universidad Centroamericana José Simeón Cañas
Centro Monseñor Romero

Dados Internacionais de Catalogação na Publicação (CIP)
(Câmara Brasileira do Livro, SP, Brasil)

Ignacio Ellacuría : escritos teológicos / organização Francisco das Chagas de Albuquerque, Francisco de Aquino Júnior. -- 1. ed. -- São Paulo : Edições Loyola, 2024. -- (Coleção Theologica)

ISBN 978-65-5504-407-2

1. Ellacuría, Ignacio, 1930-1989 - Crítica e interpretação 2. Teologia da libertação 3. Teologia - Estudo e ensino I. Albuquerque, Francisco das Chagas de. II. Júnior, Francisco de Aquino. III. Série.

24-226734   CDD-261.8

Índices para catálogo sistemático:
1. Teologia da libertação : Cristianismo   261.8

Aline Graziele Benitez - Bibliotecária - CRB-1/3129

Conselho editorial
Álvaro Mendonça Pimentel (UFMG, Belo Horizonte)
Danilo Mondoni (PUG, Roma)
Élio Gasda (Univ. Comillas, Madrid)
Gabriel Frade (FAU-USP, São Paulo)
Geraldo Luiz De Mori (Centre Sèvres, Paris)
Lúcia Pedrosa-Pádua (PUC-Rio, Rio de Janeiro)
Raniéri Araújo Gonçalves (Loyola University Chicago)

Preparação: Tarsila Doná
Capa: Ronaldo Hideo Inoue
(execução a partir do projeto gráfico original de Mauro C. Naxara)
Diagramação: Telma Custódio

Edições Loyola Jesuítas
Rua 1822 nº 341 – Ipiranga
04216-000 São Paulo, SP
T 55 11 3385 8500/8501, 2063 4275
editorial@loyola.com.br
vendas@loyola.com.br
www.loyola.com.br

Todos os direitos reservados. Nenhuma parte desta obra pode ser reproduzida ou transmitida por qualquer forma e/ou quaisquer meios (eletrônico ou mecânico, incluindo fotocópia e gravação) ou arquivada em qualquer sistema ou banco de dados sem permissão escrita da Editora.

ISBN 978-65-5504-407-2

© EDIÇÕES LOYOLA, São Paulo, Brasil, 2024

Advertência:
As traduções deste livro
seguem o conteúdo dos textos originais.

Sumário

Apresentação 11

Capítulo 1 O desafio cristão da teologia da libertação 15
1. A história como lugar pleno de realidade e de salvação 17
2. A história da salvação como história de libertação 19
3. A descentralização e a desocidentalização da fé cristã 24

Capítulo 2 História da salvação e salvação na história 29
1. A secularização como determinante da atividade cristã atual 31
2. O preconceito da a-historicidade da salvação 35
3. Existe uma história da salvação 36
4. A história da salvação é a salvação na história 38

Capítulo 3 História da salvação 43
1. De uma consideração naturalista a uma consideração histórica da salvação 43
2. História da salvação 47
3. Salvação e história 53
4. Há salvação na história? 60
5. O sujeito histórico da salvação 63

Capítulo 4 Os pobres como lugar teológico na América Latina ... 69
1. Quem são os pobres na América Latina? 71
2. Em que sentido os pobres são "lugar teológico" na América Latina? 76

3.	O caráter "absoluto" dos pobres na Igreja	81
4.	Os pobres, lugar teológico "e" lugar político na América Latina	84

Capítulo 5   Pobres 89
1. Realidade social dos pobres no mundo atual 91
2. Conceito teologal de pobre 94
3. Conceito cristológico de pobre 96
4. Conceito soteriológico de pobre 100
5. Conceito eclesiológico de pobre 103

Capítulo 6   O autêntico lugar social da Igreja 109
1. Nova consciência do problema 109
2. Como encontrar o lugar social autêntico 111
3. Os fatores sociológicos 112
4. Os fatores teológicos 115

Capítulo 7   Recuperar o reino de Deus: desmundanização e
              historicização da Igreja 119
1. Reino de Deus e desmundanização da Igreja institucional 119
2. Conversão da Igreja ao reino de Deus 122
   2.1. Um centro fora de si mesmo 122
   2.2. A totalidade da pregação de Jesus 123
   2.3. Cinco características do reino 124

Capítulo 8   A Igreja dos pobres, sacramento histórico
              de libertação 129
1. A Igreja, sacramento histórico de salvação 130
2. A libertação como forma histórica de salvação 138
3. A Igreja dos pobres, sacramento histórico de libertação 146

Capítulo 9   Monsenhor Romero, um enviado de Deus para
              salvar seu povo 157
1. A força histórica do Evangelho 158
2. A conversão de monsenhor Romero 159
3. A concreção histórica de sua conversão 160
4. A salvação do processo histórico 162

Capítulo 10   Espiritualidade 165
1. O espiritual e o material: duas dimensões do homem 166
2. Em direção a uma correta compreensão da
   espiritualidade inaciana 167
   2.1. O Espírito e a Bíblia 167

2.2. Presença histórica do Espírito 168
2.3. A espiritualidade cristã como dom de Deus aos pobres 170
3. Características específicas da espiritualidade cristã 170

Capítulo 11 Utopia e profetismo a partir da América Latina: um ensaio concreto de soteriologia histórica 175
1. A utopia cristã só pode ser construída a partir do profetismo, e o profetismo cristão deve levar em conta a necessidade e as características da utopia cristã 177
2. A América Latina é hoje um lugar privilegiado de profetismo e utopia, embora a atualização de sua potencialidade profética e utópica esteja longe de ser satisfatória 182
   2.1. Realidade e realizações 182
   2.2. Pseudo-utopias 183
3. O profetismo utópico da América Latina aponta para uma nova forma de liberdade e humanidade mediante um processo histórico de libertação 185
   3.1. Denúncia profética radical 185
      3.1.1 Relações Norte-Sul e Leste-Oeste 185
      3.1.2 O sistema capitalista 186
      3.1.3 A Igreja institucional 190
   3.2. Profetismo de denúncia e utopia 192
      3.2.1 Um projeto global universalizável 192
      3.2.2 Opção preferencial pelos pobres 193
      3.2.3 O impulso da esperança 195
      3.2.4 "Começar de novo" 196
      3.2.5 Profetismo da libertação 198
4. A utopia cristã proclama de forma histórica a criação do novo ser humano, da nova terra e do novo céu 202
   4.1. O novo ser humano 202
   4.2. A terra nova 207
      4.2.1 Uma nova ordem econômica 208
      4.2.2 Uma nova ordem social 215
      4.2.3 Uma nova ordem política 217
      4.2.4 Uma nova ordem cultural 220
   4.3. O novo céu 222
      4.3.1 Um novo céu cristológico 222
      4.3.2 A Igreja de Cristo 223

Capítulo 12 A teologia da libertação face à mudança sócio-histórica na América Latina 227
1. Tipologia de algumas atitudes face ao desafio político da teologia da libertação 230

2.	Modelos de relação com os movimentos sociais e políticos	235
3.	A teologia da libertação e os movimentos marxistas	242
4.	A teologia da libertação e a violência	248
5.	A título de conclusão	252

Capítulo 13 Para uma fundamentação do método teológico latino-americano 255

1. Dois exemplos de método teológico 259
2. O problema dos fundamentos filosóficos do método teológico latino-americano 266
   2.1. Alguns pressupostos filosóficos do método teológico que devem ser superados 267
   2.2. Algumas afirmações fundamentais para uma reta conceituação do que é o inteligir humano em ordem à determinação do método teológico latino-americano 270
   2.3. Condicionamentos críticos do método teológico latino-americano 275

Apresentação

A obra teológica de Ignacio Ellacuría (1930-1989) constitui uma relevante contribuição para a teologia latino-americana da libertação. Os editores de seus *Escritos Teológicos*, publicados no ano 2000 pela UCA Editores, atestam, na apresentação da obra, que "se trata de uma autêntica teologia, por seu rigor e radicalidade para ler e conceitualizar teologicamente a realidade". Ressaltam ainda que seu pensar teológico mantém um "diálogo crítico com a tradição teológica", bem como "teve a liberdade de entabular esse diálogo com outras disciplinas, como a filosofia e as ciências sociais". Para além dessas relações, o interesse fundamental do teólogo era fazer uma teologia "desde e para a situação histórica da América Latina".

Ignacio Ellacuría foi filósofo, analista político e teólogo. Assumiu séria e criativamente a filosofia elaborada por Xavier Zubiri e foi reconhecido como um dos mais importantes autores do pensamento filosófico latino-americano na história recente. Ao Ellacuría filósofo foi atribuída a qualidade de um "agudo analista político". Mas foi, antes de tudo, teólogo. Sua atuação no campo teológico foi muito relevante e fecunda. Ele é considerado um dos mais eminentes representantes da teologia latino-americana da libertação. É sobretudo nesse âmbito que ele se revela original e inspirador. O teólogo espelha muito a influência de Karl Rahner, que foi seu mestre nos estudos teológicos. No discurso teológico de ambos se encontra o que se pode qualificar como "biografia existencial teológica". E, em sua encarnação no chão de El Salvador, foi marcado de modo decisivo pelo testemunho martirial de monsenhor Oscar Romero (1918-1980).

Com sua profunda formação filosófica e original vocação teológica, desenvolveu uma intensa atividade intelectual. Seu trabalho em favor do bem comum em El Salvador foi bastante intenso e fecundo. A partir da Universidade Centro-Americana, na qual foi professor e reitor, exerceu significativa influência na vida cultural, social, política e religiosa do país. Sua atuação teve significativa influência na sociedade salvadorenha como um todo. Suas publicações abrangem diversos campos. Escreveu centenas de páginas sobre ética-política e filosofia e sobre a identidade e a função da universidade. Dedicou-se ainda a temas variados, que vão da crítica literária à análise de cinema.

O teólogo entendia e vivia a espiritualidade como a "historização adequada do mais verdadeiro e vital sentido do Evangelho". O caminho espiritual dos Exercícios Espirituais de Santo Inácio de Loyola (1491-1556) possibilitou-lhe um encontro profundo com "Deus em Jesus" e com "Jesus em Deus". Essa experiência tornou-se, por sua vez, uma fonte essencial de inspiração e de iluminação para sua teologia. Por isso, ao aproximar-se de seu pensamento teológico, tem-se contato com um discurso que é integrado com a fé vivenciada pelo teólogo. Seu discurso teológico transparece um vigor realista que reflete a sintonia com o seu ambiente eclesial e a vida dos pobres e seus anseios. Em suas afirmações, manifesta-se sua firmeza em pôr-se a serviço deles, certo de que essa era a vontade de Deus. Desse modo, realiza-se uma verdade cristã fundamental: vivendo entre os pobres, não se pode amar a Deus sem amá-los efetivamente. Portanto, a teologia de Ignacio Ellacuría não se reduz ao exercício intelectual a partir das verdades reveladas e da vida da Igreja dos pobres. Seu discurso é enriquecido também pela própria prática do seguimento de Jesus de modo coerente. Daí a importância de se recomendar o estudo de sua teologia na contemporaneidade.

No Brasil, em vários ambientes de pesquisa e de reflexão teológica, sobretudo no nível de pós-graduação, tem-se proposto a leitura e a compreensão dessa teologia. No entanto, em que pese a proximidade da língua espanhola com o português, verificou-se certo grau de dificuldade para o estudo dos textos no idioma original, indicando a necessidade do acesso a eles em idioma nacional. Diante dessa demanda, e considerando o valor desses escritos para a reflexão teológica em faculdades de teologia que tenham interesse pelo estudo da teologia latino-americana da libertação, os professores Francisco de Aquino Junior (UNICAP) e Francisco das Chagas de Albuquerque (FAJE) organizaram a tradução de 13 textos dentre os escritos que compõem os quatro volumes de sua obra teológica.

APRESENTAÇÃO

Para uma leitura mais adequada dessas páginas, há que se considerar o contexto histórico latino-americano e caribenho, sobretudo a situação de El Salvador e da América Central do final da década de 1960 aos anos 1980, que marca fortemente a posição do autor. Encontramos em seus escritos temas e questões prementes naquele momento. Também a forma de abordagem, os conceitos e as referências teóricas empregadas na construção de suas reflexões e propostas respondem às condições e aos desafios então enfrentados. Tendo em conta esses fatores, será possível uma aproximação realista do pensamento do teólogo, identificando sua pertinência e relevância para o pensar teológico na contemporaneidade.

Entendemos que o estudo da teologia no continente latino-americano e caribenho, na linha do Vaticano II e da tradição teológica e eclesial que se desenvolveu a partir da recepção do Concílio em Medellín, não poderá descurar a atenção às reais situações históricas que afetam o ser humano e toda a obra da criação. Essa consciência, imbuída do espírito de comunhão, de participação e de dinamismo missionário, em consonância com o pensamento do papa Francisco, encontra, nos textos traduzidos que ora oferecemos, significativos subsídios para o aprofundamento de uma reflexão teológica encarnada.

Levou-se em consideração, na seleção dos temas, a possibilidade de oferecer uma visão global do pensamento teológico do autor, seguindo a ordem de classificação temática conforme os originais. Não poderíamos deixar de manifestar nossos especiais agradecimentos aos que possibilitaram a realização deste trabalho. Primeiramente, nosso agradecimento dirige-se à Universidad Centroamericana José Simeón Cañas – Centro Monsenõr Romero, na pessoa de seu diretor pe. Rodolfo Cardenal, que atendeu o nosso pedido cedendo os direitos autorais à Editora Loyola, a cujo diretor, pe. Eliomar Ribeiro de Souza, também estendemos nosso agradecimento por viabilizar esta publicação. Por fim, nossos agradecimentos se estendem aos que se empenharam na tradução dos escritos: Cesar Kuzma, Eduardo Pessoa Cavalcante, Francisco de Aquino Júnior, Francisco Taborda, Jerfferson Amorim, José F. Castillo Tapia, Luiz Carlos Susin e Matheus S. Bernardes.

Esperamos que este compilado seja de muito proveito para pesquisadores, docentes e discentes da ciência teológica, bem como para agentes de pastoral e lideranças populares. Sob o influxo do Espírito Santo, obtenham inspiração e descubram linhas de reflexão para a elaboração da teologia comprometida com o Evangelho, no seguimento de Jesus de Nazaré – o Verbo que se faz carne e habitou entre nós (Jo 1,14).

Prof. Francisco das Chagas de Albuquerque

CAPÍTULO 1
O desafio cristão da teologia da libertação

Este artigo apresenta um discurso que Ellacuría fez em Madri em 1987 no seminário "O temporal e o religioso no mundo de hoje"[1]. Aqui, levando em conta as várias críticas e acusações, são apresentadas as teses centrais da teologia da libertação. Traduzido de: *Escritos Teológicos I*, São Salvador: UCA, 2000, 19-33.

Pediram-me que abordasse o problema do religioso e do temporal sob a perspectiva da teologia da libertação. O cardeal Ratzinger acusou a teologia da libertação de reduzir a fé cristã à história e a história à política.

Para mostrar desde o início que não existe esse reducionismo, gostaria de mostrar que a abordagem da teologia da libertação não é simplesmente religiosa e política. A teologia da libertação considera o problema essencial, mas não fala do religioso em geral, mas do cristão; e não fala apenas de política, mas de história. A abordagem da teologia da libertação com relação ao problema do religioso e do temporal seria a do "cristão e do histórico", da fé cristã e da história. A política é uma dimensão importante da história, mas de forma alguma pretendemos reduzir a história à

---

1. Este artigo foi originalmente intitulado "Lo religioso y lo temporal en la teología de la liberación", que é o esboço não publicado desse discurso. A transcrição exata desse discurso foi publicada como "El desafío cristiano de la teología de la liberación", em *Carta a las iglesias* (23, 1992, 12-15; 265, 1992, 14-16). Para uma melhor compreensão do texto, o esboço foi completado com o discurso, tomando-se o devido cuidado para não alterar o significado do conteúdo.

política, especialmente se a política for entendida como a estruturação da sociedade a partir da perspectiva do poder e, especificamente, a partir da perspectiva do poder do Estado. A liberação histórica é uma liberação integral, e não apenas política. Além disso, não há problema de falta de religiosidade ou sacralidade na América Latina. O que a teologia da libertação busca é, em primeiro lugar, tornar essa religiosidade cristã. E, em segundo lugar, torná-la eficaz.

O que é certo, e o que Ratzinger percebeu muito bem, é que o conceito de história é de enorme importância na teologia da libertação. De acordo com Ratzinger, "pode-se dizer que o conceito de história, na teologia da libertação, absorve o conceito de Deus e de revelação [...]. A história assumiu o papel de Deus"[2]. Aceito que a história é um conceito-chave e fundamental na teologia da libertação, mas não aceito que ela absorva o conceito de Deus e de revelação de tal forma que os substitua e assuma o papel de Deus. Parte disso é verdade, mas veremos em que sentido. Para Ratzinger, após o desmantelamento dos dualismos, restaria apenas "a possibilidade de trabalhar por um reino que se realiza nesta história e em sua realidade político-econômica"[3]. Nisso ele está certo: a teologia da libertação luta contra os dualismos, mas diz que só trabalhamos para a história e na história, para sua realidade político-econômica. Assim, somos acusados de politizar tudo na teologia da libertação: o reino de Deus, o povo de Deus, a caridade, a fé, a esperança, os sacramentos, a moral, a salvação e a Bíblia.

Ratzinger continua dizendo, no artigo acima mencionado, que "aqui temos aquela fusão entre Deus e história que torna possível manter a fórmula de Calcedônia para Jesus, embora com um significado totalmente diferente"[4]. Em outras palavras, ele reconhece que aceitamos a fórmula de Calcedônia, na qual se confessa que Jesus é verdadeiro Deus e verdadeiro homem, mas daríamos a ela um significado totalmente diferente e – segundo ele – um significado heterodoxo. Tudo isso se prestaria a uma grande confusão: "o que é teologicamente inaceitável e socialmente perigoso é essa mistura de Bíblia, cristologia, política, sociologia e economia"[5]. Isso pode ser bem ou mal interpretado. Em outras palavras, a teologia da libertação é, sem dúvida, socialmente perigosa. Rockefeller viu isso perfeitamente, antes que a teologia da libertação respirasse fundo. A pergunta deve então ser feita: para que e para quem?

---

2. Ratzinger, J.; Mesori, J., *Informe sobre la fe*, Madrid, 1985, 202.
3. Ibid., 204.
4. Ibid., 202-203.
5. Ibid., 211.

Ratzinger diz que a teologia da libertação é uma grande confusão na qual tudo está desordenado. Vamos ver até que ponto isso é verdade. Obviamente, quando alguém é acusado dessas coisas, é preciso reconhecer que há algo no que é dito. Mas, apesar do fato de que talvez não tenhamos chegado a uma elaboração teórica muito adequada, porque talvez nem o talento, nem a preparação, nem as circunstâncias nos permitam fazê-lo, acredito que fizemos um esforço para enfrentar esse problema com seriedade: em que aspecto e como a fé cristã se relaciona com a história, e o que ela tem a ver com a história; e, dentro da história, com a dimensão política, com a dimensão econômica, mas também com a dimensão científica, com a dimensão da cultura; em outras palavras, com tudo aquilo que tem a ver com a história. Portanto, este seria o primeiro ponto, que eu formularia da seguinte maneira: a história como um lugar pleno de realidade e de salvação.

1. A história como lugar pleno de realidade e de salvação

Pode-se pensar que o lugar onde a realidade é mais manifesta é no universo material. Também se pode pensar que o lugar onde há mais realidade é na subjetividade humana, no eu, na pessoa. Os teólogos latino-americanos, de uma forma ou de outra, alguns mais filosóficos, outros mais teológicos, pensam que o lugar onde a realidade está mais plenamente presente é na história.

Mas o que se entende por história? Em minha opinião, a realidade histórica é a totalidade diferenciada e estruturada da realidade. É claro que um conceito restrito de história é possível: história como realização de possibilidades e criação de capacidades (Zubiri). Mas há também um conceito pleno de história. É a história como a dimensão abrangente de toda a realidade. A história não seria apenas a ponta de lança que chegou ao fim e avança, mas o invólucro de todos os tipos de realidade. Na realidade, não existe história sem natureza. E o sujeito histórico não é outro senão a espécie humana, mas diferenciada em indivíduos e grupos sociais. Essa totalidade é diferenciada e estruturada. Por um lado, ela inclui toda a natureza material e biológica, o social em toda a sua complexidade, mas também o pessoal. Essas diferenças são estruturadas ou formam uma estrutura complexa que, sem anular as diferenças, faz delas "uma" realidade histórica.

Como a história é lugar pleno de realidade, e como a história permite rupturas, ela se torna lugar pleno de salvação. Não negamos que a pessoa seja uma grande realidade e que, na pessoa, a plenitude da realidade e a possibilidade de salvação sejam dadas de maneira especial. O que dizemos, tanto em bases teológicas quanto filosóficas, é que Deus se revelou na história. A revelação e a salvação cristãs não foram dadas apenas historicamente, mas constituem uma história de salvação. Portanto, não há possibilidade de revelação a não ser na história e para aqueles que têm história. A própria revelação só pode crescer por meio do processo histórico e não pode ser completamente concluída. Por um lado, pode-se dizer que a revelação é completa. Mas, por outro lado, ela não está completa. E, nesse sentido, devemos aguardar a continuação da história para que o homem possa ser revelado em tudo o que ele é e para que possamos ter uma melhor compreensão de Deus.

Tentamos concluir, então, que a história da salvação implica em uma salvação progressiva da história. E, sem dúvida, a teologia da libertação colocará todos os seus esforços para salvar a história – mas a história entendida como a plenitude da realidade, da qual as pessoas e os indivíduos não estão excluídos. Sem excluir as dimensões pós-históricas, o reino de Deus deve ser realizado na história. E o que queremos dizer com o reino de Deus? O reino de Deus implica um máximo da presença de Deus, conforme Deus se revela em Jesus, e de sua vontade na história humana. Em termos simples, pode-se dizer que Deus reina. Isso pode nos lembrar de fórmulas como "o Sagrado Coração reinará em toda parte", que tinham um significado bem diferente daquele que queremos dar aqui. Não se trata de realizar a Igreja. A Igreja não é o reino de Deus, mas faz parte dele, está subordinada a ele. É uma questão de o divino se tornar cada vez mais histórico entre os homens.

Queremos que o reino de Deus seja realizado na história. Não estamos excluindo as dimensões pós-históricas, no sentido de que, uma vez terminada a história, a realidade estará terminada. Quando digo que a plenitude da realidade está na história, refiro-me fundamentalmente à plenitude da realidade que chamamos de intramundana. Mas talvez seja nessa realidade intramundana, e precisamente em seus aspectos de história, que a realidade de Deus esteja presente de alguma forma, sem ser confundida com ela. Mas nem toda realização histórica é, da mesma forma, a presença de Deus. O fazer que Deus seja tudo em todos tem sua história de graça e pecado.

E dizemos que não sabemos quem é Deus, exceto em Jesus. Mas imediatamente percebemos que o verdadeiro Deus é apenas aquele que se revela histórica e escandalosamente em Jesus e nos pobres, que continuam sua presença. Isso não é obvio. Alguns têm como certo que, tendo estudado Aristóteles e outros autores, sabem perfeitamente quem é Deus, e por isso pregam sobre Jesus que ele é Deus. Mas nós dizemos que Deus é aquele que foi revelado por Jesus – que, a propósito, é um Deus muito estranho. Ele parece ter pouco de Deus em si mesmo. Obviamente, se Jesus é visto em sua carne mortal, em seu processo histórico, no que ele fez na terra – como podemos ver nos Evangelhos – é muito difícil aceitar que ele seja Deus, se por Deus entendermos algo previamente conceituado.

2. A história da salvação como história de libertação

(a) Há apenas uma história que, sem excluir diferenças, não aceita a existência de duas histórias: a do homem e a de Deus.

Os teólogos da libertação não aceitam – e muitos teólogos europeus também não – duas histórias diferentes, no sentido de que há uma história profana e uma história cristã ou sagrada. Não podemos aceitar que a história tenha duas linhas distintas de desenvolvimento. É a história da salvação e é a história da condenação. É a história da graça e é a história do pecado. O que está aqui na história é tanto profano quanto sagrado. Talvez isso precise ser mais precisado. Na história, há coisas de pecado e há coisas de graça. Supomos que esta reunião seja uma história de graça e salvação, e podemos supor que outras reuniões sejam uma história de pecado e condenação.

Existe apenas uma história – sem excluir as diferenças. Não somos monistas, somos estruturais, o que é um tipo diferente de coisa. Admitimos uma unidade estrita na história, mas não porque haja apenas uma coisa na história, mas porque todas as coisas na história formam uma unidade estrutural, o que é diferente. Isso não é nem monismo nem dualismo. E também não há duas coisas separadas que estão relacionadas entre si, mas uma unidade estrutural. E a unidade estrutural, por sua própria definição, requer uma pluralidade qualitativa de elementos. E essa pluralidade qualitativa de elementos enriquece a unidade, mas de tal forma que todas essas coisas diferentes fazem parte do todo e constituem uma unidade primária. Essa unidade estrutural na história também é *sui generis*.

Dentro dessa história única, o exercício da fé cristã mantém sua autonomia relativa. Não se pretende limitar a autonomia de outras esferas, mas a autonomia relativa da fé também é salvaguardada. Não há nada que não possa ser influenciado de alguma forma pelo exercício da fé – certamente a esfera pessoal, em suas várias dimensões, mas também a esfera estrutural. Nenhuma diferença substancial é feita com relação à salvação (pecado e graça) individual e social. Há o pecado original e o pecado histórico, que realmente afetam a vida social e que devem ser superados. Há também um pecado pessoal que, em suas repercussões subjetivas, deve ser tratado. Falamos, então, de transformação e conversão. Assim, em diferentes condições históricas, a fé cristã favorece modos de vida e de ação, bem como estruturas que estão mais em sintonia com o reino de Deus.

> (b) A historicidade da salvação cristã, em sua necessidade de acomodar-se e encarnar-se ou, como dizemos, historicizar-se na realidade, na América Latina, é apresentada como libertação.

A salvação cristã e, consequentemente, a libertação cristã são entendidas como um processo histórico; portanto, com visibilidade histórica. Talvez não com visibilidade total. Não negamos que existam elementos de mistério ou elementos que não podem ser compreendidos. É um processo histórico, que busca ativamente a libertação integral. Obviamente, não se esquece a libertação do pecado pessoal, mas dá-se ênfase especial ao pecado histórico, que é entendido como injustiça e dominação. A presença do pecado social e histórico como negação e impedimento do reino de Deus é verificável.

A teologia da libertação busca estruturas e comportamentos mais justos e livres. Embora a fé cristã não seja suficiente em si mesma para a libertação – e, nesse sentido, não voltamos a cair em autocracias, cristandades ou algo semelhante –, entendemos que a fé pode ser uma contribuição fundamental para a libertação integral das pessoas, sem nenhum tipo de dualismo. É óbvio que, por mais que preguemos, por mais que façamos procissões, por mais que celebremos, não vamos consertar a história apenas com a fé. Precisamos de tecnologia, precisamos de políticos, precisamos de muitas coisas. A liberação integral não pode ser alcançada sem processos de desenvolvimento e mudança política, mais ou menos revolucionários. Mas a contribuição da fé – e não tiramos isso de outras teorias, mas de nossa experiência na América Latina – indica valores, direções, atitudes etc., que, em cada caso, precisam de uma certa tradução. Portanto, a história tem esse caráter de salvação. Nós entendemos a salvação como libertação. Como libertação integral em nossa situação.

> (c) A teologia da libertação insiste no fato de que a plenitude da salvação histórica, que inclui toda a salvação, entendida como libertação, só pode ser alcançada por meio de uma opção preferencial pelos pobres.

A Igreja não pode ser o que deveria ser se não estiver configurada como uma Igreja dos pobres. Obviamente, a Igreja, para não voltar ao passado, não é, como um todo, uma Igreja dos pobres. Ela não é. Não o é nos países desenvolvidos, nos quais, sem dúvida, não deveria ser. Não é na maior parte do mundo. A Igreja na África, pelo que sei, não é uma Igreja dos pobres. A Igreja na América Latina – entendida em sua totalidade, com hierarquia e tudo – não é uma Igreja dos pobres, e assim por diante. Não é. Portanto, a teologia da libertação diz que a Igreja não pode fazer o que deveria fazer, como um sacramento de salvação, como um instrumento eficaz de salvação, se não estiver configurada como uma Igreja dos pobres.

Agora, essa opção preferencial pelos pobres é para que se tomem medidas efetivas para sua libertação. É uma libertação dos pobres, e não apenas dos pobres no sentido econômico, mas também no sentido teológico e político, em um sentido analógico. A esse respeito, algumas vezes fomos acusados de confundir os pobres com o proletariado. Como podemos fazer isso se não há proletariado em grande parte da América Latina? Existem maiorias populares oprimidas. Há maiorias camponesas e indígenas que são exploradas e, às vezes, nem mesmo exploradas, mas completamente marginalizadas da história.

Portanto, os pobres, sem serem identificados com o proletariado, não são apenas os pobres no sentido econômico, mas são os despossuídos que lutam para superar seu estado de injustiça. Embora os pobres não sejam reduzidos a sujeitos da luta social, eles são levados a favorecer as lutas sociais que são contra a dominação e a favor da justiça e da libertação. A teologia da libertação nos incita a nos posicionarmos verdadeira e intencionalmente na situação e na perspectiva das maiorias populares para entender, interpretar e transformar a realidade, bem como para viver a plenitude do Evangelho, tanto pessoal quanto comunitariamente.

(d) A teologia da libertação não propõe uma nova forma de cristandade, mas isso não significa que ela esteja restrita ao domínio das atitudes.

Ao contrário do que é frequentemente acusada, a teologia da libertação não tem um projeto político definido, nem afirma que a Igreja como um todo ou em suas partes deve moldar o curso da história a partir do poder. Ela não tem um projeto político, mas um "ideal" utópico, e deixa para outros a tarefa de "realizar" o ideal e implementá-lo, de dentro do poder. Portanto, a teologia da libertação não precisa estar com o poder, muito menos se aliar a ele. Ela não aceita participar do poder, mas busca estar sempre em oposição, ou seja, com os oprimidos.

O substancial é que, da perspectiva da teologia da libertação, não estamos propondo nenhuma forma de cristandade, mas estamos propondo que a história seja transformada pelos pobres de modo a estes serem o verdadeiro sujeito da história. Mas, sem cair na cristandade, também não caímos na armadilha da interioridade. Há um "projeto-Jesus", que não reduz Jesus a um projeto nem concretiza o projeto, mas que tem diretrizes definidas e operativas: que favoreça os pobres, o povo pobre, cada vez mais integralmente; que busque combater e superar todas as formas de dominação e injustiça, de acordo com o espírito e a letra das bem-aventuranças. Tudo isso se baseia no amor pessoal e efetivo. Ela propõe a civilização da pobreza como alternativa. Porque nos parece, obviamente, que o homem, como um ser no mundo, só pode se realizar no mundo e em um mundo que seja uma morada e que o acolha e o encoraje. Embora não estejam desconectados, o pessoal e o social são dois dinamismos distintos, e não basta se dedicar a apenas um deles.

(e) A teologia da libertação defende uma espiritualidade que, longe de desencarnar o homem, o historiciza evangelicamente.

É uma nova espiritualidade que acompanha todas essas lutas históricas que estão se desenvolvendo. Nesse sentido, Gustavo Gutiérrez, apoiado em uma formulação de Santo Inácio de Loyola, diz que o homem da Igreja deve ser, de acordo com a teologia da libertação, contemplativo na ação, mas não em qualquer ação, e sim na ação libertadora. A espiritualidade tem que ser de e para uma ação libertadora integral. Ela não é uma evasão, nem mesmo uma concomitância paralela, mas uma reflexão e animação de uma ação e de obras às quais ela traz o espírito, mas das quais recebe alimento. Em outras palavras, em cada caso o cristão deve se perguntar: que ação libertadora devo seguir agora? É uma espiritualidade ativa: que ação a realidade exige de mim nesse processo de libertação integral? E então, ali, ser contemplativo. Ou seja, ali, naquela ação, ver o que há de Deus, como Deus está presente ali, como Deus é sentido naquele lugar.

A ação libertadora não é suficiente, nem a materialidade da pobreza, que é necessária, mas não suficiente. É necessário receber o dom de Deus, ao qual se deve estar explicitamente aberto. Devemos estar abertos ao mistério e vivê-lo em todas as suas manifestações. Não é suficiente apenas fazer, mas também devemos nos preocupar em ser: fazermos o bem e sermos bons.

A configuração do homem como seguidor de Jesus é um aspecto muito importante. Portanto, a práxis, a moralidade, é um seguimento de Jesus. A teologia da libertação aceita sem ambiguidade a divindade de Jesus, mas mantém o mistério e a historicidade do caminho que Jesus seguiu. Não se refere tanto à espiritualidade cúltica do Cristo ressuscitado, mas à do Jesus histórico. Valoriza o caráter histórico da vida de Jesus ao ver a perseguição dos poderosos contra ele. Acredita que o Jesus histórico leva ao Jesus meta-histórico, mas acredita que o último só pode ser alcançado por meio do primeiro.

A teologia da libertação dá ênfase especial à pobreza como geradora de espírito. Ela destaca esse aspecto da vida de Jesus, mas não o trivializa. Ela recupera a grande tradição cristã, que fez desse ponto um elemento essencial de conversão e reforma.

Outro fator essencial na teologia da libertação é a doação da própria vida por todos, mas especialmente pelos mais pobres, nas formas correspondentes de martírio e perseguição. A vida é dada por amor, de forma encarnada, aos mais necessitados e oprimidos. O mundo do pecado responde com perseguição e martírio.

Para a teologia da libertação, a esperança, sem perder seu valor transcendente e meta-histórico, é historicizada para que se possa continuar vivendo e lutando. Temos a experiência com nosso povo. Um povo que é bombardeado, massacrado – eu venho de um país onde essas forças dominantes e essas forças internacionais assassinaram mais de sessenta mil salvadorenhos nos últimos cinco ou seis anos. E, diante disso, não vamos pensar: será pecado ou não será pecado que sessenta mil pessoas tenham sido mortas? O regime e as relações internacionais que levaram ao assassinato de sessenta mil pessoas são uma coisa boa? Isso é ridículo, é obviamente um pecado monstruoso, porque, para matar sessenta mil pessoas em um país de cinco milhões de habitantes, toda a estrutura está tão pervertida, tão corrupta, que explode em sessenta mil assassinatos. A história desses países está "empecadada"! Trata-se, então, de lutar contra essa pecaminosidade.

Estamos claramente cientes de que Deus não quer que as coisas continuem como estão e de que ele quer uma luta que mude as coisas. A certeza da ressurreição não elimina o desejo de lutar, mas o fortalece. Como seguidor de Jesus, trata-se de fazer isso com esperança. Trata-se de uma luta empreendida por vocação cristã, e não por ódio de classe. E as pessoas que realmente estão sofrendo com isso são as que nos mantêm na esperança... "E você não desanima, não é mesmo?" – E você pode ter tido cinco irmãos mortos ou cinco filhos mortos. "Não, não, não. Isso vai ajudar o reino de Deus a vir" – as pessoas mais simples dizem a você. "Vamos continuar, vamos continuar!" É claro que elas dizem isso de formas diferentes. Elas dizem: "Se eles vão nos matar de qualquer maneira, é melhor assim... Vamos lutar para que nossos filhos possam viver melhor, e nós morreremos, pelo menos, de uma maneira diferente". Tudo tem seu remédio. Porque, depois de cinco anos de assassinato após assassinato, até mesmo a esperança mais cristã sofre um pouco. Nessas circunstâncias, os teólogos da libertação estão cientes do perigo do messianismo e da politização.

Mas é aqui que o problema da religiosidade popular deve ser contemplado. "O povo que vive pela fé" é seu ponto de referência final em todas as áreas. É sua fonte de vida espiritual. Apesar dos desvios simbólicos, há uma conaturalidade evangélica no povo; recuperação comunitária da Bíblia como um dom de Deus e um guia para a história; condições materiais históricas e objeto de promessa divina, o que os torna depositários privilegiados do espírito de Jesus; religiosidade popular colocada a serviço do projeto histórico.

3. A descentralização e a desocidentalização da fé cristã

(a) A grandeza da tentativa não intencional, mas frutífera, foi reconhecida pelas autoridades da Igreja.

Felizmente, Roma e especialmente Ratzinger reconhecem que o que a teologia da libertação está reivindicando é extremamente importante. Eles acabaram de dizer que a liberação e a liberdade são um elemento essencial da fé cristã, e que a teologia da libertação destacou isso. Ratzinger reconhece a importância do esforço. Mas ele diz que, embora seja um fenômeno universal, também é um perigo fundamental para a fé da Igreja[6]. É uma "orientação totalmente nova do pensamento teológico"[7]. Pois "a teologia da libertação pretende dar uma nova interpretação global do cristianismo; ela explica o cristianismo como uma práxis de libertação; e pretende se apresentar como um guia para a práxis"[8]. E ela se oferece para restaurá-la desde "Roma".

Por outro lado, alguns bispos latino-americanos, comunidades de base e teólogos veem esse movimento como necessário em suas igrejas, e os não-cristãos, especialmente os marxistas, o veem como necessário para a revolução ou para a humanização da revolução e/ou do projeto histórico dos países pobres. Embora seja visto como um fenômeno nascido da e para

---

6. Cf. ibid., 193.
7. Ibid, 196.
8. Ibid., 195.

a América Latina e outras situações semelhantes, há uma certa reivindicação de validade universal, não uniforme, mas histórica.

(b) A fé cristã, padronizada com base nas exigências e facilidades oferecidas pelo mundo ocidental e pela atual civilização cristã ocidental, representa uma séria redução em si mesma e em sua capacidade de inculturação.

Para a teologia da libertação, a forma que o cristianismo assumiu na Europa, ao longo de todos esses séculos, antigos e modernos, é, na melhor das hipóteses, uma das formas possíveis de viver o cristianismo – na melhor das hipóteses, se tivesse sido bem-feito. Mas não é, de forma alguma, a melhor maneira de viver o cristianismo. Essa maneira de viver o cristianismo em todas as ordens, direi brevemente, é considerada a maneira cristã mais profunda de viver o Evangelho.

Aceitamos que a fé deve ser historicizada. E essa historicização sempre traz consigo falhas, fraquezas, concretude etc. Obviamente, o cristianismo, a fé cristã, que nasceu em um país absolutamente de terceiro mundo como a Palestina daquela época, em condições materiais de pobreza e dominação, foi assumida em Roma. Depois, Roma caiu nas mãos dos constantinianos e assumiu uma forma diferente. Ela se tornou histórica. Não vou julgar se essa historicização é boa ou não. Ela foi historicizada e tentou se adaptar à situação que existia na época. O grande problema é não percebermos como essa fé foi historicizada por categorias, necessidades e problemas que são típicos deste mundo. E, no momento, a maior preocupação está no que está acontecendo com a fé cristã, fundamentalmente nessa pequena parte do mundo, que é a parte do Atlântico Norte da Europa.

A historicização da fé, como ela chegou ao mundo por meio da civilização ocidental, apesar de seus universais, é uma limitação da fé cristã. A necessidade de historicização é aceita, mas não a identificação fundamental da fé com as formas históricas de interpretá-la e vivê-la. Observa-se o fato de que a fé cristã foi reduzida, se não deformada, por encarnações históricas que foram apresentadas como oficiais.

Acreditamos que essa historicização levou a grandes desvios. E, fundamentalmente, entendemos que isso se deve ao fato de ter ocorrido em um contexto histórico no qual os fenômenos de dominação-dependência e de riqueza-pobreza são essenciais. A fé não se reduz a uma resposta a esses fenômenos, mas esses fenômenos historicizam a primeira fé de uma forma fundamental. A historicização ocidental pós-constantiniana leva a fé pelos caminhos do poder, da riqueza e do mundanismo. Ela foi moldada pelas necessidades e interesses dos países ricos do mundo e das sociedades dominantes do mundo. De uma Igreja preferencialmente para os pobres e os fracos, ela se tornou uma Igreja preferencialmente para os ricos e os poderosos, para a manutenção da ordem que a favorece, e não para sua transformação.

É impressionante o que aconteceu: a fé cristã nesses mundos se tornou mais um elemento conservador, um elemento de apoio à ordem estabelecida, uma defesa da situação dos mais poderosos e dos mais dominantes. Obviamente, para o leitor limpo do Evangelho, pode-se pensar que eles não transformaram água em vinho, mas vinho em água. Porque não poderia ser de outra forma.

Além disso, a fé também foi traduzida em categorias intelectuais greco-europeias e no institucionalismo romano-europeu, que são muito interessantes e, sem dúvida, deram ao cristianismo algumas possibilidades de interpretação muito valiosas, mas que não precisam necessariamente ser consideradas as melhores, pois não dão conta de toda a fé e não são as que melhor respondem a mentalidades de natureza diferente.

Acredita-se que se chegou a formulações dogmáticas e não-dogmáticas, teóricas e práticas, que não são apenas corretas, mas insuperáveis. O que isso implica para a catolicidade universal da fé cristã não é compreendido. Mesmo os problemas da pós-modernidade, embora não sejam totalmente estranhos ao mundo subdesenvolvido, não podem ser o elemento imperativo fundamental.

(c) A teologia da libertação recupera o universalismo histórico, rompendo a limitação ocidental e atualizando possibilidades de fé sem precedentes.

Dizemos: para que o cristianismo dê tudo o que pode dar na história, ele deve estar situado onde deveria estar situado. A teologia da libertação, portanto, coloca o cristianismo no lugar material histórico que lhe é conatural. E, ao fazer isso, ela recupera o potencial subversivo da fé. Em outras palavras, o lugar material histórico do cristianismo está nas situações de pobreza e nos países pobres.

A teologia da libertação critica severamente o cristianismo por sua assimilação ao poder e por se identificar ou se subordinar aos poderes dominantes. A Igreja entendeu que, para pregar o Evangelho, precisava ter Estados papais e ser um Estado e uma sociedade perfeita. O universo histórico e cristão, que é o pobre, é assim recuperado, tornando-o verdadeiramente católico e universal. Em que sentido? No que eu disse antes: a grande maioria das pessoas do mundo é realmente pobre, e, portanto, esse é o universal histórico. Ele lê "o povo de Deus" a partir da Igreja dos pobres, e esta última a partir do primeiro. E então se molda em uma linguagem, em uma linha, que pode realmente servir à maior parte da humanidade. Ele força a Igreja a se comprometer até o ponto do sacrifício, da desapropriação e da morte, com aqueles que mais sofrem em suas lutas históricas.

Bom, esses seriam os pontos que – embora sejam apenas insinuados e precisem ser desenvolvidos – podem indicar como a teologia da libertação aborda o problema da relação entre a fé cristã e a história, e não apenas com a política. Os frutos – para alguns, ruins – estão aí. A Igreja latino-americana tem uma grande vitalidade, uma grande força, embora seja subjugada com muito cuidado para que todo o seu potencial histórico-evangélico não venha à tona. Mas ela existe, e esperamos que ainda exista por muitos anos.

Tradução: José F. Castillo Tapia, SJ

CAPÍTULO 2

História da salvação e salvação na história

Para Ellacuría, a história é apresentada como o lugar pleno da realidade. Nesse sentido, a partir da história, não só se supera o horizonte da natureza que se mantém desde os gregos e seus respectivos reducionismos, mas também a partir da história, como termo metafísico radical, pensa-se e vive-se a fé no mundo de hoje. Pois é na história, nas circunstâncias concretas dos indivíduos e dos povos, que se realizam a revelação e a salvação de Deus. Isso é o que ele explica neste artigo, publicado em *Teologia Política*, San Salvador, 1973, 1-10. Traduzido de: *Escritos Teológicos I*, San Salvador: UCA, 2000, 519-533.

Um dos temas fundamentais da teologia atual, sem cujo tratamento os demais temas teológicos não assumem a plenitude de sua concretude ou a totalidade de seu significado, é o da historicidade da salvação. Durante séculos, e devido a uma mentalidade filosófica grega, alheia à orientação bíblica, a relação do sobrenatural com o natural tem sido uma questão fundamental; ou seja, um problema colocado em termos de natureza: o que o sobrenatural, o Deus trinitário revelado na graça, diz ao natural, ao homem como ele parece ser em si mesmo e de uma vez por todas. O jogo que esse problema tem dado não só à própria teologia, mas também à pregação, à ascese, ao encontro com o mundo etc., tem sido incalculável e, à altura de nosso tempo, deformador da práxis cristã e da atualidade eficaz de nossa teologia.

Se, por razões que apresentaremos nestas lições, essa abordagem deve ser superada em uma abordagem mais global, como a da história que inclui, transcendendo-a, a natureza, ela não precisa ser julgada menos teológica, como se se referisse apenas a uma dimensão periférica da fé cristã. Pelo contrário, essa abordagem em termos de história é mais profunda, é, se se prefere, mais radicalmente metafísica, e é muito mais atual no sentido pleno do termo atualidade, que assume o sentido grego de ato – plenitude da realidade – e o sentido temporal de realização real. Essa abordagem é inicialmente simples: o que a história da salvação tem a ver com a salvação da história? A história da salvação expressaria muito mais biblicamente e cristãmente o que os clássicos chamavam de "sobrenatureza"; a salvação na história expressa muito mais "atualmente" o que esses mesmos clássicos cobriam com o termo "natureza".

O paralelismo das abordagens não é um paralelismo por muitas razões – dentre outras, porque a história implica a natureza e a subsome. Propõe-se aqui, em parte, fazer com que os teólogos deformados pelo naturalismo vejam que a abordagem histórica é mais radical do que a naturalista; e, acima de tudo, propõe-se aqui indicar a profunda transformação que deve ser feita na teologia e na apresentação reflexiva da fé, se o esquema teológico baseado na dualidade natural/sobrenatural deve ser superado pelo esquema teológico baseado na história da salvação/salvação na história. Depois do Vaticano II, tornou-se comum falar de história da salvação, mas pode-se duvidar se a história e a salvação são levadas a sério conceitualmente, e, acima de tudo, se algo sério foi feito sobre o que a salvação implica na história em relação à história da salvação e vice-versa.

Foi a teologia política que se esforçou para levantar esse último problema. Mas a teologia política está sobrecarregada por tantos preconceitos e ignorâncias que é de se temer que sua contribuição não seja aproveitada. Para alguns, ela se tornou uma isca enganosa e, para outros, um revulsivo igualmente enganoso. Portanto, nestas páginas, não falaremos tanto sobre teologia política quanto a faremos. Isso não tem a intenção de servir à última moda da Europa Central. Mesmo que desconsideremos as razões teóricas que demonstram a necessidade – e não a moda – de uma historicização adequada da salvação, da revelação e da fé, para não mencionar a teologia, o que move estas páginas é uma situação e uma necessidade real. Qualquer pessoa que não sinta essa necessidade não vive com "atualidade" seu hoje. Vamos dar uma breve olhada nesse ponto.

1. A secularização como determinante da atividade cristã atual

Não pretendemos entrar aqui no problema teórico da secularização[1]. É suficiente que nos atenhamos à secularização como um fato. Afirmar que ela é um fato superficial, com o qual a teologia não precisa se preocupar, seria a melhor prova da superficialidade e a-historicidade de uma teologia. Além disso, essa preocupação não pode assumir a forma de um capítulo especial de teologia dedicado ao fenômeno da secularização. Tem de ser algo mais sério e abrangente. Seria uma questão de revisar toda formulação teológica, levando em conta que o mundo ao qual ela deve se dirigir é cada vez mais um mundo secular, ainda mais secularizado. A última diferença é importante: a proclamação da fé a um mundo que sempre foi secular não é a mesma coisa que a um mundo que está se tornando positivamente secularizado, ou seja, que está abandonando positivamente uma forma religiosa de existência para assumir uma forma arreligiosa. É a esse mundo positivamente secularizado que a fé é dirigida hoje, e no qual e a partir do qual essa fé deve ser teórica e sistematicamente elaborada.

Que a secularização é um fato, e um fato crescente, é cada vez menos duvidoso. O mundo está crescendo como um valor e, naturalmente, também como uma pressão. A pressão religiosa interna e externa, privada e social, está sendo cada vez mais substituída por uma pressão secular cada vez mais internalizada. Mas não é apenas o fato de o mundo estar se tornando cada vez mais envolvido na subjetividade pessoal e na objetividade socializada; não é apenas o fato de seu poder de atração e de moldar a própria vida estar aumentando, é o fato de estar se tornando mais valioso e mais valorizado. Esse maior valor não é apenas devido, mas deve ser promovido mais como um sinal histórico da salvação cristã. O mundo não pode ser visto aqui como o inimigo da alma juntamente com a carne. Sem dúvida, o mundo pode se tornar, especialmente como um mundo social, não mais o mundo da alma, mas o inimigo alienante do ser humano social. Esse é outro assunto, que será tratado em detalhes nestas lições[2]. Mas isso não significa que o mundo, à medida que é trabalhado e historicizado pelo homem, se torna cada vez mais valioso, e esse valor maior subjetiviza cada vez mais uma grande parte da sociedade.

O "religioso" clássico, em oposição ao mundo em valor crescente, é correspondentemente menos valioso e menos valorizado. Não estamos nos

---

1. Veja o trabalho de Álvarez Bolado sobre o assunto.
2. Veja a "Apresentação". (N. do E.)

referindo aqui à fé cristã ou à Igreja como uma comunidade de fé cristã autêntica. Estamos nos referindo à religiosidade, tanto individual como coletiva. Seja qual for o sentido a ser dado ao significado final, de um ponto de vista sociológico, da distinção entre fé e religião[3], pode-se afirmar que, de um ponto de vista teológico-cristão, a distinção é necessária (a distinção deve ser mantida até mesmo entre religião e fé cristã, mas muito mais entre religião e fé, como diríamos ao falar da missão política de Jesus), e, acima de tudo, de um ponto de vista sociológico, pelo menos entre religiosismo, em seu duplo aspecto psicológico e culturalista, e fé cristã. Certas necessidades vitalistas e emocionalistas e certas expressões sacrais públicas, cuja conexão com a fé cristã pode ser mais do que discutível (pense nos eflúvios piedosos de certos grupos *hippies* e no suntuoso aparato sacral de muitas das manifestações dos hierarcas da Igreja), devem ser debitadas no cartão da religiosidade. Para nossos propósitos, basta dizer que é um fato que a eficácia sociocultural (no sentido amplo de cultura) da religião está diminuindo em valor e apreciação, e que a força das motivações "religiosas" para aceitar e viver a fé também está diminuindo. Isso sem mencionar os momentos em que o religioso se transformou em religiosidade[4].

Se o crescimento do *saeculum* (mundo temporalizado) e o declínio do sacro-religioso são um fato, fica claro que somente uma fé e uma teologia secularizadas fazem todo o sentido, ou pelo menos podem fazer todo o sentido, para um mundo cada vez mais secularizado. Não se pode negar que a teologia clássica foi feita a partir de um mundo socialmente religioso e para um mundo socialmente religioso; em todo caso, para um mundo que não é o nosso. Não ver as consequências desse fato sociológico – pensar, por exemplo, que a teologia clássica, apesar do meio sociológico em que nasceu, foi capaz de alcançar um valor permanente; ou pensar que aquela situação era a ideal para fazer teologia e que, portanto, devemos continuar fazendo (repetindo) essa teologia para que ela torne aquele mundo religioso possível novamente – é uma tarefa impossível – só é possível em um *gueto* que ignora a realidade histórica – e é, além disso, uma tarefa indesejável.

Somente uma fé e uma teologia que levam em conta o mundo de hoje, especialmente a situação das pessoas, cujo significado teológico deve ser levado a sério, podem ser levadas a sério e simplesmente ser interes-

---

3. Nota de Caffarena em *Metafísica transcendental*, Madri, 1970, 13.
4. Não podemos entrar aqui na discussão de Danielou sobre a necessidade de uma religião pública para que a fé cristã não seja reduzida a um grupo de elites cultas; a questão é interessante, mas sua solução não parece aceitável.

santes. Vamos encarar o fato de que a teologia de hoje muitas vezes não interessa nem mesmo àqueles que se dedicam a ela como preparação para o sacerdócio. O fenômeno não é fácil de explicar, nem pode ser atribuído às exposições atuais da teologia. Mas é significativo. E pode-se arriscar a suspeita de que o fracasso nem sempre está no que a teologia diz, mas sim no que ela deixa de dizer no que diz; ou seja, seu fracasso em mostrar a dimensão secular de toda e qualquer afirmação teológica. (Não estamos lidando aqui com a antiga discussão entre a teologia dogmática e a teologia querigmática, cujos últimos passos eu ainda pude ouvir em Innsbruck; mas essa abordagem mostra como o problema, embora em termos muito diferentes, é um problema intrínseco à relação fé-teologia.)

Essa abordagem não pode ser evitada dizendo-se que há uma teologia científica, que deve ser cultivada em si mesma como ciência, e uma teologia que pode servir para o ativismo pastoral. O fato de a teologia poder ser uma ciência é uma afirmação "secular", mas corresponde a um mundo cultural há muito tempo passado. Nosso mundo secularizado não pode deixar de sorrir diante da afirmação de que a teologia é uma ciência. A secularização da ciência leva necessariamente à descientificação da teologia. O fato de haver elementos no conhecimento teológico que podem, metodicamente, ser cientificamente possíveis é bem possível, embora sempre em um grau científico menor e como um reduto do passado no modelo científico atual. Mas, por outro lado, o fato de a teologia não ser uma ciência não implica que ela seja um catecismo esclarecido ou que seja revigorada por reflexões e ações puramente sociológicas. Ela deve se situar em níveis de reflexão intelectual semelhantes aos níveis em que funciona o conhecimento filosófico. Essa parece ser uma afirmação muito tradicional e pouco esclarecedora. Depende, é claro, do conceito que se tem da profissão filosófica, uma profissão que é, em suma, o tratamento intelectual de problemas reais, ou, se preferirmos, da verdadeira realidade dos problemas reais, daqueles que a própria realidade coloca, tomados em sua totalidade e ultimidade. O trabalho filosófico implica, portanto, viver na realidade, por assim dizer, com todas as forças da inteligência. Mas isso não implica que seja uma tarefa puramente contemplativa. Os conceitos filosóficos devem ser históricos e totais, devem ser efetivos e reais.

Nem todo mundo que estuda teologia deve fazê-lo no mesmo nível, mas no nível mais alto possível. E o objetivo deve ser o mesmo: entender e transformar a realidade de um ponto de vista cristão, segundo o qual a transformação e suas condições fazem parte da transformação. Portanto, o importante será mostrar como uma determinada declaração teológica é transformadora e em que sentido, e como uma determinada transformação exige significado, o que pode custar muito trabalho intelectual. Aqueles que acham que isso é indispensável para uma transformação profunda provavelmente não resistirão ao trabalho intelectual árduo. Isso deve ser ajudado, como veremos, por uma certa orientação da teologia, que é o que será proposto nestas lições.

Isso é ainda mais urgente se olharmos para aqueles que se iniciam na teologia. Não creio que o elemento fundamental de uma faculdade de teologia e, na mesma linha, de uma universidade sejam os estudantes, de modo que o que ambas devem fazer primordialmente é preparar profissionais, mesmo que conscientes. Essa seria uma concepção burguesa da faculdade teológica e da universidade; pode ser um de seus objetivos, mas é um objetivo derivado. O elemento fundamental é ser uma consciência operativa e efetivamente crítica e criativa a serviço da comunidade. A consciência implica ciência, mas inevitavelmente se refere a um "de", cujas consequências devem ser levadas até o fim. O fato de os alunos poderem e deverem contribuir para essa função parece-me claro, sobretudo como um estímulo e um impulso.

Em nosso caso, os alunos estão exigindo o que temos chamado de problema fundamental da teologia e da fé. Eles são expoentes claros de um mundo secularizado e exigem uma secularização da teologia, não uma secularização passada, mas uma secularização presente. Para os estudantes de teologia, muitas vezes há um problema fundamental que nada mais é do que a subjetivação do problema objetivo da aparente dualidade de dimensões, que são a história da salvação e a salvação na história. Essa subjetivação é apresentada como a necessidade de participar desse mundo cada vez mais valioso, em uma linha de transformação, juntamente com a necessidade de proclamar a fé cristã.

Essas duas tarefas são distintas? Não estão conectadas mais do que extrinsecamente por um mandato de obediência, por uma pureza de intenção, por uma humanização prévia para a evangelização ou por qualquer outra motivação extrínseca? Somente quando a conexão intrínseca entre a paixão pela salvação deste mundo e a paixão pela proclamação e realização da fé cristã é mostrada, que um novo canal pode ser aberto para aqueles que não estão dispostos a mutilar uma das duas dimensões. Em outras palavras, somente uma fé secular que seja totalmente fé e totalmente secular e, consequentemente, somente uma teologia com as mesmas características podem ser aceitáveis hoje.

A questão é, então, sobre a nuance dessa secularização atual. Já a observamos: é uma tentativa de redenção da situação catastrófica da humanidade, do homem social. A secularização é um processo histórico, e a forma histórica da secularização atual tem pelo menos um nome: é politização.

A politização, de fato, surge como um processo histórico e implica a passagem do ser-natureza para o ser-história, na constituição do homem social. A irrupção da história é, certamente, a partir da natureza; o mundo é cada vez menos natureza e cada vez mais história, mas sem que a história anule a natureza, pois a natureza continuará sendo o que Zubiri chamaria de sua permanente "subtensão dinâmica". Acreditar, no entanto, que a liberação da natureza não dá lugar a uma nova totalidade – nova, mas totalidade – seria, entre outras coisas, negar que a natureza continuará a dar poder à história. A natureza é uma totalidade, e a história também será uma totalidade, só que de um tipo diferente. A história deve trazer para a natureza não apenas uma liberdade individual, mas também uma liberdade coletiva ou social – com suas condições – sem a qual ela é puramente uma ficção formal.

Bem, essa nova totalização tem um nome preciso: politização. O termo é carregado de conotações obscuras. A secularização é um processo de historicização, e a história atual é necessariamente uma história política. Pode parecer que estou brincando com os termos. Não estou, embora não tenha tempo agora para explicar cada uma das etapas. Basta mencionar dois fatos: o fato sociológico de que a dimensão coletiva público-social é hoje, mais do que nunca, a dimensão totalizadora da existência humana, considerada em sua concretude e plenitude; nesse sentido, não é exagero dizer que o indivíduo humano é uma abstração. O outro fato de natureza mais empírica é a frequência com que as vocações verdadeiramente cristãs se sentem inclinadas a uma ação que, indiscriminadamente, é chamada de política, bem como o julgamento da atual atitude da Igreja proposto por aqueles interessados em preservar a ordem estabelecida.

É para esse problema, portanto, que a atenção deve ser direcionada, partindo precisamente desse fato de secularização, que às vezes e nos melhores casos assume o caráter de politização, de querer salvar as pessoas em sua realidade histórica mais concreta.

2. O preconceito da a-historicidade da salvação

Contra essa abordagem inovadora da historicidade radical da teologia, de sua situacionalidade intrínseca, bem como da inércia e da instalação, há o preconceito sempre presente da a-historicidade da salvação. É um preconceito que, mesmo que seja verbalmente negado, não deixa de ser um dos mais sérios obstáculos à experiência e à reflexão da fé.

A raiz do preconceito é bem conhecida e, para formulá-la em termos hegelianos, consiste na primazia do princípio da identidade sobre o princípio da contradição. Um preconceito que se quer colocar em Aristóteles, quando deveria ser colocado em uma leitura parmenideana e parcialmente platônica de Aristóteles, o que é outra questão. Isso leva a uma interpretação natural-substancialista do homem e das realidades sociais. O homem é visto como parte do cosmos, como uma entidade natural, mas com uma natureza superior ou, se preferirmos, com um pertencimento mais livre à natureza. Ser é natureza, e natureza é ser idêntico a si mesmo, apesar de suas mutações acidentais e transitórias. No final, nada acontece, e, se algo acontece, é sempre o mesmo. Assim, comete-se uma dupla redução: uma interpretação estática da natureza e uma interpretação naturalista do homem.

Na melhor das hipóteses, a unidade homem-mundo-história é deslocada na abstração do homem no mundo, o que acontece temporariamente. Em outras palavras, o mundo e a história se tornam acréscimos extrínsecos ao homem, que já é o que é e só precisa se exercitar no que já é. Tanto o envolvimento estrutural do homem histórico no mundo histórico quanto o dinamismo essencial a esse envolvimento estrutural são perdidos.

Esse mesmo preconceito de abstração e estratificação é o que leva a tornar o homem e Deus extrínsecos um ao outro e a negar o curso de Deus no homem, precisamente na história, e não na natureza, senão de modo muito parcial. Assim, lançamos o problema da salvação histórica em um beco sem saída: duas realidades fundamentalmente extrínsecas uma à outra e, ao mesmo tempo, fechadas sobre si mesmas – os termos são quase equivalentes – não podem coincidir em uma única e mesma salvação. Assim, no máximo, a relação entre a história da salvação e a salvação na história seria extrínseca. Uma interpretação correta desse problema, de natureza filosófica e teológica ao mesmo tempo, seria do maior interesse para sair da confusão, que, no fim das contas, é gratuita. Não podemos fazer isso aqui. Vamos apenas indicar o problema para mostrar como a teologia pode exigir tratamentos críticos que são difíceis de realizar. Tornar a teologia eficaz não é deixar de torná-la real, real no sentido forte do termo. Aqui será suficiente lançar um olhar fugaz sobre o caráter histórico da salvação para mostrar o quão anticristão é o preconceito a-histórico.

3. Existe uma história da salvação

Isso nunca foi negado, mas não foi levado a sério na estruturação da teologia – certamente não na teologia clássica, que era "científica" demais para lidar com o acidental e o mutável, que não podia nem mesmo verificar cientificamente por causa de sua tremenda ignorância dos fatos bíblicos. Hoje ela é afirmada mais explicitamente e pretende ser o fio condutor da nova teologia, embora sem muito sucesso no que diz respeito à historicização da mensagem.

Como se sabe, há um clássico sobre esse assunto, que é o livro *A História da Salvação*, de Cullman. A utilidade desse livro para um reencontro com a dimensão histórica da fé cristã é indiscutível. Mas ele não leva as coisas até o fim. Bultmann enfatiza o duplo significado da historicidade da salvação: a salvação ocorreu historicamente, ou seja, em um processo, e esse processo é verificável com objetividade histórica. Ao fazer isso, ele supera a concepção individual-personalista da aceitação cristã, mas não insiste suficientemente no caráter total e, portanto, secular e político da salvação. (Encontraremos Cullman novamente no tópico sobre a missão política de Jesus.)

Vamos, no entanto, destacar algumas ideias que ressaltam o caráter histórico da salvação.

A palavra de Deus para o homem é uma palavra histórica. Não é uma palavra natural, no sentido de uma palavra deduzida da essência natural do mundo e das coisas. É uma palavra histórica que irrompe na natureza. Isso já está claro na história da revelação, mas assume seu pleno significado somente quando o Revelador do Pai se torna história. Como Hegel diz com outro propósito, na *Introdução à história da filosofia*, o verdadeiro milagre não está na interrupção desta ou daquela lei da natureza; o verdadeiro milagre está na irrupção da história na natureza, da liberdade pessoal no curso fixo da natureza. O fato de que a história, muito mais do que a natureza, é o lugar apropriado da revelação e da comunicação de Deus é uma afirmação de importância incalculável para a teologia e para a práxis cristã: é na história, muito mais do que na natureza, que vamos tornar presente o Deus vivo.

Ao mesmo tempo, como o Revelador do Pai, Cristo é a Palavra para todos, para cada um, para sempre, mas também para agora. Ele não é um fato objetivo, mas uma palavra viva, que implica em seu próprio ser a alteridade do ouvinte em situação. Mesmo que não houvesse a promessa da presença viva do Espírito de Jesus entre os seus, a historicidade da revelação seria comprovada por seu destino vivo para pessoas vivas, em situações históricas, que constituem sua realidade concreta. Portanto, não há apenas uma história da revelação, no sentido de que ela foi dada gradualmente – e foi dada gradualmente porque o homem é necessariamente uma realidade que se faz na história –, mas uma revelação de Deus continua a ser dada em nossa história. Pode-se admitir que o depósito da fé está concluído, mas, como Zubiri muito bem observou, está concluído como um sistema de possibilidades; no entanto, a história é precisamente a atualização das possibilidades. Somente o fim da história atualizará toda a revelação, e o que é revelação apenas como possibilidade ainda não é revelação de fato. Por essa razão, é para a história que as pessoas fazem que o cristão e o teólogo devem se voltar a fim de ouvir o dado objetivo e total da revelação.

O que essa palavra faz é salvar. Talvez a salvação, como Zubiri observou em seus cursos, não seja a expressão mais profunda do que Deus pretende fazer com o homem. Mas, em todo caso, a salvação, se a deixarmos um tanto indeterminada, é uma boa síntese da ação de Deus com o homem. Esse é um ponto suficientemente claro. O que é importante determinar é o caráter histórico dessa salvação, se a história da salvação é ou não de fato uma salvação na história ou apenas além da história.

4. A história da salvação é a salvação na história

Essa declaração será o tema de todo o curso. Seu significado não pode ser desvendado antes de nos voltarmos historicamente para alguns passos fundamentais na história da revelação, especialmente para o momento culminante representado pela vida histórica de Jesus. Tudo o que podemos fazer agora é enquadrar o problema.

O fato de que a salvação é histórica pressupõe duas coisas: ela será diferente de acordo com o tempo e o lugar em que for realizada, e deve ser realizada na realidade histórica do homem, ou seja, em sua realidade total e concreta. Não há razão para se escandalizar com o fato de que a Igreja aprende sua missão concreta por meio da leitura viva da revelação na realidade mutável da história humana, ou que ela proclama sua salvação de maneira diferente de acordo com as diferentes situações. Embora empiricamente haja uma grande dose de oportunismo nisso, isso não impede que seja a única maneira possível de ser fiel à sua missão. No final das contas, é por meio de um homem histórico, no ponto culminante de uma longa série de homens históricos, que Deus quis anunciar e realizar a salvação, e é aos homens históricos, e não a espíritos atemporais, que essa salvação é dirigida.

Deve-se enfatizar que Israel aprende em sua história, e em sua história política, a transcender a ideia naturalista que Deus quer lhe dar. Pode-se argumentar que a revelação histórica foi alcançada historicamente como uma interpretação da própria realidade histórica. Em outras palavras, é a partir da situação política concreta de um povo que se descobre quem é o Deus vivo para o povo vivo. Auzou[5] mostrou suficientemente como o primeiro êxodo foi o caminho que o povo escolhido seguiu em direção a uma profunda experiência de Deus como Salvador, a partir de uma experiência sociopolítica de todo o povo, que tenta realizar, em uma nova forma sociopolítica, sua nova interpretação de Deus e, portanto, de si mesmo. O mesmo pode ser dito do chamado segundo êxodo, no qual, em um nível mais elevado, a mesma experiência é repetida e sua transcendência é preparada. A Páscoa cristã transcenderá ainda mais a experiência política do segundo êxodo, mas de modo algum a anulará. É na história de um povo com problemas concretos de natureza política que a revelação e a salvação de Deus tomam corpo. Passa-se da experiência política para a experiência religiosa, e espera-se que a revelação de Yahweh venha a interpretar e, se necessário, resolver os problemas do povo como um todo público. A pessoa pertencia ao povo escolhido, e era por pertencer a esse povo, que era o objeto geral da salvação, que cada membro do povo podia esperar a salvação, a salvação no aqui e agora; nessa salvação no aqui e agora, eles gradualmente aprendiam sobre uma salvação mais elevada.

Isso não é isento de perigos, e o povo judeu gradualmente chegou a uma identificação entre o político e o religioso, o que anularia tanto o seu eu político quanto o religioso. Mas a experiência e a maneira escolhida por Deus para se comunicar com a humanidade estão lá e não podem ser desconsideradas. Mais tarde, tentaremos provar que é em uma nova experiência política que um mundo secularizado pode adquirir a experiência de Deus, o Salvador, mas a pedagogia seguida por Deus para seu povo deveria ter nos ensinado algo, pelo menos a não nos escandalizarmos com o fato de que uma abordagem política da fé está sendo buscada. Curiosamente, Marx e os novos direitistas coincidiriam nesse escândalo, embora em um sentido muito diferente.

Vamos nos voltar por um momento para a crítica de Marx na primeira de suas teses sobre Feuerbach. O comportamento teórico, puramente contemplativo e interior, não é o autenticamente humano, o plenamente humano. Essa fuga para a interiorização individualista se deve ao fato de que Feuerbach só conhece a práxis na forma nefasta e imunda em que ela foi exercida pelo povo judeu. Marx reconhece que a religiosidade judaica é uma práxis política, mas é uma forma imunda de práxis política; ele re-

---

5. Auzou, *De la servidumbre al servicio. Estudio del libro del Éxodo*, Madrid, 1969.

conhece que Feuerbach está certo ao abandoná-la, mas errado ao considerar que a purificação antropológica pode consistir no abandono de todas as formas de práxis política. A práxis judaica seria rejeitável por não ser transformadora em si mesma, por remeter a transformação a Deus como recompensa ou punição. A práxis judaica é uma alienação da práxis. Não se deve fugir dela, mas recuperá-la em sua própria essência imanente. O que deve ser feito é abandonar toda referência transcendente a um Deus alienante para viver imanentemente a práxis transformadora da natureza e da história. A realização humana, a salvação, estará no fato de nos tornarmos uma sociedade humana, uma humanidade social.

Mas, diante dessa crítica valiosa em muitos aspectos, pode-se perguntar: a interpretação de Marx da práxis judaica está correta? A interpretação da secularização antropológica do cristianismo como um puro processo de interiorização subjetiva está correta? Não há outra práxis como realização do homem além da práxis puramente imanente? Certamente, Marx deixou claro que o homem não deve se reduzir a interpretar e contemplar o mundo, mas deve transformá-lo; que a principal missão ética do homem está nesse esforço de transformação; que o objetivo inescapável da ação social é a construção de uma sociedade humana, e que isso implica uma humanidade social; que, se o homem não realizar essa nova humanidade, ninguém a realizará por ele; que na realização da nova humanidade está a salvação ou a condenação do homem... Mas o que ele não deixou claro é que as alternativas exclusivas são a politização religiosa judaica, a interiorização feuerbachiana e a práxis marxista.

É tarefa de uma teologia pós-marxista encontrar uma nova opção para que a história da salvação seja a salvação na história. O cristão deve admitir que a versão sociopolítica da religião judaica e a versão religiosa de sua ação política são primitivas. Ele deve sustentar que a presença de Deus na realidade natural e na realidade histórica não é a presença de um demiurgo, que com milagres recompensa ou pune o comportamento religioso-moral de homens e povos. Ao contrário, deve buscar teórica e praticamente uma ação transformadora no mundo e na sociedade como sinal constitutivo fora do qual a salvação transcendente do homem não está presente; deve insistir que a história é o lugar da revelação de Deus, e que essa revelação hoje é o lugar para revelar Deus na história.

Em resumo, o cristianismo deve levar a sério o significado da Palavra feita carne na história. Deus se revelou na história, não diretamente, mas no sinal que é a humanidade histórica. Não há acesso a Deus, exceto por meio do sinal da história. A afirmação cristã de que não há comunicação com Deus, o Pai, exceto por meio do sinal que é a humanidade de Jesus deve ser elevada a uma categoria transcendente e universal; essa é uma das tarefas da teologia política. Nesse sentido, a afirmação de que Jesus foi constituído senhor da história deve ser retomada: a história é o intervalo entre sua primeira e segunda vinda; é na história que os caminhos do Senhor devem ser preparados. Portanto, a ação na história, a salvação do homem social na história, é o verdadeiro caminho para Deus deificar definitivamente o homem. Portanto, não é apenas o fato de que a história da salvação traz consigo uma salvação na história; é também o fato de que a salvação do homem na história é a única maneira de a história da salvação culminar.

Tradução: José F. Castillo Tapia, SJ

CAPÍTULO 3
História da salvação

Neste artigo, publicado na *Revista Latinoamericana de Teología* (28, 1993, 3-25), edição póstuma de um artigo escrito em 1987, Ellacuría argumenta a favor da unidade da história, a partir da visão estrutural de Zubiri. Não é que haja uma história de condenação e uma história de salvação, como tradicionalmente se pensa. Pelo contrário, há apenas uma história, na qual a salvação quer irromper, mas na qual existe a possibilidade de ser uma história dominada pela graça ou uma história dominada pelo pecado. Traduzido de: *Escritos Teológicos I*, San Salvador: UCA, 2000, 597-628.

1. De uma consideração naturalista a uma consideração histórica da salvação

O peso da filosofia helênica, platônica e aristotélica foi, durante séculos, a estrutura teórica escolhida para interpretar toda a realidade, incluindo a realidade das relações de Deus com o homem e do homem com Deus. Assim, a salvação foi profundamente desistoricizada, com sérias consequências tanto para a prática histórica quanto para a interpretação e a eficácia da fé cristã. O molde filosófico do pensamento grego era mais poderoso do que o material moldado nele. Na transição do que era fundamentalmente uma experiência biográfica e histórica, com sua própria interpretação teórica, para uma formulação metafísica, a historicidade foi diluída em favor de uma essencialidade estática.

Mesmo para aqueles que fizeram essa metamorfose interpretativa da salvação, era um fato incontestável que a salvação estava ocorrendo em um processo histórico, mesmo que, por causa das limitações históricas que não foram refletidamente compreendidas, eles não a concebessem como essencialmente histórica. A salvação havia sido dada (acidentalmente) na história, mas não era (essencialmente) histórica. Se era difícil para eles entender a historicidade do homem, era ainda mais difícil para eles entender que poderia haver uma história de Deus. Por isso, embora aceitassem, na apresentação homilética da salvação, que Deus estivesse se comunicando em diferentes graus e de diferentes maneiras, isso era mais uma necessidade do que uma exigência da própria realidade. O fato de o relacionamento do homem com Deus e o relacionamento de Deus com o homem terem de ser essencialmente históricos estava além de sua capacidade de entender, não tanto porque fosse difícil de entender, mas porque eles haviam se apegado quase que dogmaticamente a um conjunto de ideias, consideradas as mais razoáveis e valiosas, o que tornava esse entendimento difícil e até impossível. O paradigma da interpretação racional era a explicação da natureza com suas próprias categorias metafísicas. Com relação à natureza, a história carecia de realidade e razoabilidade (científica).

Em primeiro lugar, carecia de razoabilidade científica. Só poderia haver ciência do universal. O que não era permanente e univocamente repetível saía do domínio do conhecimento e era reduzido a mera opinião. As vicissitudes das biografias pessoais e os eventos da história dos povos poderiam se tornar exemplos e impulsos, mas não eram uma base suficiente para um conhecimento sólido sobre o qual basear o conhecimento do mundo e da conduta humana. Mesmo quando se queria fazer uma ética da conduta humana ou uma política da cidade, buscava-se o permanente, o que a natureza ditava, a lei natural inscrita de uma vez por todas no coração e na mente do homem universal. A história e o histórico fizeram mais para obscurecer a segurança límpida e refulgente da razão, apoiada pela natureza, do que para ajudar a descrever o que é a essência da natureza humana.

A consequência disso para o conhecimento teológico foi que os fundamentos do conhecimento teológico deveriam ser encontrados por meio de uma teologia dogmática, e não por meio de uma teologia bíblica. Os fatos e as palavras revelados foram aceitos como os princípios a partir dos quais a dedução teológica começou. Não poderia ser diferente se eles fossem considerados como a ação sobrenatural de Deus. Mas com uma dupla limitação. Esses fatos e palavras foram reduzidos a formulações intelectuais objetivas e fundamentalmente fechadas e, após as mediações discursivas e dedutivas da razão, tornaram-se, por sua vez, formulações racionais de validade absoluta, que poderiam abandonar o princípio do qual surgiram. Em grande parte, isso se deve à negligência da Bíblia, à sua leitura sem uma hermenêutica adequada e ao gigantismo dos tratados dogmáticos, nos quais o magistério e a catequese da Igreja realmente se baseavam, embora com algumas pequenas exceções no campo da liturgia, da homilética e da espiritualidade, que eram, no entanto, consideradas disciplinas menores no currículo teológico. A plenitude da revelação é, portanto, terrivelmente empobrecida, e sua comunicação espontânea com a história humana é interrompida.

Outra consequência não menos importante é que, por essa forma de ignorar a densidade real da história, todo o problema da salvação santificante foi transformado em uma questão ôntica, quase inteiramente coisista. O paradigma da natureza levou à identificação da realidade com a coisa e da essência com a substância. Não era possível, ou pelo menos não era fácil perceber, na época do predomínio esmagador desse paradigma interpretativo, que nem mesmo a natureza admite uma interpretação coisista e substancialista. Com esse agravante, não havia possibilidade de reconhecer o *status* metafísico da realidade histórica. Assim, a comunicação santificadora de Deus ao homem dificilmente poderia ser compreendida, quando se fazia teologia dogmática, a não ser por meio de categorias coisistas, a modo de substâncias e acidentes, de causas eficientes principais ou instrumentais, de matéria e forma. O reflexo de tudo isso na consciência do homem, em suas atitudes estritamente pessoais no curso da história, era, novamente, algo acidental, que nem mesmo era necessário. Assim, no batismo dos infantes, realizava-se a divinização sobrenatural da criatura, não obstante a absoluta falta de consciência que acompanhava o fato; o infante podia receber a graça como um dom objetivo, que o transformava definitivamente, embora acidentalmente, porque a substância permanecia sempre inalterada. Nem a biografia pessoal, muito menos a história dos povos, era considerada o lugar mais apropriado para a revelação de Deus, nem as realidades que deviam ser diretamente salvas.

Tudo isso é ainda mais surpreendente porque as experiências religiosas de toda a humanidade e a linguagem e a realidade expressas na linguagem dos livros revelados mostram o contrário. É na biografia pessoal e na história dos povos que Deus se fez verdadeiramente presente, sem que isso exclua as transformações ônticas. Até mesmo o pecado original aparece como uma rejeição voluntária de um dom e de possibilidades conscientemente conhecidas, em vez de uma transformação da morbidez e da mortalidade do corpo em uma imortalidade sobrenatural que, na melhor das hipóteses, teria de ser experimentada se o pecado não tivesse ocorrido. Isso não significa que deva haver necessariamente uma consciência da graça em termos temáticos e certos, mas significa que essa consciência, em qualquer grau que seja admitida, em termos de objetivação e certeza, seria mais em relação a um desígnio livre de Deus (dimensão pessoal e histórica) do que em relação a uma transformação real das estruturas humanas (dimensão ôntica).

Essa coisificação absolutista e reducionista é mais marcante no caso da desistoricização do próprio Jesus. Por um lado, a importância do nascimento, da vida, da morte e da ressurreição do homem de Nazaré para explicar o mistério da salvação é obviamente aceita, mas, por outro lado, o significado metafísico e teológico desses fatos históricos no que eles têm de histórico é logo abandonado, e o que é deixado de fora da história, ou pelo menos o que é interpretado a-historicamente, é muito acentuado. Dessa forma, os dados históricos, ou melhor, o curso histórico, biográfico e social da vida de Jesus é despojado de sua densidade real e significado salvífico, enquanto questões como a constituição metafísica de sua pessoa, sua natureza dual, a união hipostática etc. tornam-se ainda mais importantes. Não é que elas não sejam importantes. O que acontece é que o histórico se torna natural, o existencial se torna essencial, deixando assim de ser um elemento decisivo para que seus seguidores, seja em suas vidas pessoais, seja na comunidade da Igreja, historicizem o que foi a vida de Jesus, confiantes de que o importante é alguma transformação ôntica, cuja verificação é duvidosa e cuja eficácia no curso da história é inteiramente acidental.

Em nenhum momento da história da Igreja, considerada como um todo, esse reducionismo caiu em uma forma absoluta. Pelo contrário, foi uma tendência predominante, fora da qual, e até mesmo em si mesma, o caráter histórico inescapável da salvação estava presente. Não poderia ser de outra forma, porque a salvação e a revelação não apenas têm história, mas são históricas. A negação explícita desse fato teria sido um desvio muito sério na compreensão da fé. Mas foi sobretudo no Vaticano II que se procurou superar esse desequilíbrio do ôntico sobre o histórico, de modo que, sem perder o que é válido no tratamento ôntico das coisas de Deus e das coisas do homem – o que não pode faltar, especialmente quando se deseja entrar no problema da relação de Deus com o homem e do homem com Deus –, aparecesse sob uma nova luz. Esse novo equilíbrio é evidente no modo geral como o Concílio tratou todos os problemas, mesmo quando foram formulados em constituições dogmáticas, e se reflete bem no novo modo como deve ser realizada a formação dos sacerdotes e dos agentes pastorais (*Optatam totius*, 16), que deve ter a Sagrada Escritura como alma de toda a teologia.

Com essa nova orientação, o Vaticano II respondeu, acima de tudo, às próprias exigências de uma história da salvação, ou seja, aos motivos decorrentes da fé e da vida cristã. Mas também respondeu aos sinais dos tempos, um dos quais é a descoberta da importância teórica e prática do histórico para penetrar, interpretar e transformar uma realidade que é essencialmente histórica. O homem é uma realidade histórica, uma essência histórica; a história é uma realidade de extraordinária densidade metafísica, e as relações do homem com Deus, fundadas na liberdade, são constitutivamente históricas. Dessa forma, os fiéis e a Igreja serão mais capazes e estarão mais dispostos a entender o que a história significou na formação da vida cristã e o que a vida cristã significou e deve significar na formação da história. Assim, o caminho ficou mais fácil para entender – e agir conforme – o que a história trouxe para a salvação e o que a salvação trouxe e deve trazer para a história.

2. História da salvação

Não apenas de fato, mas pela própria natureza das coisas, a história é o lugar privilegiado da revelação e da salvação, conforme a livre vontade de Deus. Por formalmente histórico aqui entendemos aquilo que se torna de fato real, em virtude de uma opção, seja ela feita por um sujeito individual para si mesmo ou para os outros, ou feita por um sujeito social. Há história sempre que há a atualização de possibilidades – e não apenas a ação de potências – por meio de uma opção (Zubiri). Certamente, as relações entre natureza e história no homem são complexas, porque a natureza nele se abre para a história e a história se reabre para a natureza, capacitando-a cada vez mais, abrindo assim novas possibilidades para o homem e a humanidade, o que faz com que a realidade do homem e da humanidade, bem como sua vida, seja sempre a mesma, mas nunca a mesma. É nessa realidade histórica, assim compreendida, que a revelação e a salvação podem ser dadas como gratuidade superveniente à gratuidade fundamental da criação.

Certamente, o pressuposto fundamental da revelação em sentido estrito e da fé que responde a ela é a existência de uma inteligência e de uma vontade, de uma apreensão da realidade e de uma opção a partir dela. A existência e a natureza dessa inteligência e dessa vontade são devidas a um processo natural, formalmente evolutivo e regido pelas forças naturais da evolução, partindo do pressuposto de que Deus quis que a criação fosse evolutiva – e evolutiva em seu desdobramento espaço-temporal. Essa inteligência humana, confrontada com a realidade que a cerca, pode ver nela, especialmente nessa realidade que é o homem, algo que manifesta para ela o que Deus é. O homem aparece quando a natureza, agora entendida como o homem, é o que é. O homem aparece quando a natureza, agora entendida como matéria, já deu qualitativamente tudo de si. Ao lidar teórica e praticamente com essa natureza e experimentar a si mesmo como realidade, o homem tem, em princípio, tudo o que é necessário para saber o que Deus quis manifestar de si mesmo. Mas mesmo o que pode ser chamado de revelação natural de Deus tem necessariamente uma história, especialmente por parte do homem; por parte da natureza, apenas em um sentido inadequado, porque não há história natural propriamente dita, mas apenas uma evolução natural. Por parte do homem, no entanto, a compreensão nunca completa do que é a natureza implica um processo, uma diferenciação de pontos de vista, uma maior capacitação de seus próprios talentos humanos, uma multiplicação e estruturação de possibilidades, a rigor. Também pode haver olhos cegos para certas dimensões da realidade, interesses obscuros que impedem a correta e plena apreensão dessa realidade, a ponto de, em princípio, não se poder negar que o próprio homem e a humanidade estão gradualmente bloqueando as possibilidades de intelecção e realização, de modo que, deixados à própria sorte, não são sequer capazes de descobrir pontos fundamentais da realidade e, acima de tudo, o que Deus manifesta de si mesmo nessa realidade. Diríamos então que mesmo a chamada revelação natural e a realização moral do homem têm uma história, são históricas. Isso deve ser necessariamente assim, porque o homem e a sociedade são realidades essencialmente históricas.

Mas é ainda mais evidente que uma possível segunda comunicação de Deus como verdade iluminada e realidade dotada de dons tem que ocorrer por meio da história, na medida em que a história não é um processo predeterminado, nem mesmo ao longo das linhas indeterministas da natureza puramente material. Os processos predeterminados podem comunicar algo novo somente na medida em que quem os percebe tenha renovado sua capacidade de percepção, mas não na medida em que o próprio processo permita uma novidade radical, surgindo opcionalmente e não meramente como resultado do acaso. Por outro lado, os processos estritamente históricos, quer forcem ou não as chamadas leis da natureza, abrem o reino do estritamente novo e, portanto, a possibilidade real de algo estritamente novo ser comunicado, sem que isso resulte em algo extrinsecamente superado. O estritamente novo, como resultado de um processo estritamente histórico, está ligado a um passado que se torna presente não apenas na forma de memória, mas na forma de possibilidades reais e capacidades adquiridas, mas, por outro lado, esse *novum* sobrevém e irrompe no dado e elaborado como um futuro imprevisível e livre.

A história, de fato, é o transcendentalmente aberto, porque engloba em si a abertura da realidade e a dupla abertura unificada da inteligência e da vontade, da apreensão e da escolha. Essa abertura, que em cada homem é a abertura transcendental elevada de um "existencial sobrenatural" (Rahner), é, na totalidade da história, a abertura transcendental elevada de uma historicidade gratuita. A aceitação dessa historicidade transcendental gratuita, desejada por Deus desde o início e, portanto, ela mesma o princípio da história, é algo que se impõe necessariamente, se quisermos manter, ao mesmo tempo, que a elevação da história a Deus não é algo extrinsecamente acrescentado e que, no entanto, essa elevação vai além do que uma pura história pode dar de si mesma. A história é, em si mesma, transcendentalmente aberta, e, nessa transcendentalidade, já existe a presença, pelo menos incipiente, de Deus. Mas essa mesma transcendentalidade, mesmo que apenas de forma análoga, está presente em qualquer realidade. A transcendentalidade distinta que de fato aparece na história é uma transcendentalidade elevada e duplamente gratuita, que só conhecemos reflexiva e tematicamente como tal quando aparece toda uma série de eventos históricos, pessoas, palavras e obras históricas, que são conjugadas e conectadas com aquela primeira transcendentalidade. Isso acontece não apenas neste ou naquele indivíduo separado, nem mesmo na totalidade dos indivíduos como separados, mas também naquele tipo peculiar que é a história, de modo que é a própria história, e não apenas os indivíduos nela, que é chamada de história da salvação. O sujeito dessa história é toda a humanidade, a espécie humana compreendida em toda a sua amplitude, complexidade e unidade; e é esse sujeito histórico, não apenas coletivo, mas unitário, que é portador da historicidade transcendentalmente aberta, mas não está deixando de lado as obras históricas, porque essas serão a objetivação de um sim à comunicação de Deus ou de um não a essa comunicação. As obras históricas, todas elas, embora em graus diferentes, ou são objetivação da graça, em que o dom divino e a ação humana coincidem, ou são objetivação do pecado, em que a ação humana é tomada pelo mal que objetifica, rejeitando ao mesmo tempo a oferta da graça.

Tanto pela densidade metafísica da realidade histórica quanto por sua abertura essencial, a história, biográfica e social, torna-se o melhor lugar (densidade metafísica) e o único lugar (abertura) em que são possíveis uma revelação e uma salvação duplamente gratuitas, que permitem aos homens e à humanidade participar da própria vida trinitária de Deus, e não apenas ser, pela criação e preservação, um lugar em que Deus é meramente dado por presença, essência e potência. Pode-se sustentar que em todo ato criador há uma manifestação *ad extra* da própria vida trinitária de Deus (Zubiri), mas nem tudo o que foi criado pode viver essa vida trinitária. Isso só é possível para o homem, e só é possível para ele historicamente. A história de Deus (Darlap) não é formalmente dada na evolução da natureza, mas na história da humanidade. Os homens têm conhecido e falado muito sobre Deus contemplando a natureza, mas isso se deve ao fato de a manifestação de Deus na natureza ter sido acumulada historicamente nas tradições humanas, que constituem uma única tradição se o sujeito dessa tradição for o filo humano como tal (Zubiri). Mas, aquilo em que a novidade gratuita de Deus mais se manifestou e mais enriqueceu a humanidade foi e continua sendo a comunicação estritamente histórica a certas pessoas, os profetas de todos os tipos, e a povos inteiros com os quais estabeleceu diferentes alianças.

Obviamente, para os cristãos, esse máximo de comunicação histórica foi realizado por Deus na biografia humana e histórica de Jesus de Nazaré há cerca de dois mil anos, embora essa comunicação tenha seus antecedentes reais e interpretativos, bem como suas consequências reais e interpretativas: Jesus vive na tradição judaica e, nela, em muitas outras tradições, e Jesus continua a viver na tradição de muitos outros povos e outras pessoas. Pense, por exemplo, no desenvolvimento histórico das palavras e da vida de Jesus na elaboração dogmática de Paulo. Mas o Jesus histórico viveu em um determinado lugar e em uma determinada data, quer saibamos muito sobre ele ou não, e deve ser entendido e analisado como uma realidade histórica, e não como uma realidade a-histórica, que não é fundamentalmente afetada pela historicidade. O mesmo deve ser dito de qualquer outra época anterior ou posterior a ela – sem esquecer, além disso, que o próprio Jesus anuncia uma segunda vinda na qual essa história culminará historicamente para entrar em outra etapa, na qual a historicidade de cada homem e de toda a humanidade assume outra forma sem ter que ser totalmente abolida.

Isso não significa que a história deva ser confundida com pura subjetividade. Uma coisa é definir o que é formalmente histórico, e outra é descrever o que é a realidade histórica em sua totalidade. Já na definição do histórico como uma atualização opcional de possibilidades, deve-se levar em conta que tanto a opção quanto as possibilidades estão enraizadas em formas muito específicas de materialidade. Mas, além disso, essa formalidade histórica, em sua integridade real, abrange a totalidade da realidade, tanto a naturalmente dada quanto a institucionalmente objetivada. A história não se confunde com a natureza, mas a assume e a abraça. Confundir o que é formal e diferenciado na história com o que é sua realidade concreta e total levaria a um idealismo da história e da liberdade, o que contradiz a maneira concreta pela qual a história é dada. Uma concepção idealista da história leva a uma concepção espiritualista da história da salvação, o que significa que a história da salvação é substancialmente reduzida e, pior ainda, retirada de seu lugar de ação, que é toda a história em sua realidade concreta, com seus pressupostos e resultados.

Mas a realidade histórica, por ser reduplicavelmente aberta e por ser o campo específico da liberdade humana, oferece suas próprias dificuldades à revelação e à comunicação divinas; em primeiro lugar, por causa da própria finitude, apesar de sua abertura indefinida, da realidade histórica.

De fato, a comunicação do mistério absoluto de Deus a uma realidade finita e processual apresenta múltiplas limitações e complicações. Por definição, deve haver uma incompreensibilidade fundamental, tanto na ordem da realidade quanto na ordem do conhecimento, da realidade absoluta de Deus, que é constitutivamente para o homem o mistério por excelência. À misteriosa infinitude da realidade divina deve ser acrescentada a liberdade divina na comunicação do mistério. Quando e em que medida o mistério divino se comunicará ao homem é algo totalmente imprevisível para a razão humana e totalmente indigno da ação e do comportamento humanos. Por causa dessa infinitude e dessa liberdade absoluta, nenhum momento histórico particular pode se arrogar a possibilidade de abraçar totalmente o mistério, ou mesmo de alcançar o máximo que corresponderia a ele por parte do homem. Nem mesmo no caso de Jesus existe essa plenitude. Em primeiro lugar, porque em sua própria vida há uma processualidade, um crescimento (Lc 2,52), uma plenitude ao menos na comunicação existencial; e, em segundo lugar, porque sempre permaneceram desconhecidas para o Jesus histórico questões fundamentais relativas à revelação e à comunicação divina (Mc 13,32; Mt 24,36). Isso não impede que Jesus continue sendo o critério definitivo para qualquer comunicação salvífica de Deus. E, embora no final da história, com seu julgamento final, a consumação do homem e a plenitude da comunicação divina tenham sido alcançadas, o mistério absoluto de Deus ainda permanecerá insondável, esperando que o novo éon, a história sem tempo, aproxime cada vez mais o doador e o receptor.

Do ponto de vista interpretativo da pluralidade e da diversidade de histórias ao longo de mais de quatro milhões de anos de humanidade, elas tornam extremamente difícil discernir quais coisas anunciam e favorecem o advento de Deus e quais coisas o ocultam e o impedem. A história tem uma época, e muitos anos dela podem ser e são, de fato, mais propícios do que outros para o modo de encontro com Deus. Há formas primitivas promissoras e maduras; pode haver formas arcaicas modernas e pós-modernas; há formas quase imutáveis e, em outros momentos, em transição acelerada. A vontade salvífica universal de Deus não se manifesta e não é dada da mesma forma em diferentes momentos da história e entre diferentes povos. Até mesmo o povo judeu, que tinha uma promessa especial e um pacto inquebrantável, deixou de ser o único ou o privilegiado sujeito da oferta divina, em sua unidade com a aceitação humana (Rm 9-11). Por outro lado, essa vontade salvífica pode ocorrer onde menos se espera, a ponto de um pagão poder ser o messias provisório enviado por Deus para salvar seu povo (Is 48,12-19) ou para punir os inimigos do povo. Portanto, não é fácil decidir, certamente não antes de Cristo, mas também não depois, quem são os enviados de Deus para dar mais vida àqueles que dela carecem e quem são os falsos profetas, que, embora digam "Senhor, Senhor" o tempo todo, não são aceitos por Deus nem mensageiros de sua palavra e de sua vida, especialmente se não fizermos, como não deveríamos, uma separação contraposta entre o que ele dá por natureza e o que ele dá por graça. O curso complexo da história não nos permite avaliar os eventos de forma unívoca, pois devemos distinguir seu dinamismo de seus resultados, bem como sua adaptação a um momento particular no tempo, no qual nem todo alimento pode ser assimilado.

Além dessa dificuldade intrínseca para a comunicação divina, devido à natureza formal da história, em relação não apenas ao mistério absoluto, mas àquilo que ela mesma é, há as limitações da autocompreensão histórica. A história é estritamente material e está sujeita a forças e interesses seccionais que podem não apenas "empecadá-la", mas até mesmo levá-la a pecar contra a luz. As forças e os dinamismos da história e os agentes envolvidos nela podem obscurecer e desfigurar a comunicação de Deus. A história, chamada a ser o reino de Deus, pode se tornar, em certos momentos e lugares, o reino do mal e do pecado; a história, chamada a ser um campo de libertação e liberdade, pode se tornar um campo de dominação e servidão. A escuridão, sem sufocar completamente a luz, pode escurecê-la a ponto de tornar difícil encontrar o caminho; as forças da morte podem momentaneamente – em um momento histórico que pode durar séculos – impor-se às forças da vida, a ponto de quase toda a terra se tornar um lugar de desolação. Sob essas condições, a autocompreensão histórica é propensa a ideologizações gigantescas, que são o oposto da revelação e do desvendamento da verdade, precisamente porque ela caiu anteriormente em idolatrias que absolutizam o relativo e relativizam o absoluto. Os pais da mentira, talvez eles mesmos culpados por terem se autoenganado e se autojustificado, assumem o controle da consciência coletiva e a empurram para novas idolatrias, que, por sua vez, geram novas ideologias enganosas. O que o discurso escatológico de Jesus anuncia para os dias do mal não é algo que só acontecerá no final dos tempos. No final, só acontece o que foi fecundado na história. Os últimos dias já começaram, porque não há rupturas intransponíveis nos processos históricos; a antecipação do julgamento é permanente para todo homem e toda geração, embora possa ocorrer em diferentes graus e de diferentes maneiras. Não que já estejamos no tempo do fim, quando a história é chamada a se tornar supra-história, mas estamos sempre na história como prova final, em que o que não é milagre parece milagre, o que não é revelação parece revelação, o que não é comunicação divina parece divina e, sobretudo, aquele que não é messias parece ter assumido essa função. E, reciprocamente, o verdadeiro milagre, a autêntica revelação, a mais profunda comunicação divina e a mais enriquecedora historicização do messianismo podem ser descartados sem que a maioria das pessoas, mesmo os chamados crentes, se deem conta disso. A história, que é o lugar por excelência da revelação e glorificação de Deus, é também um lugar de ocultação e perdição.

3. Salvação e história

A história já é, em si mesma, a possibilidade fundamental de salvação, porque, como tal, é desejada por Deus. É apenas uma possibilidade, porque o fato de ser realmente salva depende da liberdade de Deus e da liberdade da humanidade. Ela é, em si mesma, a manifestação e a presença sempre aberta de Deus e pode ser assim de uma forma sempre crente até que possa ser chamada e ser o reino de Deus. Mas de que forma a salvação está sendo dada na história?

A salvação que está ocorrendo na história só pode ser verificada a partir da salvação proclamada por Jesus Cristo. Isso não significa que toda a salvação, mesmo que estritamente entendida como tal, proceda do Jesus histórico por meio de causalidade direta ou indireta. Há salvação antes de Jesus e há salvação depois de Jesus, sem que isso signifique que essa salvação não se refira sempre a ele, sem que isso signifique que haja salvação fora de Jesus. As muitas afirmações bíblicas de que há salvação somente em Jesus devem ser concordadas com muitas outras que asseguram a presença de Deus salvador em muitas pessoas, que nunca souberam explicitamente da existência de Jesus nem se entregaram pessoalmente a ele como revelador e salvador. No entanto, a fim de falar com certeza sobre quem é salvo e do que é salvo, sobre os critérios e as formas de salvação, o Pai desejou que o Filho fosse o mediador da salvação por meio da vivificação de seu Espírito.

(a) A partir dessa perspectiva, podemos dizer que a primeira contribuição da salvação para a história é a superação do pecado. A história tem a dupla possibilidade fundamental de ser uma história dominada pelo pecado ou dominada pela graça. E isso é verdade tanto na conduta e no ser de cada pessoa individual quanto no comportamento coletivo e nas estruturas institucionais das várias coletividades sociais. De fato, embora a presença da graça seja reconhecível por muitos lados e de muitas maneiras diferentes, a presença do pecado com sua correspondente ausência de graça, com sua consequente necessidade de salvação, também é reconhecível de forma muito ampla e intensa.

Essa presença do pecado na vida pessoal é dramaticamente enfatizada em toda a revelação do Antigo e do Novo Testamento. A Carta aos Romanos destaca isso de forma sistemática, precisamente em relação à salvação de indivíduos e povos. Dela podemos extrair um relato bastante completo dos pecados que se apoderam dos indivíduos, a ponto de torná-los constitutivamente pecadores: "cheios de toda espécie de injustiça, maldade, cobiça e malícia; atormentados pela inveja, homicídio, discórdia, fraude, depravação: são caluniadores, murmuradores, hostis para com Deus, insolentes, arrogantes, jactanciosos, inventivos no mal, rebeldes para com seus pais, sem consciência, sem palavra, sem entranhas, sem compaixão" (Rom. 1:29-32). Esses são pecados que degradam a natureza humana, que impedem o homem de ser homem, mas que, no entanto, são pecados que negam a graça, a presença salvadora de Deus no homem; com eles, não apenas a vida humana desaparece, mas também a vida divina. A vida cristã, conforme proclamada por Jesus no "Sermão da Montanha", não é possível dessa forma. Olhando para a realidade da vida humana e do ser humano em oposição à experiência humana da vida divina que Jesus proclama em vários lugares, incluindo a promulgação de sua nova lei na época, fica claro o quanto o homem está longe de Deus, o quanto ele precisa de salvação e de sua conversão correspondente. Essa é a razão do constante apelo de Jesus à conversão por causa da proximidade do reino: a proclamação do reino que já está presente exige conversão, e a conversão é necessária para que seu poder transformador irrompa no coração humano.

A presença do pecado na vida coletiva também é uma proclamação inegável da revelação, tanto no Antigo quanto no Novo Testamento, a ponto de a história ser apresentada mais como uma história de condenação do que como uma história de salvação. Na própria tradição de Jesus, o pecado entendido como a rejeição de sua oferta de salvação está ligado à destruição da cidade (Jerusalém) e, na projeção da época, à destruição apocalíptica do mundo. Isso não acontece porque muitas pessoas pecaram, mas porque a cidade e o mundo já são uma negação de Deus. O fato de essa afirmação e negação de Deus ter a ver com as necessidades básicas dos homens – não apenas no sentido geral da presença de Deus em suas criaturas, mas no sentido muito mais específico da própria presença negada ou afirmada de Jesus em pessoas e realidades que parecem puramente naturais – fica claro em nada menos do que a formulação simbólica do próprio Jesus do que será a palavra final sobre os homens e o mundo, do que será o julgamento final (Mt 25,31-46). Esse será o julgamento das nações, o julgamento dos povos, e não apenas o julgamento dos indivíduos. É por isso que o Vaticano II, na *Gaudium et Spes*, seguindo uma longa tradição da Igreja, insiste longamente em analisar e condenar os pecados do mundo, tanto dentro de cada nação quanto nas relações internacionais. A vida e a ação de Jesus não seriam levadas adiante se não trabalhássemos para a superação desses pecados objetivados nas estruturas institucionais, no comportamento coletivo e na maneira como são constituídos os processos que determinam a configuração da história, na qual as pessoas vivem sua própria existência.

Em face dessa história de condenação, a história da salvação deve se tornar cada vez mais presente. A salvação deve superar a condenação. Se a salvação, como ausência de pecado e presença de Deus, aumentasse sua eficácia no coração humano e nas leis da história, ela faria desaparecer o que há de mais negativo na história. Isso pressupõe uma certa gradualidade histórica e uma certa gradualidade biográfica, mas isso não significa que devemos abandonar a tolerância. A salvação é em si mesma, em atos e palavras, uma denúncia do pecado, uma luta contra ele. Não é apenas perdão e compreensão; é também ação efetiva e, é claro, ação decisiva. Aqui, também, o exemplo de Jesus é uma diretriz decisiva de como a salvação funciona na história. Ele não apenas é sempre intolerante com o pecado, mas muitas vezes é intolerante com o pecador, desde que ele seja impenitente e um violador dos mais fracos. A linha profética do Antigo Testamento não é abandonada por Jesus, que acaba sendo vítima de seu confronto com o pecado e daqueles que fizeram do pecado sua forma habitual de se relacionar com os outros. Os pecados não devem apenas ser perdoados, eles devem ser removidos do mundo, não apenas com a transformação dos corações, mas com a criação de novas estruturas.

(b) O novo homem e a nova terra são, de um ângulo mais positivo, o que a salvação deve trazer aos homens para que tudo seja reconciliado e finalmente recapitulado, e para que Deus seja tudo em tudo e em todos. Quando isso finalmente acontecer, a salvação terá sido consumada.

O novo homem é o homem convertido e transformado. Mas convertido e transformado não apenas no interior de seu coração, não apenas na recuperação de um coração de carne, que substitui o coração de pedra, mas em todas as suas ações, tanto em relação aos outros quanto em suas objetivações permanentes. A salvação é operativa quando há conversão e transformação. O rico Zaqueu é convertido quando, por meio da presença de Jesus, muda seu coração e seu comportamento; e muito mais no Evangelho. A conversão não é apenas a ausência e até mesmo a negação do pecado, mas é uma superabundância de graça: onde o pecado reinava, reina a graça; onde o poder do pecado e do maligno prevalecia, prevalece o poder da graça e do Espírito; não de uma forma abstrata ou puramente intencional, mas de uma forma concreta e material. As palavras de Jesus e a vida de Jesus não deixam muito espaço para a abstração, mesmo quando se admite que a literalidade não é a melhor forma de fidelidade; nem as palavras e a vida de Jesus deixam muito espaço para a intencionalidade pura, pois, mesmo que a intenção pura seja um elemento do seguidor de Jesus, o mesmo acontece com a incorporação de obras com seu próprio peso e significado.

Ao falar sobre o novo homem, a mensagem cristã enfatiza a necessidade de passar pela morte. Essa morte não é simplesmente a morte biológica, que coloca o homem e seus problemas em outra dimensão, mas a morte do velho homem, não apenas em suas ações, mas também em suas tendências. Há uma ruptura no modo de vida e, ainda mais profundamente, na própria vida, da qual o pecado não é mais o princípio, mas a graça. Não se trata de uma pura reforma de hábitos, mas de um salto para algo mais, uma nova maneira de ser homem, um novo homem, nascido após a morte e o sepultamento do velho homem.

Mas não se trata apenas do novo homem, mas também da nova terra. Não há homem sem terra; não há novidade do homem sem novidade da terra. A terra aqui significa a totalidade do mundo social e histórico em que o homem vive. Pode-se dizer que o novo homem fará com que a terra seja nova, mas também que a nova e boa terra fará homens bons e novos. É um fato estabelecido até que ponto a configuração da vida humana depende da estrutura social na qual ela se desenvolve, que nunca será neutra para ela, mas um princípio de humanização ou desumanização, um princípio de vida ou morte, um princípio de pecado ou de graça. Esta terra, para ser nova, também deve passar pela morte. Esse não teria sido o caso se o idílio do paraíso pudesse ter sido seguido. Mas, em vez do paraíso, o homem criou e continua criando um inferno. Daí a necessidade da mudança da morte para fazer a mediação entre a velha e a nova terra. Aquilo em que essa mudança da morte pode consistir social e historicamente não pode ser determinado teologicamente. A única coisa que pode ser aventurada é que ela deve ter um certo caráter de subversão e revolução, dando a esses termos não um sentido sociológico e histórico real, mas o sentido profundo da necessidade de mudanças essenciais. Tanto a renovação do homem quanto a renovação da terra, sem as quais a história não poderia ser salva, precisam de mediações. Mediações interpretativas e mediações efetivas (C. Boff). É a história que deve ser salva, e a história tem sua própria objetivação institucional, suas próprias leis e dinamismos, suas próprias forças, cuja autonomia deve ser respeitada, porque responde à sua própria realidade. Sem pretender aqui catalogar e muito menos sistematizar a série de mediações, vale a pena mencionar algumas delas por sua importância e por sua possível exemplaridade para outros tipos de mediações.

Em primeiro lugar, há a mediação da cultura. Esse é um problema clássico na teorização e na prática da mensagem cristã. A fé sempre se apresentou com uma roupagem cultural e, por sua vez, procurou transformar as culturas. O sucesso ou o fracasso dessa dupla operação pode ser julgado de maneiras muito diferentes, dependendo do caso. Mas o desafio é claro. Sem a salvação da cultura, a renovação da terra é impossível e a renovação do homem é muito difícil. A cultura, nas várias formas históricas que assumiu e continua assumindo, pode ser vista como uma forma de salvação. Por meio das culturas, incluindo não apenas elementos religiosos e morais, mas também interpretativos e lúdicos, a vontade salvífica universal de Deus tem salvado a humanidade, tanto na ordem da revelação quanto na ordem da santificação (Darlap). Essa afirmação pode ser relativizada, mas não pode ser negada, se aceitarmos a vontade salvífica universal de Deus e sua paternidade universal, e se levarmos em conta as melhores realizações de cada cultura. Ao mesmo tempo, porém, a vontade e a ação salvífica devem se tornar mais presentes e visíveis nas diferentes culturas. Isso requer uma inculturação da fé. Essa inculturação da fé não apenas enriquece, purifica e até mesmo renova as culturas, mas também enriquece, purifica e renova a própria fé. Toda fé é moldada por uma cultura, e essa cultura, por um lado, a torna presente e lhe dá eficácia e, por outro lado, a limita e obscurece. No caso concreto da fé cristã, que pretende ser absolutamente universal, somente quando ela tiver se vestido e despido em toda e qualquer cultura da terra é que terá mostrado sua plena universalidade salvífica. Somente então ela estará em uma posição melhor para salvar as culturas e, com elas, a estrutura autointerpretativa, avaliativa e orientadora de cada povo e da humanidade como um todo. A salvação da história passa pela salvação das culturas.

Outro veículo importante para a salvação na história são os sistemas econômicos e sociopolíticos. Sem uma satisfação abrangente das necessidades básicas e um respeito consolidado pelos direitos humanos fundamentais, não é possível falar de salvação na história e salvação da história. Pelo contrário, devemos falar de pessoas oprimidas e reprimidas e de povos inteiros cujo clamor, como as Escrituras e, mais recentemente, o Magistério da Igreja repetem com tanta frequência, chegou aos ouvidos de Deus e o encheu de indignação. Não se trata, portanto, de um problema puramente social ou político, mas de um problema estritamente teológico, que tem a ver com a vontade salvífica de Deus e o estabelecimento do reino de Deus entre os homens. O estabelecimento de uma ordem social justa em cada uma das nações e na humanidade como um todo, na qual as necessidades e os direitos de todos, mas preferencialmente os da maioria, sejam satisfeitos e respeitados, depende do sistema socioeconômico e político vigente. Aqui também não se pode falar de uma nova terra e de um novo homem, se os sistemas econômicos e políticos forem, em grau significativo, o resultado do pecado, do desejo de riqueza, de poder e de dominação e, ao mesmo tempo, a objetivação desse mal e a formação da vida tanto dos opressores quanto dos oprimidos. É bem possível que alguns dos oprimidos se tornem, dentro de um sistema opressor, novos homens, lutadores a ponto de dar a vida por seus irmãos e irmãs e por uma ordem mais justa. Mas isso não impede, e sim prova o contrário, que seja reconhecida a necessidade de transformação dos sistemas econômicos e políticos, que se tornaram ídolos absolutos aos quais a dignidade da vida humana é sacrificada, às vezes por meio da exploração e às vezes por meio do consumismo. Os dois grandes sistemas econômicos que prevalecem hoje, o capitalismo e o marxismo, não são exatamente veículos para a salvação da história; na melhor das hipóteses, eles podem ser vistos como estágios de um processo que deve ser superado pela passagem da morte para formas mais elevadas de humanidade. Em tudo isso, a mensagem de salvação e as ações salvíficas têm muito a contribuir, se forem de fato eficazes.

Em terceiro lugar, é preciso levar em conta as forças sociais, independente de que forma for, de acordo com o tempo e o lugar em que elas operam mais visivelmente na história. Certamente, a história não pode ser reduzida à política nem à economia. Nem é necessário considerar que, pelo menos na história da salvação, é o político ou o econômico que domina, ou determina (Althusser), em última instância, tudo o mais. É por isso que, quando falamos de forças ou agentes sociais, também devemos pensar naqueles que fazem cultura no sentido mais amplo do termo. A salvação também deve operar em todos esses agentes e forças sociais. E para isso, em um primeiro passo, eles devem se tornar sujeitos históricos, determinantes do curso da história, nunca esquecendo, em nenhum momento, os fatores condicionantes de toda liberdade pessoal ou coletiva. Estar absolutamente ou quase absolutamente sujeito à história é um sinal de como a história está longe de ser um reino de liberdade e doação amorosa. Mas, mesmo que alguém afirme ter se tornado um sujeito ativo da história, isso não significa que a salvação já esteja presente. Pois, sem a transformação desse sujeito, é o mal, e não a graça, que pode continuar reinando. Como, além disso, o sujeito da história é normalmente uma coletividade, permanece em aberto a questão de qual coletividade, e sob quais condições, pode contribuir melhor para a salvação da história, na medida em que essa salvação, sem ser reduzida ao histórico, deve estar presente na história. Mas o fato inacabado é que precisamos de alguém para historicizar a salvação.

Determinar qual cultura, qual sistema econômico e político e qual coletividade são, neste momento histórico, os melhores mediadores da salvação, conforme delineado na mensagem de Jesus, é uma questão aberta, além do escopo deste artigo. Entretanto, não é uma questão absolutamente aberta para a qual se possa dar qualquer resposta. A mensagem de Jesus, precedida pela revelação do Antigo Testamento e de outras formas de revelação, seguida pelo envio de seu próprio Espírito e contrastada com os fatos históricos, mostra claramente muitas das coisas que não são toleráveis, bem como os contornos gerais de uma utopia que deve ser historicizada; ela também mostra um lugar e um critério, o da opção preferencial pelos pobres, cujo manejo bem-sucedido pode orientar e fortalecer a presença da salvação na história.

Homens individuais, a humanidade e as instituições humanas podem ser salvos de diferentes maneiras. Somente o homem e a humanidade podem ser primeiramente elevados intrinsecamente e depois realizados e transformados pelo que pode ser chamado de comunicação divinizadora do Deus trinitário. Mas a refluência dessa divinização na vida e na ação humana, bem como em suas objetivações históricas, não deve apenas estar presente, mas sua presença e seu grau são um critério, pelo menos indireto, dessa divinização. Os filhos da luz não fazem de suas obras trevas, e as árvores boas não dão frutos ruins. Os frutos ruins e as trevas, por outro lado, mostram que o princípio do qual eles provêm não é o Deus da vida, mas os deuses da morte.

4. Há salvação na história?

Quem olha para os vários cenários da história com olhos críticos e realistas não pode deixar de perguntar até que ponto se pode dizer que a história já foi salva. Não parece que a vinda de Jesus tenha transformado a história em uma história de salvação; não parece que a salvação, na medida em que vem de Jesus, tenha feito uma marca tão profunda na história a ponto de dividi-la entre o que era antes de seu nascimento e o que era depois de seu nascimento. Pôde parecê-lo quando a história foi confundida com a civilização ocidental e quando esta foi dominada, pelo menos por dez séculos, pela ideologia, e não pela fé cristã. Mesmo nesse caso e nesse período, sem negar as grandes contribuições da fé para o aprimoramento da história, quão longe está de ser possível falar de uma história humana, quanto mais de uma história divina. E, se isso era verdade para os tempos e lugares em que a ideologia cristã dominava a cultura e as estruturas sociais, de uma perspectiva mais ampla no espaço e no tempo, a visão deve ser necessariamente mais pessimista.

Poderíamos até pensar que a ponta de lança da história ainda é representada pelos povos que foram mais influenciados pela fé cristã, especialmente em sua versão protestante. Mas essa visão autossatisfeita entra em conflito com o estado atual da humanidade, tão fortemente condenado pela *Gaudium et Spes* do Vaticano II ou pela *Populorum Progressio* de Paulo VI, bem como por Medellín e Puebla. A pobreza extrema em que vive mais da metade da humanidade, as guerras permanentes, a desigualdade brutal entre membros da mesma família humana, as centenas de milhares de vítimas da repressão até mesmo por governos que se dizem ocidentais e de inspiração cristã, a civilização do terror como meio fundamental para evitar a destruição total da vida humana, a decomposição moral, as idolatrias do poder, do dinheiro e do prazer, o egoísmo e a separação belicosa entre povos, culturas e nações... Tudo isso parece apoiar a afirmação de que o mal reina sobre o bem ou, pelo menos, que não se pode falar de salvação da história, mas apenas de salvação na história. A presença e a eficácia da obra de Jesus seriam reduzidas a um pequeno fermento, incapaz de transformar uma massa, dominada mais pelo mal do que pelo bem, apesar de alguns avanços científicos e técnicos e de alguns movimentos sociais que tentam mudar as coisas em direção a um mundo mais justo e humano, onde todos são respeitados como filhos de Deus e irmãos e irmãs em Jesus Cristo.

Será que Jesus falhou durante sua vida mortal em proclamar e realizar o reino de Deus? Será que a experiência de seu fracasso o forçou a abordar a tarefa de realizar o reino de uma forma menos histórica? Foi necessário recorrer a uma *parusia* antecipada, na qual uma segunda vinda triunfante corrigiria o fracasso da primeira vinda em humildade? Foi necessário pensar na salvação como algo propriamente desprovido de historicidade, de modo que ela deveria ser considerada como algo que ocorre apenas na interioridade subjetiva e, acima de tudo, em uma existência após a história? A história é apenas o campo de testes para os seres humanos, que nela apostam seu destino eterno em um mais além no tempo e no espaço, único lugar onde a salvação é plenamente realizada? É somente após a história que o reino de Deus pregado por Jesus é plenamente realizado, de modo que a salvação é oferecida às pessoas na história, mas não é prometida à própria história?

A experiência de Jesus na história e a experiência dos cristãos que seguem a obra de Jesus levam, desde o início, à conclusão de que a salvação, embora incipientemente presente, ainda não está totalmente ao nosso alcance. Mesmo toda a vida de Jesus, antes de sua morte, não reconhece a totalidade do processo salvífico; temos que esperar por sua ressurreição e sua exaltação antes de podermos falar plenamente de salvação na comunicação da divindade à humanidade. O argumento que levou Kant a postular a imortalidade da alma para que a vida justa e a vida feliz pudessem ser harmonizadas pode ser lembrado aqui para apoiar a promessa de Jesus de vida eterna: a garantia da vida eterna para os eleitos, na qual será dada a maior comunicação possível de Deus à sua criatura, é o ponto fundamental da salvação. A salvação por antonomásia é dada além da história, após a ressurreição de todo o homem. Isso só é sustentável na fé, mas deve ser mantido mesmo nos momentos mais condenados da vida e da história, quando parece que Deus abandonou seus escolhidos, antes de tudo seu próprio Filho, e quando parece que toda a história está dominada pelos poderes do mal.

A salvação, entretanto, não é a-histórica. A salvação deve se fazer presente na história. O fracasso histórico da salvação não prova sua futilidade histórica. A história não terminou. No coração da maioria das pessoas, há um anseio e uma esperança de que as coisas melhorem, precisamente nas linhas e no projeto que refletem o reino. Esse anseio, essa esperança, esse protesto contra a injustiça e o pecado e esse desejo de construir são, entre outras coisas, um bom sinal de que a salvação quer entrar na história. O Apocalipse, que aparece como o último dos livros revelados, expressa de forma dramática essa luta da fé dos justos contra o poder do império: não se trata apenas da luta da Igreja nascente contra o Império Romano, mas também destaca a luta permanente a partir da qual a história da salvação deve ser abordada, a luta entre Cristo, o princípio do bem e da salvação, e Satanás, o princípio do mal e da condenação. Na luta da história, o cordeiro vencerá, apesar de seu sacrifício e morte. O fato de os poderes do mal terem lutado inveteradamente contra o bem e, mais especificamente, contra o bem da salvação, anunciado, vivido e realizado por Jesus, mostra até que ponto esse bem deve ser histórico, deve ser dado na história; caso contrário, o poder do mal passaria por cima da força da mensagem de salvação de Jesus.

Não é assim e nunca foi assim: o poder do mundo quererá subordinar, por meio da lisonja e da cooptação, o poder do Evangelho nas mais diversas formas, desde Constantino, ou, quando não conseguir, tentará esmagá-lo, como fez com Jesus, com os primeiros cristãos e com todos os cristãos autênticos, a ponto de a perseguição ter se tornado um sinal de autenticidade. Mas essa perseguição, que é, no final, um reconhecimento do poder da salvação, nunca acabará com a salvação e não impedirá que a pequena semente cresça para que, na maturidade da história, represente a grande árvore que dá a sombra da vida a muitos, à multidão.

Portanto, o fato de uma certa plenitude satisfatória da salvação ainda não ter sido alcançada na história não é uma prova definitiva de seu fracasso. É mais uma prova de que os homens, e especialmente aqueles mais chamados a proclamá-la e historicizá-la, falharam em sua missão. Na aliança, não foi a promessa de Deus que falhou, mas a contribuição dos homens. A partir dessa perspectiva, é necessário reler hoje todas as reivindicações que Yahweh faz ao seu povo, mas especialmente aos líderes desse povo, religiosos e políticos. Não é que se deva buscar outra aliança – e nesse sentido a nova aliança é definitiva, embora não fechada –, mas que tudo o que Deus pede ao homem deve ser posto em marcha para que a salvação, a salvação pessoal e a salvação histórica, possa ser alcançada.

5. O sujeito histórico da salvação

O sujeito passivo histórico da salvação é, sem dúvida, toda a humanidade. Toda a humanidade e, em sua medida, toda a criação foram chamadas à salvação, embora essa salvação pudesse ter sido de diferentes maneiras, de acordo com a natureza do que deve ser salvo e de acordo com as decisões dos homens, frente ao que o Deus trinitário se mostra amorosamente livre, e não, sem mais, abstratamente livre. A incipiente e distinta divinização que já está presente em cada uma das criaturas busca realizar-se dentro dos limites de cada uma delas e da vontade divina. Afirmar o contrário seria negar o caráter trinitário de Deus e, de forma ainda mais evidente, a primazia de seu amor e de sua vontade salvífica universal. Isso não nega que exista uma possibilidade real de condenação, ou seja, de rejeição da salvação oferecida por Deus, nem implica necessariamente que a salvação, em seu aspecto histórico, seja plenamente realizada em cada um de seus momentos e em toda e qualquer pessoa. Da mesma forma, a plenitude da salvação, entendida como salvação eterna, ou seja, como o dom pleno da vida trinitária ao homem, só é possível para uma essência aberta (Zubiri) e só culminará após a morte. Mas isso não impede que a mesma salvação, em outro grau e em outra forma, possa e deva estar presente na história, não apenas no coração dos homens, mas em toda a história, sem excluir a própria natureza física que canta a glória de Deus e deve ser a morada digna – não ecologicamente arruinada – de toda forma de vida. Tudo deve ser salvo, embora de uma maneira diferente.

O sujeito ativo da salvação é, por excelência, o próprio Deus e seu mediador Jesus Cristo. Deus é o princípio e o fim da salvação do homem e quis oferecê-la definitivamente à humanidade na encarnação, vida, morte e ressurreição de seu Filho. Buscar a salvação total fora de Deus seria idolatria. Os falsos deuses não só não podem oferecer salvação total, como também se tornam o princípio da condenação. Nada nem ninguém pode tomar o lugar de Deus e de Jesus Cristo na história da salvação. Por definição, a salvação é a presença cada vez maior de Deus na vida humana e na história humana; Deus, o princípio da santidade e da felicidade, o princípio da plenitude e do progresso, o alfa e o ômega da humanidade e da história. A verdade desse Deus é o *logos* encarnado, e o caminho para a vida de Deus não é outro senão Jesus, morto e ressuscitado por nossos pecados e nossa salvação.

Esse apelo ao Deus trinitário como o princípio e o fim da salvação e a Jesus Cristo como o mediador da salvação fundamenta a unidade da história, por um lado, e sua distinção, por outro. Há apenas uma história, que flui da vontade amorosa e salvadora do único Deus verdadeiro, do Deus trinitário como Deus verdadeiro, de modo que a separação real entre uma história profana e uma história de salvação deve ser abolida, apesar das muitas distinções a serem feitas dentro da mesma história de revelação e salvação (Darlap). O que acontece é que a unidade da realidade histórica é estrutural, e não substancial, pressupondo múltiplos elementos distintos. Entre a concepção monista da história, que explica sua unidade como um processo de diferenciação de uma única substância, e a concepção dualista, que nega a unidade essencial da história e mantém, no máximo, um certo paralelismo entre os eventos salvíficos e profanos, é necessário entender a história como uma unidade estrutural, na qual a diversidade qualitativa dos elementos é absorvida na unidade estrutural de sua realidade profunda. A partir de uma concepção estrutural, a unidade da história e a diversidade de seus vários elementos podem ser salvas sem separação. Se, por uma questão de clareza mental, fizermos a distinção, não sem perigo, no conceito de história da salvação, entre história e salvação, poderíamos distinguir entre elementos mais formalmente históricos e elementos mais formalmente salvíficos; poderíamos também falar de um sujeito mais formalmente histórico e de um sujeito mais formalmente salvífico. Mas essa distinção, se quer conservar, como deve, a unidade estrutural de uma única história, expressa precisamente pelo "de" na história "de" salvação, os elementos salvíficos devem estar vertidos ao histórico, e o histórico ao salvífico, assim como devem ser o sujeito da história e o sujeito da salvação. Isso significa que, no caso dos sujeitos, o sujeito ou os sujeitos da história são realmente sujeitos da salvação, desde que façam uma história de salvação e não de condenação, enquanto o sujeito ou os sujeitos da salvação são realmente sujeitos da história, que eles dinamizam e guiam pelo caminho da salvação, e não da condenação.

A única história da salvação poderia ser história da graça e história do pecado, mas isso é mais realista do que afirmar a duplicidade de duas histórias, uma história profana que se presume ser puramente natural e uma história sagrada que se presume ser puramente sobrenatural. Nesse ponto, a natureza dupla, humana e divina, de Jesus, na unidade profunda de uma única realidade que engloba ambas, oferece um modelo de interpretação. Se o fato de Jesus comer, dormir, andar etc. for formalmente salvífico, as chamadas realidades profanas também têm sua implantação salvífica na unidade estrutural da história, mesmo que seu sinal possa ser positivo ou negativo com relação à salvação, mas ao mesmo tempo um sinal positivo e negativo com relação à história. A matéria do homem, por não ser psíquica nem se confundir com o psíquico do homem, não deixa de ser humana. De modo semelhante, o histórico (humano), por não ser sem mais o salvífico (divino), não deixa de ser formalmente história de salvação.

Essa distinção sem separação torna possível conceber ações e sujeitos mais especializados no formalmente salvífico e ações e sujeitos mais especializados no formalmente histórico. O sujeito subordinado ao sujeito principal da salvação, que é Deus e seu mediador Jesus Cristo com o Espírito Santo, é a Igreja com seu conjunto de ações salvíficas. Mas nem tudo na Igreja é salvífico, e nem tudo que é salvífico está confinado dentro dos limites do que é visivelmente a Igreja. Muitas das ações da Igreja levaram e continuam levando à condenação, assim como muitos membros do sujeito coletivo que é a Igreja. Basta olhar para o passado e o presente da Igreja, tanto em termos de ações e omissões quanto em termos de certos sujeitos (sem excluir bispos e papas). No outro extremo, há sujeitos ativos de salvação e múltiplas ações salvíficas que não são visíveis na visibilidade da Igreja. Muitas vezes, o melhor próximo, aquele que mais ama e torna presente o Deus misericordioso do amor, não é o sacerdote, nem o letrado, nem mesmo o judeu, mas o samaritano. O reconhecimento patrístico e tradicional da "alma naturalmente cristã" assume um significado especial a partir dessa perspectiva. A graça santificadora e operante de Deus não é transmitida exclusivamente, embora formalmente, por meio dos canais da Igreja visível, nem somente por meio dos sacramentos. Outras religiões são veículos de salvação, mesmo que possam ser veículos de condenação. O critério objetivo para discernir isso, após sua vinda, é a existência histórica e a palavra de Jesus.

No que diz respeito ao sujeito ativo do histórico na unidade estrutural da história da salvação, a questão permanece muito mais aberta, tanto no campo da produção teórico-cultural quanto no campo da coexistência social. Entretanto, há um certo critério. Embora se possa dizer, em certo sentido, que tudo o que é bom, verdadeiro, belo, valioso etc. pode e deve ser incluído em uma história da salvação, o momento estrutural da salvação orienta a avaliação e a seleção dos elementos que podem formar uma unidade estrutural com a salvação proclamada por Cristo. Assim, pode parecer que, quanto mais riqueza certos indivíduos têm para si mesmos, melhor é na linha da salvação, mas o oposto é, em princípio, verdadeiro: a riqueza é um perigo permanente para a salvação, e a ganância não é apenas algo que formalmente separa de Deus, mas também algo que quebra a história e a leva à opressão.

No outro extremo, pode parecer que os movimentos políticos e culturais não poderiam ser assimilados à história da salvação, na medida em que talvez se oponham a certas formas de Igreja institucional, mas pode acontecer que tais movimentos acabem por fazer muito mais pela historicização do reino e até mesmo pela libertação, pelo menos inicialmente, dos mais pobres do que o que certos setores da Igreja fizeram nessa linha substancial da salvação, em certos momentos, quando se tornaram mundanos e foram moldados em alguns aspectos pelas forças condenatórias da história, e não pela força da salvação. Nessa linha, alguns pensaram, por exemplo, que o aristotelismo, purificado pela presença de elementos de salvação provenientes da fé cristã, serviu muito bem à história interpretativa da salvação. O mesmo poderia ser dito de tantas outras figuras históricas e movimentos mais ou menos presentes no mundo de hoje. E, ao contrário, é possível rejeitar teorias e práticas que pareceriam boas ou diferentes para a salvação, por mais profanas e autônomas que possam parecer, porque não são conciliáveis com a única história, que é a história da salvação. O fato de que, nessa dupla linha de aceitação e rejeição, até mesmo o magistério da Igreja tenha se equivocado não impede que se reconheça o fato fundamental de que tudo o que é histórico tem a ver com a salvação, e que há aspectos da história que podem contradizer a salvação e que, nesse sentido, não são aceitáveis. A recíproca não é verdadeira, porque não há nada na salvação e nada deve ser apresentado como salvífico que possa prejudicar a história em seu caminho de plenitude, em sua marcha libertadora rumo à liberdade, entendida como nada menos que a liberdade dos filhos de Deus. O fato de que isso tenha de fato acontecido indica apenas a dificuldade do processo histórico e as limitações do sujeito primário subordinado da salvação.

Há, portanto, sujeitos que trabalham mais especificamente para o caráter salvífico da história e outros que trabalham mais especificamente para o caráter histórico da salvação. Os primeiros são geralmente considerados como religiosos, e os últimos como leigos. A distinção tem um caráter mais funcional do que estrutural, porque na unidade estrutural da "história-de-salvação", o trabalho no histórico pressupõe uma versão intrínseca à salvação, e o trabalho no salvífico pressupõe uma versão intrínseca à história, embora isso não impeça que a distinção funcional tenha um caráter real. A razão profunda para isso é que a história, como aparece simbolicamente na história do paraíso, é, desde o início, o lugar escolhido por Deus para a sua possível comunicação total, de modo que nela não há apenas uma elevação potencial, mas um início dessa elevação, embora de forma progressiva, seguindo em cada caso a altura dos tempos. O fato de que o dom de Deus a essa história tenha sido livre e gradual não contradiz o fato de que, desde o início, esse dom operativo já era dado, na medida em que o desenvolvimento orgânico e psíquico de uma humanidade que vinha imediatamente do ponto de avanço do reino animal o permitia.

Poderia ter sido de outra forma, mas, de acordo com todas as evidências da revelação, Deus não queria que fosse assim. Aqueles que seguem, então, na história, esse vetor da crescente doação de Deus à humanidade como um princípio de divinização, quer saibam disso ou não, não estão apenas salvando a história, mas estão tornando possível uma maior doação de Deus na história; aqueles que resistem a essa força vetorial não estão fazendo outra história fora da história da salvação, uma história neutra e profana, mas, na própria história da salvação, estão tentando fazer com que as forças do mal e do pecado prevaleçam sobre as forças do bem e da graça. Em suma, o mesmo *logos* pelo qual todas as coisas foram feitas e que é a vida do mundo é aquele que se doou desde o início e que se encarnou no Jesus histórico, e não em uma criatura a-histórica. Precisamente, a continuidade sem confusão do *logos* criador e do Jesus salvador é a melhor prova e garantia de que a história na qual o *logos* estaria incentivando e a salvação a qual o Espírito de Cristo estaria incentivando formam uma unidade estrutural, o que torna possível falar de uma única história da salvação.

Sempre foi difícil aceitar essa unidade diferenciada e, em vez disso, propõe-se manter monismos que reduzem o outro ao extremo, acabando por negar um e outro, ou manter dualismos mais ou menos paralelos. A antiga dificuldade de aceitar Maria como a mãe de Deus pelo fato de ela ser apenas a mãe da humanidade de Jesus ilustra essa dificuldade. Entretanto, a melhor tradição cristã assumiu na história da salvação, de forma muito intrínseca, elementos que não parecem formalmente salvíficos. Há, é claro, a humanidade de Maria, confessada como mãe de Deus, mas há também toda a materialidade dos sacramentos, sem a qual não é possível a transmissão sobrenatural da graça sacramental: o pão, sem perder suas notas, torna-se o corpo de Cristo, embora conserve toda a sua aparência de pão; a água torna-se o veículo da graça batismal e é considerada elevada para desempenhar intrinsecamente essa função. Na mesma linha, a história deve ser considerada como um todo. A história pode gerar salvação, se, como no caso de Maria ou da materialidade sacramental, for desejada por Deus – e na medida em que é desejada por Deus. E isso não é extrínseco à própria história, porque seria a própria história em sua própria estrutura que, sem mudar seus elementos estruturais e mantendo toda a aparência de realidade histórica, traria a salvação em seu seio.

Isso pressupõe, é claro, que a história tenha sido escolhida por Deus para ser a parteira da salvação e que, nessa escolha, ela tenha sido radicalmente elevada para a missão à qual foi chamada. Pressupõe-se também que a salvação que surgiu na história aja na própria história, já preparada por sua elevação radical, mas que, sem essa presença explícita da salvação, nem sequer saberia, pelo menos explicitamente, o escopo e o significado de sua elevação. Há, portanto, uma dupla dependência da história em relação à salvação. A história não seria salvífica em si mesma, mas o seria pelo desígnio e vontade de Deus, e a história só se constitui como história da salvação pelo aparecimento histórico da salvação nela, pela historicização da salvação.

Desse ponto de vista, se quisermos manter a terminologia clássica, podemos dizer que o natural é a natureza material, e o sobrenatural é a história. A história é a supernatureza da natureza. Isso não significa que a salvação não afete também, de alguma forma, a própria natureza material – dogma da ressurreição –, mas isso ocorre em razão da história, na qual a salvação é formalmente concedida. A história só seria supernatureza em um sentido puramente metafísico se a elevação gratuita de Deus não tivesse ocorrido, mas, dado isso, a história é supernatureza em um sentido estritamente teologal, sendo elevada a um novo plano, o da comunicação e doação da vida trinitária de Deus. Essa comunicação e doação podem ser rejeitadas por homens individuais ou por povos e suas instituições, mas isso não significa que a história deixe de ser supernatureza e o histórico sobrenatural, pois o que acontece então não é um simples fracasso moral, mas um pecado estrito, uma rejeição da graça de Deus. Assim, a salvação está em jogo em cada fato da história, e toda a história é história da salvação, em seu duplo aspecto possível de graça e pecado.

Tradução: José F. Castillo Tapia, SJ

CAPÍTULO 4
Os pobres como lugar teológico na América Latina

Para a teologia da libertação, à qual Ellacuría contribuiu em sua origem e amadurecimento, a fé cristã está inevitável e internamente conectada com o mundo dos pobres. A teologia, enquanto busca compreender essa fé, os assume como perspectiva ou "lugar" teológico. Os pobres são mais que isso para a dita teologia. Em outros escritos, Ellacuría desenvolve essa variada e rica significação. Neste, publicado na revista *Misión Abierta* (4-5, 1981, 225-240), ele se centra em sua relevância metodológica. Traduzido de: *Escritos Teológicos I*, San Salvador: UCA, 2000, 225-240.

Quando se fala de problemas teológico-políticos, "América Latina" é mais uma categoria conceitual do que uma realidade empiricamente histórica. Gostaria de indicar que a concretização para mim da América Latina é a situação histórica atual de El Salvador, Guatemala, Honduras, Nicarágua e outros países ou situações semelhantes que podem ser comparadas. Porque é nesses países e nessas situações que os "pobres", como serão definidos mais tarde, se concretizam. Ou seja, esses países e a sua situação realizam e verificam bem o que, em relação aos pobres, se entende ser a América Latina como "lugar teológico".

O que se vai dizer a seguir nada mais é do que uma reflexão crente sobre uma realidade vivida. Primeiro, é a realidade, na qual o Espírito de Cristo, que é o Espírito de Jesus, torna-se carne, torna-se história. E essa realidade é vista num segundo momento a partir daquela fé no Jesus histórico que morreu pelos nossos pecados – mantendo-se na expressão de que os nossos pecados causaram a morte e ao mesmo tempo que a sua morte nos liberta dos nossos pecados na libertação do pecado do mundo –, que nos foi dado na Igreja, na conservação que a Igreja fez e faz, às vezes contra o seu gosto e vontade, da palavra de Deus.

Daí resulta, por enquanto, que não vamos teorizar abstratamente sobre quem são os pobres de que fala Jesus ou sobre que tipo de pobreza é aquela a que se refere o Evangelho, a boa nova aos pobres. A encarnação histórica dos pobres evangélicos e da pobreza evangélica é um fato primário na nossa realidade concreta, e sabemos que o são porque nos salvam, e não nos foi dado outro nome em que possamos ser salvos senão o de Jesus. O que acontece é que não é um fato claro, como também não foi claro o fato de Jesus ser pobre ou o da pobreza de Jesus. É por isso que precisamos voltar sempre ao Jesus originário e fundante para que esses pobres, que são sua continuação e seguimento, sejam plena e lucidamente os pobres de Jesus. Daí que nosso método é ir da realidade viva à revelação de Jesus, e da revelação de Jesus à realidade viva.

E, no entanto, essa concretização não rompe com a universalidade da fé cristã. É evidente que o fenômeno dos pobres e da pobreza não ocorre da mesma forma em qualquer parte do mundo e em qualquer situação social. Assim é, inclusive sem confundir interessadamente os pobres evangélicos com todo sofredor ou pessoa com dores. É claro que Jesus e a fé cristã têm palavras de salvação para todos os sofredores, e, por sua vez, é claro que o sofrimento e as dores trazem a salvação cristã ao mundo – ou podem trazê-la. Mas o fazem em outro contexto e de uma forma diferente daquela dos fisicamente e materialmente pobres. Pois bem, mesmo superando essa confusão, há lugar para afirmar que é diferente a forma de ser pobre em diferentes situações. Mas isso não pode se tornar uma escapatória, porque nessa questão dos pobres também há *graus de perfeição*, de tal modo que só olhando para os "mais perfeitamente pobres" é possível valorizar tudo o que oferece a pobreza evangélica.

Gostaríamos de mostrar que esses "mais perfeitamente pobres" ocorrem de modo excepcional em situações como as que estão vivendo hoje as maiorias populares em países e situações como as de El Salvador, da Guatemala e, em outro sentido, da Nicarágua[1]. É isso que se quer afirmar

---

1. No período em que Ellacuría escreveu este texto, a Nicarágua estava em um processo revolucionário liderado por um governo sandinista que dava sinais de esperança ao povo pobre. El Salvador e Guatemala estavam submetidas a governos abertamente repressores. (N. do T.)

quando falamos dos pobres como lugar teológico na América Latina. As reflexões a seguir procurarão mostrar a explicação e a verificação dessa frase. Mas não esqueçamos o ponto de partida concreto. Vamos ver como estão sendo lugar teológico os pobres segundo o Evangelho na América Latina.

1. Quem são os pobres na América Latina?

Medellín e Puebla não tiveram grandes dúvidas sobre o assunto. A verdade é que o Vaticano II também não teve grandes problemas. E é difícil tê-los para aqueles que vivem em um ambiente em que o fato principal e esmagador é o da pobreza. Também não é difícil reconhecer em abstrato a importância que o fato e o ideal da pobreza podem ter para a vida cristã. É impressionante a teimosia com que os grandes reformadores da Igreja voltaram repetidamente à pobreza como um requisito fundamental da fé e da perfeição cristã. É claro que, com igual teimosia, foram rapidamente encontradas escapatórias mais ou menos sutis para espiritualizar as exigências históricas, pessoais e coletivas, de pobreza material.

E, no entanto, desde o fato dos pobres na América Latina, pode-se dizer que a concepção clássica de pobres e de pobreza quase não tocou em aspectos que vemos claramente hoje. Dois deles parecem-me fundamentais: a natureza dialética da pobreza e a sua natureza política. Dito em síntese prévia: os pobres são pobres "em contraste com os ricos" – caráter dialético –, e os pobres desempenham um papel político decisivo na salvação da história. Isso deve ser dito sem esquecer, nem por um momento, o caráter estritamente cristão da pobreza, porque o que queremos sustentar aqui é que precisamente a pobreza cristã deve se constituir na pobreza dialética e na pobreza política para dar de si tudo o que tem, enquanto, por sua vez, a pobreza dialética e política deve tornar-se cristã para ser verdadeiramente afirmativa e criativa, e não meramente destrutiva e negativa.

Há, antes do mais, o caráter dialético do pobre e da pobreza. Na nossa situação concreta, há pobres "porque" há ricos, há uma maioria de pessoas pobres porque há uma minoria de pessoas ricas. Isso se aplica na mesma medida tanto aos diferentes grupos sociais dentro de um país como aos diferentes países no contexto da geografia universal. Se fôssemos todos pobres porque os recursos disponíveis fossem escassos, não poderíamos falar propriamente de pessoas pobres. Nem sequer se poderia falar propriamente e formalmente de pessoas pobres se houvesse unicamente desigualdade, ainda que isso já permitiria falar de alguma forma – inclusive de algum modo próprio, porque seria ininteligível, dentro da fraternidade universal dos filhos de Deus – desse grau abusivo de iniquidade entre quem tem tudo a ponto de desperdiçar e quem nada tem. Esse segundo aspecto aproxima-nos mais do problema real, e a sua problemática está presente em cheio tanto na Bíblia como na pregação dos grandes padres da Igreja. Mas há um terceiro aspecto ainda mais fundamental, que terá sido estudado analiticamente por Marx e pelos marxistas, mas que na verdade é abundantemente descrito e denunciado pelos profetas e pelos padres e doutores da Igreja. É o fato de os ricos terem se enriquecido desapropriando dos pobres o que era deles, de seu salário, de sua terra, de seu trabalho etc. É um elemento decisivo para compreender qual deve ser e está sendo a "resposta dos pobres" em lugares teológicos e políticos como a América Latina.

Esse caráter dialético dos pobres exige dialeticamente a sua contrapartida, que são os ricos. Se os pobres são os empobrecidos, os ricos são os empobrecedores. Se os pobres são os despossuídos, os ricos são os possuidores. Se os pobres são os oprimidos e reprimidos, os ricos são os opressores e os repressores. Isso significa mais uma vez que, se há gente com muitos recursos, mas que nem eles nem os seus antecessores – como salientou um grande padre da Igreja – eram empobrecedores, desapropriadores, opressores ou repressores, não são ricos no sentido pleno da palavra, no sentido tão severamente condenado pela própria palavra de Deus. Mesmo assim terão problemas espirituais graves – aqueles, por exemplo, que têm a ver com o apego do coração ou com a idolatria do dinheiro –, embora não o problema estritamente "mortal" que tem a ver com a injustiça e com a morte do irmão.

Repito mais uma vez que isso não tem nada a ver com o marxismo ou com a luta de classes propriamente dita. O marxismo começa quando esse fato real, cuja interpretação cristã é atualmente feita em termos religiosos e morais, recebe uma explicação analítica através da mais-valia da acumulação original, das classes sociais. Portanto, carece de justificativa cristã a acusação de que a interpretação dialética da pobreza estaria infectada pelo marxismo. Essa acusação pretende desvirtuar a pobreza evangélica. Uma coisa é que não se tenha acentuado esse caráter dialético da pobreza na pregação e na práxis da Igreja, e outra é que esse caráter dialético tenha sido tomado do marxismo. Uma coisa é que essa abordagem dialética da pobreza cristã esteja mais próxima das abordagens marxistas do que das capitalistas e que, portanto, em parte favoreça as primeiras e desfavoreça as últimas, e outra bem diferente é que seja um truque do marxismo, que introduz na fé cristã e em sua práxis aspectos que não lhes são próprios. Como mencionava antes, não seria nada difícil mostrar quão plenamente evangélico e cristão é esse aspecto da pobreza, que temos chamado de dialético.

Há, por outro lado, o aspecto político dos pobres e da pobreza: o caráter político dos pobres. Não estou seguro de que seja tão fácil demonstrar esse segundo caráter com as mesmas fontes de revelação como foi o primeiro. Demonstrá-lo é mais uma questão de razão teológica do que de leitura bíblica. No entanto, quando olhamos para os despossuídos e empobrecidos da América Latina, descobrimos que a sua pobreza consciente e ativamente assumida representa antes e depois da revolução uma força fundamental de mudança social e um referente imprescindível para a reestruturação da sociedade. São os "pobres da terra" que, de fato, impulsionam a luta pela justiça e pela liberdade, a luta pela libertação, que inclui tanto a liberdade como a justiça em El Salvador e na Guatemala. Aqueles que dificilmente alguém acreditava que poderiam ser sujeitos ativos da luta social e política estão se revelando não apenas os portadores e os que aguentam a luta – com rios do seu próprio sangue deixados nos sulcos das suas terras –, mas também os guias objetivos da mesma. E são também os "pobres da terra" que se convertem em sujeitos do futuro revolucionário, quando se buscam as formas econômicas e políticas que verdadeiramente lhes correspondem. Uma revolução feita a partir dos pobres, com eles e para eles converte-se assim "escandalosamente" em um novo sinal fundamental do reino de Deus que se aproxima, porque já está entre nós, sinal fundamental de um reino de Deus que se busca e que vai conseguindo se tornar operacional na história; a boa nova anunciada aos pobres como sujeitos primários de sua própria história e de cada uma das histórias nacionais. Do ponto de vista político da pobreza cristã, e em resposta à sua natureza dialética, nos encontramos com alguns pobres ativos que obrigam os ricos a despojar-se das condições materiais da sua riqueza confiscada. Isso não é possível sem luta política, que na maioria das vezes terá de ser revolucionária e que em casos extremos poderá ser violenta e armada.

Quem são, então, os pobres na "América Latina"? Quem são, numa perspectiva cristã, os pobres na América Latina?

Em primeiro lugar, aqueles que são "materialmente" pobres. A materialidade da pobreza é o elemento real, insubstituível, e consiste não tanto em faltar até o essencial, mas em ser dialeticamente despojado do fruto do seu trabalho e do próprio trabalho, bem como do poder social e político, por aqueles que com essa desapropriação enriqueceram e tomaram o poder. Essa materialidade real da pobreza não pode ser substituída por nenhuma espiritualidade. É uma condição necessária da pobreza evangélica, embora não seja uma condição suficiente. Dir-se-á que, nesse sentido, há muitos despossuídos. Por exemplo, todos aqueles que trabalham para os outros, todos aqueles que contam pouco na distribuição da riqueza e do poder. Provavelmente é assim. Mas, olhando para a América Latina, o que vemos é que a espoliação privada atinge limites absolutamente intoleráveis, pois toca no próprio fato da vida, que não pode ser sustentado nem retido. E vê-se, em segundo lugar, que muitos daqueles que são de alguma forma despossuídos no primeiro mundo – por exemplo, as classes proletárias e os seus afins – são como um todo parte do sistema que se torna "despossuidor" no terceiro mundo. Além disso, a sua relativa pobreza material pode ser anulada pela ganância individualizada por riqueza.

Mas não basta, cristãmente, ser "materialmente" pobre. É necessário ser "espiritualmente" também. A espiritualidade aqui não é um substituto da materialidade, mas sim um coroamento dela. Ser materialmente rico e espiritualmente pobre é uma contradição inassimilável e insuperável do ponto de vista cristão, pelo menos enquanto houver pobres materiais, e, aparentemente, "sempre haverá pobres entre vós". Essa contradição é, sobretudo, inassimilável quando os pobres não são uns poucos marginalizados por deficiências congênitas ou apatia voluntária, mas são a maioria. E não esqueçamos que, considerando o mundo como um todo, os materialmente pobres constituem a imensa maioria da humanidade. Daí a atualidade e a universalidade do nosso problema. Qual é, então, a espiritualidade cristã da pobreza?

Acima de tudo, uma tomada de consciência sobre o próprio fato da pobreza material, uma tomada de consciência individual e coletiva. A tomada de consciência passa prontamente pelo que a dialética pobreza-riqueza tem de injustiça e de falta de solidariedade e, em última análise, de pecado. A dialética riqueza-pobreza não só torna impossível a vontade mais geral de Deus sobre os bens deste mundo, tão lembrada pelos últimos papas, mas – o que é muito mais grave do ponto de vista cristão – impossibilita o ideal histórico do reino de Deus, anunciado por Jesus, e, dentro desse ideal, torna especialmente impossível o mandamento do amor e a confissão real da filiação consubstancial do Filho, assim como o da fraternidade entre seres humanos, especialmente aqueles que, pelo batismo, tornaram-se membros de um mesmo Corpo. Trata-se, portanto, de elementos substanciais da fé cristã, que têm a ver com a confissão de Deus como Pai, com a confissão de Jesus como Filho e com a confissão do Espírito Santo como vinculante desse único Corpo que é a Igreja. Fazem bem aqueles que pregam a comunhão como um elemento essencial da Igreja e da fé cristã, mas não fazem bem esses pregadores quando não reconhecem que a dialética riqueza-pobreza, rico-pobre, é, em sua própria realidade, a principal negação dessa comunhão e uma das origens radicais de todas as divisões e confrontos. Quem não luta contra essa dialética não luta a favor da comunhão. Quem não combate eficazmente contra ela não deseja verdadeiramente a comunhão. É o que Santo Inácio de Loyola chamaria de primeira ou segunda trilha, ao adiar até o juízo final e à vida após a morte a rejeição absoluta dos ricos (Mt 25,40 ss.) ou ao propor meios que realmente não combatem com eficácia o mal[2].

Essa tomada de consciência individual e coletiva deve de alguma forma converter-se em ação, práxis. É o segundo elemento da espiritualidade. Isso requer, em primeiro lugar, organização, organização popular. Não me refiro a um tipo específico de organização popular, porque falar disso não compete a uma reflexão teológica. Refiro-me ao fato bruto de que os pobres devem se organizar enquanto pobres para fazer desaparecer esse pecado coletivo e originante que é a dialética riqueza-pobreza. A evasão individualista e/ou interiorizante diante desse pecado não é, por princípio, um caminho cristão. A tomada de consciência requer, em segundo lugar, uma práxis adequada e eficaz. Não se trata apenas da necessidade de que seja perdoado o pecado do mundo, mas de que seja removido, por mais que tanto o perdão como a remoção do pecado sejam ações progressivas e complementares. Também aqui não há razão para indicar quais deveriam ser os modos dessa práxis. Nesse ponto, como tantas vezes recordou dom Romero, a Igreja deve ir atrás do povo, embora anunciando futuros utópicos e sinalizando os obstáculos do caminho.

Há um terceiro elemento na espiritualidade cristã da pobreza material, que consiste no anúncio historicizado dos grandes valores do reino de Deus, que, embora utópicos e até transcendentes, não deixam de ser alcançáveis de alguma forma nos processos históricos. Assim, temos que o reino de Deus, apesar do que dizem os intelectuais do Iluminismo europeu, não é simplesmente o "reino da liberdade", mas é antes o "reino da justiça e da fraternidade", no qual se busca mais servir do que ser servido, em que se procura ser o último dos irmãos, em que existem grandes reservas contra todas as formas de poder. É um ponto que não podemos abordar aqui e cujo tratamento exigiria responder à questão de quais são os valores estruturais que a espiritualidade cristã da pobreza e dos pobres aporta para a construção de uma nova sociedade, em que não domine o

---

2. Cf. LOYOLA, I., *Ejercicios Espirituales*, 149-157, Sal Terrae, 24-25.

pecado da riqueza e da sua concupiscência, mas a graça da pobreza e a sua correspondente entrega aos demais.

Há, finalmente, um quarto elemento na espiritualidade cristã, mais dos pobres do que da pobreza. A espiritualidade da pobreza como tal está mais relacionada ao que é estrutural, a espiritualidade dos pobres relaciona-se com o que é pessoal. A experiência mostra-nos repetidamente que dificilmente é possível uma vida pessoal justa no meio de estruturas injustas e sujeita a elas, mas também nos mostra que não basta mudar as estruturas para que mecânica e consequentemente mudem as pessoas, e que somente pessoas radicalmente mudadas podem impulsionar e sustentar mudanças estruturais apropriadas. É aqui que a fé cristã como mensagem e a graça de Jesus como dom ativo têm um imenso campo de ação. Necessitamos imperiosamente de "pobres com espírito", e esse espírito é, sobretudo, o espírito das bem-aventuranças e do sermão da montanha, porque ali se torna especialmente presente aquilo que é definitivamente o Espírito de Jesus. Já desenvolvi esse tema em outros lugares[3], e muitos outros dentre os teólogos da libertação também o fizeram. Basta sublinhar que se trata de cultivar tudo o que há de "metanoico", de "conversivo" na mensagem evangélica e no anúncio da boa nova que Jesus fez aos pobres, e deles e com eles também aos ricos.

Os pobres na América Latina já eram materialmente pobres e estão se tornando, cada vez mais, espiritualmente pobres. O Filho de Deus encarnou-se novamente nessa pobreza, e está florescendo um espírito novo, que faz dos pobres da América Latina um "lugar teológico" único de salvação e de iluminação.

2. Em que sentido os pobres são "lugar teológico" na América Latina?

Os pobres na América Latina são um lugar teológico na medida em que constituem a máxima e escandalosa presença profética e apocalíptica do Deus cristão e, consequentemente, o lugar privilegiado da práxis e da reflexão cristãs. Vemos e sentimos isso na realidade histórica e nos processos que vive a América Latina, e o reconfirmamos na leitura que fazemos, desde esse lugar, da palavra de Deus e de toda a história da salvação.

---

3. Ellacuría se refere aqui, provavelmente, ao seu escrito "As bem-aventuranças como carta fundacional da Igreja dos pobres", em: AAVV, *Iglesia y organizaciones populares*, San Salvador, 1979. Está publicado no tomo II de seus *Escritos Teológicos*. (N. do E.)

Não é difícil provar desde o Evangelho que os pobres são um lugar excepcional da presença de Deus entre os seres humanos. A revelação de Deus aos seres humanos no Novo Testamento através do Filho é de estrutura estritamente "kenótica", isto é, de esvaziamento e alteração (Fl 2,6-11). Mas esse esvaziamento não é puramente o de um Deus que se faça humano e que, renunciando a dignidade divina que lhe correspondia, se torne como um de nós em tudo menos no pecado. É um esvaziamento muito mais concreto. É, decididamente, um esvaziamento que passa pelo fracasso e pela morte para ser reconstituído como Senhor e Filho de Deus (Rm 1,2-4), mas por uma morte causada por um assassinato histórico como pagamento por uma vida histórica bem determinada. E é, além disso, um esvaziamento naquilo que é a vida dos pobres e, até certo ponto, naquilo que é a luta dos pobres pela sua própria libertação. Pode-se, de fato, dizer que a práxis de Jesus é fundamentalmente uma práxis dos pobres e com eles e, por isso, contra os outros, contra os empobrecedores e dominadores, precisamente na afirmação permanente da paternidade de Deus e do consequente amor entre os seres humanos. Esse triplo esvaziamento constitui a presença escandalosa e beligerante de Deus entre os seres humanos. E nisso há um problema estritamente dogmático.

Na própria realidade de Jesus, na sua práxis e na sua palavra, é essencial a conexão do seu Pai, através do próprio Jesus, com os pobres – dialeticamente compreendidos – e com a pobreza mesma. É nessa perspectiva dos pobres que confessamos verdadeiramente que Jesus é Deus e que Deus é para nós o Deus de Jesus. Confessar que Jesus é Deus, entendendo-se por Deus algo que pouco tem a ver com o Deus de Jesus, não é defender a divindade de Jesus, é atribuir-lhe uma falsa divinização. E o Deus de Jesus, não esqueçamos, é um Deus absolutamente escandaloso, inaceitável tanto para judeus como para gregos, tanto religiosos como intelectuais. Às vezes, e até com demasiada frequência, os teólogos da libertação são acusados não só de politizar a figura de Jesus, mas também de horizontalizá-lo, privando-o da sua divindade. Mas o que não se pensa com cuidado é se, por trás dessa acusação, o que se pretende é anular o escândalo de um Deus crucificado e impotente, tal como historicamente nos foi dado e como historicamente continua a operar. A nenhum cristão se deve obrigar a sustentar que Jesus é o Deus de Platão, de Aristóteles, de São Tomás das "cinco vias", ou o Deus das teodiceias, e muito menos o Deus dos impérios e das riquezas. Basta ao cristão confessar que Jesus é Deus, primeiro como ele o confessou por si mesmo e, segundo, tal como ele o anunciou e visualizou, como uma imagem histórica consubstancial do Pai. Evidentemente a humanidade de Jesus não se identifica sem mais com sua divindade, mas não há lugar mais claro e transparente do que seja a divindade do que a humanidade de Jesus. E essa humanidade tem a ver de maneira especial com os pobres e com a pobreza. Disso decorre, consequentemente, que os pobres são um especial lugar teológico.

Por "lugar teológico" entende-se aqui, antes de tudo, o lugar onde o Deus de Jesus se manifesta de maneira especial, porque assim o quis o Pai. Manifesta-se não apenas como uma iluminação reveladora, mas também como um apelo à conversão. Os dois aspectos estão estreitamente ligados entre si: sem a conversão aos pobres, como lugar onde Deus se revela e chama, ninguém se aproxima adequadamente da realidade viva de Deus e da sua luz clarificadora, e, sem a presença e a graça de Deus, que nos são dadas nos pobres e através deles, não há possibilidade plena de conversão.

Ora, essa presença especial de Deus, do Deus de Jesus, na realidade histórica dos pobres, tem uma configuração própria, pela qual se distingue de outras presenças também reais de Jesus, o Filho de Deus, que por sua vez constituem singulares presenças teológicas conforme o primeiro sentido aqui apontado: como lugar onde o Deus cristão se torna mais luminoso e vivificante. É inicialmente uma presença oculta e desconcertante, que tem características muito semelhantes ao que foi a presença oculta e desconcertante do Filho de Deus na carne histórica de Jesus de Nazaré. É, em seguida, uma presença profética, que profere sua palavra primeira na manifestação despojada de sua própria realidade, e sua palavra segunda na denúncia e no anúncio, que são a expressão de sua própria realidade vivida cristãmente e o resultado de uma práxis que busca tirar o pecado do mundo. É, finalmente, uma presença apocalíptica porque em muitos sentidos contribui para consumar o fim deste tempo de opressão, enquanto aponta com dores de parto e calafrios para o nascimento de uma nova humanidade e de uma nova terra, em suma, de um novo tempo. Presença oculta e escandalosa, presença profética e presença apocalíptica, essas são três características essenciais desse peculiar lugar teológico que são os pobres.

O "lugar teológico" é aqui entendido, em segundo lugar, como o lugar mais adequado para viver a fé em Jesus e para a correspondente práxis de seguimento. Existem lugares perigosos para a fé autêntica, como são, entre nós, a riqueza e o poder. Quando Jesus fala da dificuldade dos ricos e dos poderosos de entrar no reino dos céus, não se refere apenas a uma dificuldade moral, mas antes de tudo a uma dificuldade teológica: aqueles que estão instalados na riqueza têm enormes dificuldades para a fé cristã entendida como uma aceitação real da totalidade concreta de Jesus – e não apenas da sua divindade desencarnada – e como seguimento real e concreto do que foi a sua vida. Mas, se existem lugares perigosos para a fé, também existem lugares privilegiados. E um deles muito especial é o lugar que representam os pobres, os seus problemas reais e as suas lutas de libertação. E isso não só porque é o oposto do lugar especialmente perigoso que é a riqueza, mas porque põe facilmente em jogo o escândalo revelado por Jesus e aquelas disposições em que floresce mais fecundamente o que é o seguimento pleno até a morte na cruz daqueles que puseram seus olhos fixos em Jesus e apostaram por ele. Formas implícitas de fé e de seguimento, como as de compadecer com os mais pobres e necessitados, as formas de amar aqueles que os deuses deste mundo despojaram da sua dignidade e até da sua própria figura humana, as formas de ter misericórdia daqueles que foram transformados em simples multidão porque foram impedidos de se desenvolver como pessoas, as formas de dar a vida em defesa do próximo, de quem ela está sendo tirada... Tudo isso é, evidentemente, expressão de fé e, ao mesmo tempo, predisposição para formas de fé mais autênticas e vigorosas.

O "lugar teológico" é aqui entendido, finalmente, em terceiro lugar, como o lugar mais adequado para refletir sobre a fé, para fazer teologia cristã. O que leva a determinar que são os pobres o lugar teológico nesse terceiro sentido é, por um lado, o reconhecimento crente do desígnio e da eleição de Deus, que quis que os desfeitos e os "despossuídos" deste mundo se tornassem uma pedra angular para confundir o mundo. Por outro lado, trata-se da adoção do princípio metodológico segundo o qual se afirma que o lugar ótimo da revelação e da fé é também o lugar ótimo da práxis salvífica libertadora e da práxis teológica. Aparentemente pode ser mais discutível que o lugar teológico da revelação seja o lugar mais apropriado para este trabalho intelectual que é a teologia, especialmente se for mal compreendida a afirmação de que os pobres e a pobreza são o lugar teológico nesse terceiro sentido que estamos desenvolvendo. Por isso vale a pena insistir um pouco mais nesse ponto.

É verdade que o trabalho teológico tem uma especificidade intelectual, que não deve ser confundida com a mera pregação, com a profecia ou com um moralismo voluntarista e apaixonado, que rejeitaria a devida elaboração intelectual da fé cristã. A prática teológica tem leis e métodos próprios que não são improvisados e que às vezes podem até parecer intelectualistas, mas que são insubstituíveis, não para simular virtudes acadêmicas que possam ser comparadas com as dos cultivadores de outras disciplinas científicas, mas para aprofundar a fé e colocá-la em relação com as exigências da vida pessoal e do processo histórico. Os intelectuais podem ser um perigo, mas isso não significa que deixem de ser uma necessidade também na Igreja. Contudo, ainda que se reconheça uma certa autonomia da teologia como labor intelectual, não deve haver ilusões sobre o âmbito e o exercício dessa autonomia, uma vez que o teólogo e seu trabalho dependem enormemente do horizonte em que se movem e da práxis para a qual se orientam. Reconhecido isso, não parece absurda a tese de que o próprio trabalho teológico (já não digamos a práxis cristã que o sustenta ou deve sustentá-lo), pela sua missão e pelo seu conteúdo, deve ter uma proximidade especial com os lugares mais apropriados da revelação e da fé.

Mas para evitar mal-entendidos é conveniente distinguir, pelo menos metodologicamente, "lugar" e "fonte", tomando como "lugar" o lugar social, contextual, em que se realiza a experiência e a reflexão teológica, e tomando como "fonte" ou depósito aquilo que, de uma ou de outra forma, mantém o conteúdo da fé. A distinção não é estrita, menos ainda excludente, porque de alguma forma o lugar também é fonte na medida em que faz a fonte dar de si isto ou aquilo, para que, graças ao lugar e em virtude dele, as fontes se atualizem e para que se tornem verdadeiramente presentes determinados conteúdos. Aceita essa distinção, seria um erro pensar que bastaria o contato direto com as fontes – mesmo com fé e vivido em oração – para estar em condições de ver nelas e extrair delas o que é mais adequado para constituir uma autêntica reflexão teológica. A razão última é que a palavra de Deus, contida nas fontes, é uma palavra referencial e viva, dirigida mais a uns do que a outros, compreensível, portanto, mais por uns do que por outros. Uma palavra, além disso, que não é conservada nem compreendida senão pela ação do Espírito de Jesus, que é um Espírito presente preferencialmente nos pobres. O que tradicionalmente se dizia sobre a necessidade de fazer teologia na Igreja, para que a teologia não se tornasse uma tarefa puramente profissional e acadêmica, colhe-se aqui de outra forma, entendendo a referência à Igreja como uma referência ao verdadeiro povo de Deus. Se é necessário que a teologia e os teólogos problematizem a sua relação com o magistério, é também necessário que eles problematizem a sua localização nesse autêntico lugar teológico que são as maiorias oprimidas.

Os pobres tornam-se assim lugar onde a palavra se faz história e onde o Espírito a recria. É nessa historização e recriação em que "conaturalmente" se dá a práxis cristã correta, da qual a teologia é, em certo sentido, o seu momento ideológico. É preciso reconhecer que o lugar da recepção, da interpretação e da interpelação é fundamental para a práxis e a teoria cristã, e é preciso reconhecer que esse lugar é de modo preferencial e conaturalmente o lugar teológico que os pobres constituem, já assumidos em sua materialidade pelo Espírito de Jesus.

Não se deve esquecer em nenhum momento que a atividade cristã, e dentro dela a atividade teológica, é uma atividade no âmbito da história da salvação. A história da salvação implica, como história, uma práxis determinada, mas, como salvação cristã, qualifica essa práxis como a práxis dos pobres. Daí que toda atividade cristã, incluindo a atividade intelectual ou reflexiva, que é a atividade teológica, deve ser entendida como uma práxis eficaz. Nem a fé cristã nem, consequentemente, o labor teológico têm como finalidade primeira ser mera interpretação ou mera doação de sentido – coisas em si necessárias, mas não suficientes. Menos ainda têm como principais destinatários os poderosos, os ricos ou os sábios deste mundo. Sua finalidade e seus destinatários preferenciais são outros. Sua finalidade é a conversão e a transformação, o que certamente implica interpretar e dar sentido, mas não se contenta com isso, pois a conversão e a transformação devem ser reais, e não puramente idealistas, subjetivistas. Mas, ainda assim, a questão do destinatário principal é o importante: se é para o opressor ou para o oprimido, se irá favorecer mais um do que o outro. O que não significa de forma alguma uma espécie de desvalorização intelectual da teologia, porque se trata não de uma desvalorização e vulgarização pedagógica, mas sim de uma reorientação empoderadora. Para dar dois exemplos muito diferentes, a Bíblia e *O Capital* são duas obras escritas pelos pobres e para os pobres, e não por isso deixam de ser duas obras, humanamente falando, de excepcional valor intelectual.

3. O caráter "absoluto" dos pobres na Igreja

Se levarmos a sério que os pobres são "lugar teológico" no sentido que acabamos de assinalar, é claro que eles se tornam não apenas uma prioridade, mas, em certa medida, um absoluto, ao qual devem subordinar-se muitos outros elementos e atividades da Igreja. Assim, a denominação "Igreja dos pobres" deve ser tomada como uma formulação dogmática, que pode ser somada à de corpo místico e outras similares. O que com ela se expressa não é algo acidental ou pertencente à perfeição eclesial. É antes algo essencial e constitutivo, cuja falta faria com que a Igreja deixasse de ser a Igreja de Cristo, na medida em que deixasse de ser a Igreja dos pobres. E deixaria de ser a Igreja dos pobres, não só na medida em que negligenciasse gravemente os pobres e os seus problemas, mas, muito mais radicalmente, na medida em que os pobres deixassem de ser a sua opção preferencial na hora de constituir a sua hierarquia, de orientar o seu ensino, de criar suas estruturas, de enfocar toda a sua pastoral, e também na hora de pronunciar-se dogmaticamente. A razão última dessas afirmações se apoia no fato de que o reino de Deus é o absoluto na Igreja, que a Igreja está subordinada ao reino, e não o reino à Igreja. Ora, os pobres são, sob múltiplas maneiras, parte essencial do reino de Deus e nele gozam de prioridade e de caráter absoluto, enquanto neles estão insubstituivelmente presentes o Deus cristão, o destino da humanidade e o caminho da conversão.

Por essa razão, deve ser esclarecido e defendido com firmeza que o recurso aos pobres como lugar teológico não é feito como uma tentativa direta e imediata de revitalizar a pastoral e, muito menos, a teologia como prática intelectual. É feito principalmente como um serviço à causa da fé que é a causa dos pobres. É feito em função do reino de Deus e por causa dele, pois o reino de Deus mantém estruturalmente ligadas a causa dos pobres e a causa de Deus; mantém indissoluvelmente unidos os caminhos de Deus e os caminhos dos pobres deste mundo.

Sem dúvida, colocar-se na luta dos pobres, como lugar originário da práxis e da teoria cristã, trará muitos benefícios para ambos, como está sendo confirmado na América Latina. Trará muitos benefícios para a Igreja. Mas a teologia e os teólogos devem fazê-lo para servir, e não para serem servidos; para salvar os pobres, e não para salvar a teologia. Não se trata, portanto, de novo uso e exploração dos pobres, agora convertidos em recurso metodológico para a capacitação da teologia ou da pastoral, nem se trata de um ato de comiseração de má consciência, mas antes da necessidade de sermos salvos para podermos realizar de maneira cristã o que devemos fazer na história da salvação. Trata-se de um esvaziamento de si mesmo, não só por parte da teologia e dos teólogos – que deveriam, a rigor, exteriorizar-se, sair de si mesmos e de sua absorção em grupos intelectuais, diante dos quais querem ficar bem mundanamente –, mas também pelos demais estamentos da Igreja.

Assim, que a prática teológica fundamental dos teólogos da libertação, na medida em que se colocaram a serviço da causa dos pobres, não procure, em última instância ou diretamente, esclarecer mistérios para os tornar críveis para os sábios deste mundo, nem sequer procure primariamente dar razão da esperança ou da fé dos cristãos, mas sobretudo tente ajudar o povo empobrecido, em sua prática ativa e passiva de salvação. Isso significa que o horizonte do trabalho teológico e da práxis pastoral é sempre essa salvação libertadora, e o é de forma operativa, ainda que respeitando a especificidade e os limites da fé e do trabalho teológico.

Mesmo os temas discutidos – e não apenas o horizonte que os enquadra e segundo o qual se orientam – são preferencialmente aqueles que têm relação mais urgente e importante com essa salvação libertadora dos empobrecidos, que lutam – ou para que lutem – para serem, em alguma medida, os sujeitos da sua própria história e os autênticos salvadores e santificadores da mesma. Por tentarem realizar esse serviço, não só muitos cristãos comprometidos, mas também pastores e teólogos são perseguidos pelos poderosos deste mundo e pelos seus aliados, inclusive dentro da própria Igreja. É por vezes doloroso, mas profundamente significativo e denunciador, que os cristãos sejam perseguidos tanto por autoridades civis como por autoridades eclesiásticas, quando essas autoridades civis são reconhecidas como responsáveis últimas pela opressão e repressão do povo. Essa perseguição, tanto civil como religiosa, essa frequente acusação de heterodoxia teológica e de heterodoxia política é singularmente significativa, tanto pela razão das mesmas como pela unidade dos responsáveis. Mas uma análise detalhada nos levaria aqui longe demais. À acusação de que aqueles que trabalham a favor das lutas dos pobres na América Latina a partir do campo da Igreja são "marxizados", dever-se-ia responder prontamente que aqueles que os acusam disso estão frequentemente aliados ao capitalismo repressivo. Mas esse não é o nosso tema.

Esse caráter absoluto dos pobres tem uma vertente que convém sublinhar por seu interesse teórico e prático. É a vertente da relação do povo com as vanguardas, tanto eclesiásticas como políticas. É, portanto, uma afirmação que tem caráter teológico e caráter político.

Não queremos negar a necessidade instrumental das vanguardas ou das hierarquias, mas a perspectiva cristã do caráter primário e absoluto dos pobres exige a negação do caráter absoluto e primário das mesmas, tanto das políticas como das eclesiásticas. As vanguardas hão de ser do povo, com o povo e para o povo, e não o povo para a vanguarda. O pensamento profundíssimo de Jesus de que o homem não foi feito para o sábado, mas o sábado para o homem, deve ser retomado com respeito a qualquer instituição que queira assumir o significado absolutizante do sábado judaico, e deve ser retomado também colocando no lugar do homem genérico esses homens prediletos de Deus que são os pobres com espírito, e mesmo os simplesmente pobres, que foram despojados de tudo no caminho de Jericó. Desde esse princípio e sob essa luz deve-se denunciar a facilidade com que seres humanos "a pé", comuns, são substituídos pelas suas vanguardas ou hierarquias, e com que facilidade estas se consubstanciam e se constituem como um valor supremo que deve ser salvo acima de qualquer outro valor.

Na Igreja tem havido com demasiada frequência a tendência a supervalorizar a posição da hierarquia em detrimento da posição que o verdadeiro povo de Deus deve ocupar nela. No campo político, também é supervalorizada a posição da classe política, do dirigente, do representante. Em ambos os casos, e por distintas razões, perde-se a voz de Deus e perdem-se os interesses do povo. Perde-se a capacidade de salvação e de libertação que há naqueles que, carregando sobre os ombros o peso e a cruz da história, têm títulos reais para se tornarem princípio eficaz de salvação. Tanto as hierarquias eclesiásticas como as vanguardas políticas estão prontas a dizer que são servas do povo, mas a realidade é muito diferente. Não levam a sério que são os pobres com espírito que salvam e libertam inclusive os mediadores da sua própria salvação e os condutores delegados da sua prática. Os pobres são lugar de conversão pessoal, de justificação – de fazer justiça e de ser justificado –, de libertação como fruto da justiça e de verificação que prova, depois de fazer a verdade, na qual está se realizando eficazmente essa verdade.

Não queremos, com isso, reduzir a legitimação das vanguardas a uma fundamentação puramente sociológica, embora esta possa abrir a horizontes transociológicos. O que queremos é sublinhar o caráter mais absoluto dos pobres, mais absoluto do que qualquer outra presumida dignidade ou primazia. Esse ponto contém graves consequências teóricas e práticas, mas por enquanto basta recalcar o princípio que surge como consequência óbvia do especial lugar teológico que constituem os pobres, tanto na história da Igreja como na história da sociedade.

4. Os pobres, lugar teológico "e" lugar político na América Latina

O que foi dito até aqui nada mais é do que a elevação a um conceito de algo que é uma experiência real na América Latina. Mas essa experiência dos pobres como lugar privilegiado não se reduz ao que eles possam ter de lugar teológico. Eles o têm também como lugar político. Em muitos países latino-americanos, e especialmente em El Salvador, Guatemala e Nicarágua, os pobres estão sendo lugar privilegiado da presença reveladora e da ação transformadora de Deus, mas estão sendo também lugar de luta revolucionária contra as estruturas e os grupos de poder injusto e na reconstrução de uma nova sociedade. Desde esse último ponto de vista, não alheio ao anteriormente exposto, pode-se dizer que os pobres são também um lugar político, um lugar ótimo de revolução.

Sobre esse ponto pode-se construir uma teoria social, mas não é isso que interessa aqui. O que interessa é constatar o fato de que os pobres, os despossuídos, estão sendo, de forma excepcional, os que contribuem para a mudança das estruturas sociais. O que outros grupos sociais e outros partidos, que queriam colocar-se no lugar do povo e à sua frente, não conseguiram fazer durante décadas, as forças estritamente populares estão a conseguir nos últimos anos. Se essa luta deve ser caracterizada nessas situações concretas como luta de classes, é algo que se pode deixar sem discussão neste momento, entre outras razões porque a luta não ocorreu em virtude de considerações teórico-dogmáticas, mas em virtude do fracasso de outras formas de resistência e como resposta efetiva a uma violência estrutural e repressiva, que obrigou as classes populares a tomarem a iniciativa. Os pobres – que abrangem muito mais do que aquilo que poderia ser considerado a classe estritamente proletária – estão, de fato, se convertendo em lugar político de revolução, e aposta-se neles como força indispensável para a derrubada e a reestruturação do sistema dominante.

Diante desse fato, para o qual têm contribuído em boa medida os cristãos enquanto cristãos, costuma-se falar em horizontalização e politização da fé cristã, e também, no outro extremo, de teologização e clericalização das revoluções. Nada mais longe da verdade, pelo menos em princípio. É verdade que a teologia e a pastoral da libertação têm procurado historicizar a fé cristã, tratando de torná-la operativa nos processos históricos, assumida por homens e mulheres que, a partir da sua pobreza e opressão, lutam não para serem ricos, mas para serem livres e para que haja justiça para todos. É também verdade que a teologia e a pastoral da libertação têm procurado que os movimentos revolucionários sejam impulsionados e orientados por valores cristãos. Mas, desse fato verificável e em seu conjunto altamente positivo, não procede que as acusações de politização e clericalização sejam verdadeiras.

Fenômenos de politização da fé e de clericalização da política ocorreram e continuam a ocorrer frequentemente no nosso mundo. Está acontecendo de forma incrivelmente efetiva através do islão e dos países islâmicos, fenômeno de primeira importância no mundo de hoje. Mas o que torna esse ponto mais inovador na nossa situação latino-americana é que a conjunção de fé e história, de crença e ação política, surge a partir dos pobres e para os pobres, de quem e para quem foi imemorialmente esquecido e subjugado. O fenômeno tem precedentes na história, mas a forma como se apresenta hoje em alguns países torna-o um fenômeno novo, que deve ser analisado cuidadosamente, pois nele está se dando uma renovação dos povos e uma reconversão profunda da Igreja. A procura de unidade diferenciada e mutuamente empoderadora dos pobres como lugar político e lugar teológico é um dos temas principais da reflexão e do trabalho do nosso tempo.

Foi assim que o compreenderam os cristãos da América Latina, e é assim que os revolucionários da América Latina estão começando a compreendê-lo e a senti-lo. E essa unidade existe realmente, embora o horizonte e o propósito possam ser diferentes para uns e para outros. Para os cristãos, num horizonte último de reconciliação e de esperança mesmo dentro do processo histórico, os pobres como lugar teológico e político colocam-nos em atitude conflituosa e dialética, embora mediata e posterior, diante do poder opressivo e repressivo, que responde com perseguições, em última instância e de fato, por causa dos pobres, atitude entendida como causa do reino, e por causa do reino, entendida como a causa dos pobres.

Desde os pobres, tal como ocorre entre nós o fenômeno da pobreza, o conflito e a luta são inevitáveis. É verdade que a comunhão e a reconciliação são metas do propósito cristão, e é verdade que o espírito de reconciliação e de comunhão deve animar todos os tipos de luta e conflito. Mas, como se costumava dizer, não se pode ir à comunhão sem passar pela penitência, e não se pode promover formas de comunhão que sejam como uma capa encobridora de um conflito, no qual se continua a justificar a exploração e a repressão dos poderosos deste mundo. Contudo, é importante ressaltar que a luta não se inicia por ódio a alguém ou diretamente contra alguém. Antes, entra-se nela por amor aos oprimidos e a favor deles, embora, isso sim, enfrentando todas as consequências que possam advir desse amor e dessa opção que opta por uma parte, dessa opção preferencial. Aqui também o *misereor super turbas*, a compaixão por essa multidão de despossuídos e oprimidos, é o ponto de partida para uma ação que não se detém na compaixão ou no apelo à conversão, mas conduz a ações efetivas. Mas a efetividade não renega seu princípio nem seu espírito, o que não é fácil para o revolucionário, mas é essencial tanto para o cristão que participa da revolução como para a própria revolução, que ficaria truncada se, de uma forma ou de outra, não fosse embebida pelos valores cristãos desses pobres com espírito que estão presentes nela.

Desde o reino de Deus e desde a fé em Jesus como Filho consubstancial do Pai que está nos céus, não se pode perder nunca nem o primado do amor como princípio de liberdade e de unidade, nem o horizonte da reconciliação e da esperança, inclusive no fragor da luta revolucionária, mesmo nos casos em que esta é entendida e praticada como luta de classes. A pura negação dialética do mal presente não conduz sem mais, nem no fundo nem na forma, à afirmação desejada, embora essa negação seja inevitável e dolorosa. Não se pode esquecer que a luta não é de deuses contra demônios, mas entre deuses e demônios encarnados em homens históricos e em grupos sociais, o que, por um lado, conduz a uma luta e a formas de luta que vão além do imanente e do histórico, e, por outro lado, conduz a uma luta e a formas de luta que efetivamente têm a ver com o histórico e o imanente. É por isso que a historização da salvação exige mediações político-sociais, enquanto a sua transcendência exige desabsolutizá-las em relação ao próprio ser humano, que é maior que o sábado, mas sobretudo em relação ao reino de Deus, que está presente entre os seres humanos. Daí uma certa distância e uma certa reserva, que impeçam identificações prematuras.

Mas a não identificação não equivale à divisão. Daí que a repressão por causa da luta em favor dos pobres não possa simplesmente ser separada do que é estritamente perseguição por causa do reino de Deus. Aos poderosos não lhes dói a condenação feita em nome de Deus, se essa condenação não puser em perigo o seu domínio. Somente quando essa condenação se torna uma ação libertadora eficaz é que se levantam contra ela e desencadeiam todo tipo de perseguições contra aqueles que lutam eficazmente em favor da justiça. Vimos que a pobreza tem, entre outras, uma dimensão política. Por isso não deve surpreender-nos essa perseguição aos pobres, que, desde o cristianismo, querem viver a pobreza na sua integridade. A terrível repressão do povo na América e a perseguição cada vez mais aguda aos cristãos mostram até que ponto os pobres são "lugar teológico", mas um lugar teológico estritamente cristão. Assim Jesus o anunciou e assim está se cumprindo.

Tradução: Luiz Carlos Susin

CAPÍTULO 5
Pobres

Retomando a importância do conceito teológico de pobre dentro da reflexão cristã, Ellacuría faz um estudo do termo a partir de diversas perspectivas. Essa análise, que parte da realidade mesma dos pobres, recolhe, dessa forma, seu potencial salvífico e esperançador para a renovação da Igreja. Este trabalho apareceu publicado em C. FLORESTÁN; J. J. TAMAYO (eds.), *Conceptos fundamentales de pastoral*, Madrid, 1983, 786-802. Traduzido de: *Escritos Teológicos II*, San Salvador: UCA, 2000, 171-192.

O conceito teológico de pobre[1] voltou a cobrar nos últimos quinze anos a relevância excepcional que teve na pregação dos profetas, na evan-

---

1. Nos dicionários bíblicos se pode ver a referência aos pobres e à pobreza. As atas da XXIV Semana Bíblica da Associazione Biblica Italiana, recolhidas no tomo *Evangelizare pauperibus* (Brescia, Paideia Editrice, 1978) oferecem um material importante. Citamos expressamente os seguintes títulos: FERRETI, G., La poverta nella cultura contemporânea, ABI, *Evangelizare puaperibus*, 11-28; COLOMBO, G., Evangelizari pauperibus. Riflessione teológica, 29-46; LOSS, N. M., Il tema della povertà nei libri storici et profetici ell'Antico Testamento, 47-06; RENON, A., Evangelizare pauperibus nei Salmi et Sapienziali, 107-125; DUPONT, J., Jésus annonce la bonne nouvele aux pauvres, 127-189 (com seleta bibliografia, suas opiniões foram tidas muito em conta no texto); VANI, U., Povertà e annuncio in Paolo, 191-205; PENNA, A., I "poveri" secando il Deuteronomio, 219-228; ZEDA, S., La povertà di Cristo secondo S. Paolo, 343-369. Livros nos quais se podem encontrar fundamentos e desenvolvimentos dos pontos expressos no texto: GAUTHIER, P., *Los pobres, Jesús y la Iglesia* (Barcelona, 1964); DUPONT, J., *Les béatitudes*, Lovaina (1969); La Iglesia y la pobreza, in: BARAUNA, G., *La Iglesia del Vaticano II*, I, Barcelona, 1966, 401-431; GONZÁLEZ FAUS, J. I., *La humanidad nueva*, Madrid, 1979, 87-112; ESCUDERO FREIRE, C., *Devolver el evangelio*

gelização de Jesus e nos melhores momentos da Igreja. À permanente tentação que quer fazer ver na riqueza e no poder a bênção de Deus, que pode constituir uma etapa primitiva da revelação, responde cada vez mais o posicionamento em primeiro plano da realidade dos pobres, seu potencial evangelizador e salvífico e ainda sua importância como conceito estritamente teológico.

Isso não foi possível no Vaticano II, e nisso reside uma das maiores limitações desse grande concílio. Já em 1962, João XXIII tinha dito que "a Igreja é Igreja de todos, mas hoje, mais do que nunca é a igreja dos pobres". Porém, fez-se o possível para esquecê-lo. Diante de alguns esquemas preparatórios da constituição sobre a Igreja, sobre os quais não tinham passado nem o pensamento mais vivo dos teólogos nem as exigências mais imperiosas da pastoral, o cardeal Lercaro pretendeu conseguir que a evangelização dos pobres fosse não somente um dos temas do concílio, mas "o" tema. Segundo ele, haveria que se estudar a Igreja desde a perspectiva da Igreja dos pobres. Estava persuadido de que a evangelização dos pobres é essencial para a evangelização, de que o mundo operário, na maior parte das nações, é um mundo dos pobres, e de que dois terços da humanidade

---

a los pobres, Salamanca, 1978; GUTIÉRREZ, G., *Teología de la liberación*, Salamanca, 1973; BOFF, L., *Eclesiogénesis. Las comunidades de base reinventan la iglesia*, Santander, 1979; SOBRINO, J., *Resurrección de la verdadera Iglesia*, Santander, 1981. A revista *Misión Abierta* no seu número extraordinário 74 (1981/4-5) dedicado à "Teología y pobreza" apresenta, entre outros, os seguintes artigos: GONZÁLEZ FAUS, J. I., Jesús de Nazaret y los ricos de su tiempo, 45-72; VIVES, J., Pobres y ricos en la Iglesia primitiva, 73-90; TAMAYO ACOSLA, J. J., Comunidades de base y lucha contra la pobreza, 113-130; CASTILLO, J. M., Teología y pobreza, 151-163; AGUIRRE, R., Opción por los pobres y opción de clase, 177- 192; CODINA, V., La irrupción de los pobres en la teología contemporánea, 203-212; ELLACURÍA, I., Los pobres, lugar teológico en América Latina, 225-240; CARREGAL PUGA, J., Los pobres en América Latina: su manipulación ideológica, 241-250; DIEZ ALEGRÍA, J. M., Los pobres y la doctrina social de la Iglesia, 107-112. Ver, também, Esperanza de los pobres, esperanza cristiana, *Misión Abierla* 75 (1982/ 4-5). Outras obras: GUTIÉRREZ, G., La fuerza histórica de los pobres, in: CEP, *Signos de lucha y de esperanza*, Lima (1978) XV-XVII; Los pobres en la Iglesia, *Concilium* 124 (1977) 103-109; ELLACURÍA, I., Las bienaventuranzas como carta fundamental de la Iglesia de los pobres, in: ROMERO, Mons. O. A., *La Iglesia de los pobres y organizaciones populares*, San Salvador, 1978, 105-118; El auténtico lugar social de la Iglesia, *Misión Abieria* 1 (1982) 98-106; El pueblo crucificado. Ensayo de soteriología histórica, in: *Cruz y resurrección*, México, 1978, 49-82; ROMERO, Mons. O. A.; RIVERA Y DAMAS, Mons. A., La Iglesia y las organizaciones populares, in: ROMERO, Mons. O. A., *La Iglesia de los pobres y organizaciones populares*, op. cit., 13-61; CAMPOS, T. R., Comentarios a la carta pastoral, in: *La Iglesia de los pobres y organizaciones populares*, op. cit., 163-205; LERCARO, Cardenal, *Acta Synodalia Vaticani II*, vol. l, IV, Congregatio Generalis XXXV, 6/12/1962, Vaticano, 1971, 327-330.

padecem fome e miséria em doloroso contraste com as imensas riquezas de alguns poucos. Disso, concluía Lercaro, "não cumpriremos com nosso dever e não responderemos à inspiração de Deus e à expectativa dos homens se não pusermos o mistério de Deus nos pobres e a evangelização dos pobres como o centro e a alma do trabalho doutrinal e legislativo deste concílio". Porém, o Vaticano II não respondeu a essa reclamação, sob o pretexto de que a Igreja dos pobres poderia se converter em um conceito confuso e perigoso. No fundo, o Vaticano II foi um concílio universal, mas desde a perspectiva dos países ricos e da chamada cultura ocidental; só uma densa frase (*LG*, 8c) e a descrição das misérias na *Gaudium et Spes*, em vez do que deveria ter sido a perspectiva essencial.

Foi Medellín que tomou com total seriedade o tema. Os pobres e a pobreza não foram só um dos temas de Medellín, mas foram o seu horizonte e o seu lugar teológico. Daí a riqueza desse concílio latino-americano e seu extraordinário valor profético para a Igreja universal; algo semelhante deve-se dizer de Puebla, dez anos depois, em que, após algumas hesitações prévias, os bispos latino-americanos voltaram a insistir sobre a opção preferencial pelos pobres. E foram os teólogos da libertação os que se obrigaram, eles mesmos – e obrigaram outras teologias –, a retomar seriamente o que, sendo um dos conceitos e realidades essenciais da fé cristã, havia sido deixado na sala dos fundos. Contudo, foram sobretudo os pobres e as comunidades eclesiais de base que obrigaram a Igreja universal, os pastores e hierarcas, os doutores e profetas a se sentirem interpelados e a mudarem sua perspectiva e sua opção preferencial.

A complexidade e a riqueza do problema nos obrigam a estudá-lo desde diversas perspectivas que, partindo da realidade empírica dos pobres, cheguem a propor seus distintos aspectos teológicos.

1. Realidade social dos pobres no mundo atual

Cabem discussões teológicas sobre quem hão de ser considerados como pobres no mundo atual. Porém, o fato bruto da pobreza e dos pobres permite poucas discussões. Dois terços da humanidade, o que tem sido chamado de terceiro mundo, talvez dois ou três bilhões de homens, padecem de fome ou estão desnutridos, carecem de moradia e de educação, não têm assistência médica, até carecem de trabalho. Não é o momento para apresentar números e estatísticas, embora seja muito conveniente teológica e pastoralmente colocar o mais vividamente possível diante dos olhos a realidade angustiante da pobreza e dos pobres, em pleno século XX. Nunca houve na história da humanidade tantos pobres. O que importa mais que a numeração estatística dos pobres e seus males é chegar a uma certa conceituação da pobreza.

1.1.

Pobre é inicial e radicalmente um *conceito socioeconômico*. Tem depois suas variações, que podem chegar até a sublimes considerações espirituais, mas *primium et per se* é uma realidade e um conceito socioeconômico. Pobres são aqueles que carecem de bens materiais fundamentais, seja em referência ao que é um mínimo aceitável, em uma determinada sociedade, seja em referência a outras pessoas ou grupos sociais, que são considerados ricos. Daí que a ampliação do conceito de pobre aos enfermos, aos que sofrem etc. possa estar justificada, mas não permite esquecer qual é o *analogatum princeps* da pobreza.

1.2.

Pobre é, além disso, um *conceito dialético*. Não só faz referência ao termo contrário, "rico", mas estabelece uma relação dialética entre ambos; há ricos "porque" há pobres, e há pobres "porque" há ricos. Se todos os homens tivessem baixos níveis de subsistência, não seriam propriamente pobres; só o são quando se dá uma diferença social na propriedade e na disposição dos recursos materiais e, sobretudo, quando essa diferença é causada pela interação de alguns homens sobre outros, de alguns grupos sobre outros. Pobre, nesse sentido, não é meramente o que carece de algo, mas é o que é privado, o que é despossuído do que tem ou do que deveria ter; privado e despossuído do que exige a dignidade humana; privado e despossuído do que é o fruto do seu trabalho; privado e despossuído do destino comum primário dos bens da terra. Não faz falta recorrer a categorias marxistas para sustentar essas afirmações. A explícita e violenta contraposição que o evangelista Lucas coloca na boca de Jesus, a constante denúncia dos profetas contra os ricos que edificam suas casas sobre a miséria dos pobres; a referência inclusive ao mecanismo de empobrecimento da defraudação do salário que faz Tiago; as veementes acusações dos grandes padres da Igreja nesse mesmo sentido contraposto e dialético não fazem senão mostrar quão tradicional, quão arriscado e profundo está o conceito dialético de pobre, que hoje se quer eludir com o pretexto de que leva uma chave de luta de classes.

1.3.

Pobre é, também, um conceito político. E isso sem recorrer necessariamente ao conceito de classe social ou sem falar da classe operária ou da classe trabalhadora. Os pobres, ainda em sua realidade anterior à sua constituição como classe em si ou para si, são em si mesmos uma força política. Não entramos aqui na discussão de se o *lumpen* é ou não uma força revolucionária, nem de se faz falta ou não se organizar em estruturas estritamente políticas para conseguir sair efetiva e eficazmente desse estado de privação, despossessão e opressão. O que queremos sublinhar em nosso contexto presente é que, em alguns casos, sobretudo na América Latina, os "pobres" começaram a se constituir em sujeitos de sua própria história. Agora, não é possível ser coletivamente sujeito da história sem cobrar um certo caráter político, independentemente de quais sejam os canais pelos quais se possa discorrer esse caudal popular. Experiências passadas, como o caso dos campesinos de T. Münzer, na Alemanha, ou o das reduções jesuíticas do Paraguai, mostram esse caráter político. É um fato real e repetido que flui com naturalidade da combinação de uma determinada conscientização e conjunturas históricas precisas. Como quer que seja, é necessário que os pobres ganhem força social e política, a qual já possuem potencialmente, por seu número e condições objetivas.

1.4.

Por tudo isso se deve dizer que "pobre" é um conceito *ético-político e ético-pessoal*, porque sua realidade não depende tanto de fatores naturais como de fatores históricos. A realidade da pobreza tem muito a ver com o que são as configurações sociais, e tem muito a ver com o que fazem e padecem as pessoas individuais. A pobreza tem a ver com o bem e o mal, com a justiça e a injustiça, com a realização do homem e a estrutura da sociedade. Logo veremos que tem um profundo sentido religioso e teológico, mas tem também e anteriormente um sentido ético que põe em jogo o ser mesmo do homem e das distintas sociedades. Tem a ver com o dever ser, por mais que não seja objeto de reações voluntaristas, ao menos em toda a sua complexidade. É que a pobreza, ainda tendo raízes culturais como qualquer outro fenômeno individual ou coletivo, é uma realidade histórica, isto é, algo ocasionado por fatores históricos e algo que deve ser superado por fatores históricos, nos quais têm parte principal a liberdade e a capacidade de projeção e criação das pessoas e dos grupos humanos.

Vista em seu conjunto, a realidade histórica dos pobres no mundo atual é fácil de ser vista como representante, objetivamente, de um dos problemas mais graves de hoje, porque nele está em jogo a existência material da maior parte da humanidade; com as consequências explosivas que isso possa ter, representa subjetivamente um dos maiores desafios tanto para a sociedade como para a Igreja. E assim o aceitam em teoria igrejas e nações que dizem buscar uma nova ordem econômica e uma relação mais justa entre os homens e os povos. Assim, Puebla escreveu: "Comprovamos, pois, como o mais devastador e humilhante flagelo a situação de inumana pobreza na qual vivem milhões de latino-americanos, expressa, por exemplo, em mortalidade infantil, falta de moradia adequada, problemas de saúde, salários de fome, desemprego e subemprego, desnutrição, instabilidade laboral, migrações massivas forçadas e desamparadas" (n. 29). "Vemos, à luz da fé, como um escândalo e uma contradição com o ser cristão a crescente brecha entre ricos e pobres. O luxo de uns poucos se converte no insulto contra a miséria das grandes massas" (n. 28).

2. Conceito teologal de pobre

De Deus Pai saíram e/ou resultaram muitos filhos pobres, entre eles, seu Filho unigênito, seu bem-amado, quando se encarnou na história. Esse é um fato primário e massivo, que não pode passar por alto quem quer falar de Deus, seja teólogo, pastor ou profeta. Falar aqui da vontade permissiva de Deus não leva a lugar nenhum. Mesmo reconhecendo tudo o que de mal e pecado há no fato da riqueza-pobreza, está o fato de que pobres são quase todos os homens no mundo atual e, sobretudo, o fato de que o Filho de Deus, ao se revelar e se comunicar, o fez preferencialmente aos pobres e se fazendo ele mesmo pobre. Os pobres têm a ver muito especialmente com Deus, uma vez que o Deus trinitário quer ter história e quer fazer doação de si mesmo a quem quer como filhos mais que como criaturas, a quem envia não somente o Espírito criador, mas, sobretudo, o Espírito santificador.

2.1.

Nos pobres vemos, então, quem é Deus, o trinitário Deus cristão, que recorre, conjuntamente com os homens, o caminho da criação-encarnação e o caminho da morte-ressurreição. Os pobres são o fracasso de Deus Pai e devem acabar sendo o triunfo de Deus Pai, de Deus Filho e de Deus Espírito Santo. Se os pobres são "lugar" de Deus ou "presença" de Deus ou "sacramento" de Deus etc., é coisa que se deverá elucidar teologicamente, mas, em seu sentido global, é algo cristãmente indiscutível, embora isso não signifique que seja claro como Deus descobre-se, faz-se vida e salvação entre os pobres. Que ele faça tudo isso de forma dolorida e escandalosa, definitivamente, na forma de mistério, faz que o âmbito da fé deva se sobrepor ao âmbito da razão, de modo que esta deixe em reserva sua racionalidade inclusive teológica para se abrir à revelação inesperada e insólita do Deus cristão.

Há uma passagem fundamental do Novo Testamento na qual aparece o conceito teologal dos pobres, isto é, na qual se descobre a realidade pessoal e histórica do homem e, para a realidade pessoal e histórica do homem, o que é o Deus vivo e verdadeiro e o que realmente quer fazer entre os homens e com eles. É a passagem das bem-aventuranças, na qual Jesus anuncia a boa nova aos pobres junto com a má nova aos ricos. Para Dupont, o texto tem um sentido estritamente teológico, porque está centrado sobre o reino de Deus, e não diretamente sobre o próprio Jesus. Deus é, portanto, o Deus do reino, e é Deus quem, ao estabelecer o reino, vai pôr fim aos sofrimentos dos pobres e à falsa satisfação dos ricos. Deus se descobre como Deus na promessa de estabelecer um reino entre os homens, no qual os pobres fiquem libertos, no qual já não se dê a diferença e a contraposição entre ricos e pobres. Temos assim que o Deus das bem-aventuranças é um Deus justo, que dá aos pobres o que é seu e aos ricos o que merecem; é um Deus que se compadece do pobre e se compromete a se colocar ao seu lado e que vai atuar a seu favor. O rei do reino de Deus não seria verdadeiro rei se em seu reino não fosse capaz de assegurar a justiça defendendo o pobre e o débil contra o rico poderoso e opressor. Somente quando Deus salve o pobre que será realmente o Deus salvador prometido.

2.2.

Contudo, como isso não ocorreu ainda, fica diante dos olhos o escândalo da impotência de Deus. Os pobres, ao invés de desaparecerem, multiplicam-se até se constituírem a maioria da humanidade, e multiplicam-se suas doenças e dores. Não se pode eludir a objeção apelando a um reino de Deus interiorista ou puramente transcendente. Jesus não está recomendando nas bem-aventuranças a pobreza espiritual, mas denunciando a pobreza material como um mal; está anunciando que Deus decidiu suprimir esse mal, já que não há lugar para a pobreza em seu reino. A impotência de Deus na história é algo que há de ser aceito na confissão cristã da onipotência de Deus. O problema dos pobres é, assim, não só o problema da humanidade, mas também o problema de Deus. E isso não só porque nesse problema está em jogo a promessa de Deus e a veracidade e a fidelidade de Jesus, mas porque nele se convalidam ou se invalidam afirmações fundamentais sobre Deus.

Puebla o expressou nos seguintes termos: "Por essa única razão, os pobres merecem uma atenção preferencial, qualquer que seja a situação moral ou pessoal em que se encontrem. Feitos à imagem e semelhança de Deus para serem seus filhos, essa imagem está obscurecida e ainda escarnecida. Por isso, Deus toma a sua defesa e os ama" (n. 1142). O próprio fato da existência massiva dos pobres vai contra o reino de Deus, o dificulta e põe em entredito a própria missão de Jesus. Vai contra Deus como Pai misericordioso de seus filhos mais frágeis; vai contra a filiação divina dos irmãos de Jesus e, em última instância, contra o amor entre os homens; vai contra o Espírito Santo, que não vive na história, mas que é expulso dela pela força do pecado dos homens. Toda essa carga teologal leva consigo a realidade dilacerante dos pobres.

A tensão entre o "já" e o "ainda não" deixa sem resolver o escândalo, embora o situe em suas justas proporções. O escândalo seria agravado, entretanto, se essa tensão não implicasse em um compromisso eficaz, que fizesse os pobres se sentirem realmente bem-aventurados, porque a eles continua sendo dirigida preferencialmente a boa notícia, e porque eles sentem neles mesmos que são realmente possuidores da promessa do reino, que lhes daria esperança e dignidade na sua luta para superar a opressão e a miséria.

3. Conceito cristológico de pobre

Se nos pobres está em jogo o problema de Deus na história, com maior razão se pode dizer isso de Jesus como mediação de Deus entre os homens. Pertence essencialmente à vida e à missão de Jesus sua referência e seu pertencimento ao mundo dos pobres. E quando dizemos "essencialmente", queremos significar que, se não se dá essa referência, ou se se dá de forma indevida, fica desvirtuado o próprio Jesus como salvador dos homens. Bastará indicar alguns textos do Novo Testamento para mostrá-lo, nos quais a pessoa e a missão de Jesus ficam essencialmente ligadas à causa e ao destino dos pobres.

3.1.

O ponto de partida pode ser situado na solene declaração que Jesus de Nazaré fez (Lc 4,16-30) ao comentar o texto de Isaías (63,1-2). Como se sabe, o texto admite duas leituras: a primeira sustenta que a unção do Espírito Santo é ordenada a anunciar a boa notícia aos pobres, e a segunda, deixando separada a unção do anúncio, sustenta que foi enviado para anunciar. A primeira leitura faria o texto mais cristológico, enquanto unção que o constitui como profeta definitivo, como enviado definitivo de Deus, o qual estaria diretamente relacionado com a evangelização dos pobres. Contudo, a segunda faz também que o texto seja estritamente cristológico, porque o ser de Jesus é entendido desde sua missão, e essa missão se situaria fundamentalmente na relação com os pobres. Por onde quer que se olhe, o anúncio da boa nova aos pobres é essencial ao ser e à missão de Jesus. Assim o viu Paulo VI, na *Evangelii nuntiandi*, quando diz: "O testemunho que o Senhor dá de si mesmo e que são Lucas recolheu em seu Evangelho (Lc 4,43) tem sem dúvidas um grande alcance, já que define em uma frase toda a missão de Jesus: 'porque para isto fui enviado'".

Essas palavras alcançam todo o seu significado quando consideradas à luz dos versículos anteriores, nos quais Cristo aplica a si mesmo as palavras do profeta Isaías: "O Espírito do Senhor está sobre mim, porque me ungiu para evangelizar os pobres". Jesus sabe que o anúncio de Isaías se cumpriu nele e, para comprová-lo, retoma os sinais, que provam a unção do Espírito Santo e a verdade de sua missão: anunciar a boa nova aos pobres, sinal principal, que é confirmado pelos outros sinais de libertar os cativos, dar a vista aos cegos, pôr em liberdade os oprimidos. O sinal principal ficaria vazio se não implicasse efeitos materiais, que resolvem eficazmente alguns dos problemas mais urgentes que sofrem os pobres. Se o conjunto desses sinais não se realiza plena e universalmente, a unção de Jesus como messias salvador e a verdade de sua missão ficam desvirtuadas. Isso quer dizer que a missão evangelizadora de Jesus e sua unção messiânica pendem do que ocorre aos pobres. Daí o profundo significado cristológico dos pobres. O problema dos pobres se converte nada menos no problema de Jesus.

3.2.

Chega-se à mesma conclusão se se analisa a resposta de Jesus aos enviados de João (Mt 11,2-6; Lc 7,18-23). Não é necessário discutir aqui o caráter histórico da cena; basta aceitar o profundo significado teológico que contém. Aqui também o significado comprovatório de que Jesus é "o que vem", o que é esperado como mensageiro e profeta definitivo, é que nele se realiza de forma plena o anúncio da boa notícia aos pobres, o sinal por antonomásia que havia profetizado Isaías. A esse anúncio real devem seguir os efeitos reais, que afetam os cegos, coxos, leprosos, surdos e mortos. E a cura de todos eles é prova de que o anúncio da boa notícia aos pobres é efetiva, já que, se os enfermos já estão curados, os pobres também sairão de sua opressão. Mas Jesus não fala de cegos espirituais, tampouco fala de pobres espirituais. Aos pobres materiais é anunciada a boa notícia, que lhes encherá de esperança e lhes fará felizes nessa esperança, porque sabem que a opressão de sua pobreza vai poder ser superada. Não é somente, então, que não há maior sinal de credibilidade do ser e da missão de Jesus, antes de sua ressurreição, do que o anúncio efetivo e eficaz da boa notícia aos pobres, do que a evangelização preferencial pelos pobres, mas o sinal se descobre do ser mesmo e da missão de Jesus. O acesso a Jesus como Deus passa por essa dimensão essencial sua de ser o evangelizador dos pobres e o remediador dos males históricos dos homens.

Ambas as passagens deixam, ademais, completamente claro o que deve ser a pastoral na Igreja. Se o anúncio da boa notícia para os pobres não é a própria essência da pastoral, é claro que esta já não é cristã, por mais que tenha outras características (ortodoxia dos conteúdos, plenitude da mensagem, envio hierárquico etc.). Por outro lado, na realidade concreta de nosso mundo, a pastoral da Igreja, se quer ser cristã, deve estar orientada àquelas imensas maiorias da humanidade que são os pobres. A elas deve estar dirigida, nelas pode receber uma aceitação não deformada nem manipulada. Ainda mais hoje quando são os países ricos os que se estimam cristãos. Que isso suponha um certo abandono dos ricos como classe social e como países desenvolvidos, não deixa de ser algo plenamente evangélico: o que é boa notícia para os pobres é má notícia para os ricos.

3.3.

Essa mesma divisão em dois grupos, um chamado à salvação e outro à condenação, no juízo escatológico, que diz a verdade última do ocorrido na vida humana, aparece na passagem de Mt 25,31-36. A contraposição lucana entre ricos e pobres que faltava na redação mateana das bem-aventuranças aparece aqui, embora de outra forma. De um lado estão os que deram de comer a quem tem fome, água a quem tem sede, acolhida ao estrangeiro, roupa ao nu, os que acompanharam ao enfermo e ao que está na prisão; do outro lado estão os que não fizeram nada disso. Há em toda a passagem uma vigorosa reivindicação a não se contentar em receber o reino oferecido, mas a fazê-lo efetivo, a operacionalizá-lo.

Contudo, isso não é o mais importante para mostrar o valor cristológico dos pobres. A dimensão cristológica dos pobres está em que Jesus põe a razão última da salvação ou da condenação eterna e definitiva no que com ele se fez ou se deixou de fazer com seus irmãos mais humildes. Duas coisas são sublinhadas nesse ponto. Em primeiro lugar, o caráter definitivo e escatológico e a nomenclatura usada (benditos e malditos), o que significa que em Jesus está em jogo o absoluto da vida humana e, consequentemente, significa que Jesus é Deus; e, em segundo lugar, que nos pobres e mais humildes está em jogo algo tão definitivo e absoluto como é o destino de Deus mesmo encarnado. Há que se notar também que esses pobres de Mateus já não são os pobres de espírito, dos quais o evangelista tinha falado na primeira bem-aventurança, mas são os que tem fome, sede, nudez, os doentes, os abandonados ou na prisão. E tudo isso é motivo de juízo de salvação ou de condenação, ainda quando se ignora o sentido cristológico do deserdado: o que se faz com eles, embora não se saiba que se está fazendo com Cristo e em favor do reino, é algo que se faz formalmente a favor de Cristo e de seu reino, que é o de Deus. Os que já o sabem, porque escutaram previamente a palavra de Jesus, não terão por que se surpreender na hora do juízo escatológico; surpreendem-se os que não sabiam que nos pobres se julgava a causa de Jesus. E se condena ou se premia não por aquilo que fizeram contra os pobres, mas por aquilo que deixaram de fazer a seu favor. Daí que se pode deduzir o que de condenação há nas palavras de Jesus contra os que são ricos, contra os que são causantes positivos de que haja pobres oprimidos no mundo. O aparente esquecimento das maldições nas bem-aventuranças de Mateus fica aqui saldado e resolvido.

3.4.

O caráter cristológico dos pobres é não somente claro, mas essencial, tanto aos pobres mesmos como ao próprio Jesus. Se a definição de Jesus tem que ser vista desde sua missão e unção, teremos que aceitar que algo mais profundo nele tem a ver com os pobres. Não se trata somente de sentimentos; trata-se de algo mais, de que seu próprio ser encarnado tem a ver com os pobres, precisamente porque ele é o Filho do Pai, de Deus que é Pai.

Assim se explica por que Jesus sendo rico se fez pobre, e por que anunciou o reino não só aos pobres, mas desde os pobres. O mais importante não é o grau de pobreza que Jesus viveu, apesar de os evangelistas, não sem razão, realçarem-no com insistência e riqueza de detalhes, coisa que poderia parecer escandalosa em um messias-rei, tanto para os judeus como para os gentios; nem é o mais importante se era tido ou não por pobre entre os homens de seu tempo. Não é o mesmo ser pobre e viver pobre que carecer de relevância, como pode se ver em casos como o de Francisco de Assis ou Charles de Foucault. O importante é determinar se Jesus se colocou a serviço da causa dos pobres, e se esse serviço é o que levou ao enfrentamento com os ricos e poderosos de seu tempo, o que acabou colocando-o na cruz e o despojando até de sua própria vida. De tudo isso ficam duas dúvidas. Nesse sentido mais profundo e de maior alcance pastoral, não se pode desconhecer que Jesus foi pobre e que colocou sua vida a serviço dos pobres, porque ele tinha vindo para evangelizar os pobres com todas as consequências que isso poderia acarretar.

4. Conceito soteriológico de pobre

4.1.

Parece claro e indiscutível que os pobres são chamados preferencialmente a serem evangelizados, a serem os primeiros no reino, a serem tirados da condição de oprimidos. Nesse sentido, eles são os salvos, os eleitos. Mais difícil é mostrar que eles são também salvadores por antonomásia, isto é, os que realizarão entre os homens a verdadeira salvação e a libertação integral. Embora no texto fundamental *ptochoí euangelízontai* emprega um sentido médio do verbo, que, em si mesmo, tem mais caráter ativo do que passivo e que, portanto, admitiria a tradução "os pobres evangelizam", não parece ser essa a real tradução no caso que nos ocupa. Diretamente se diz que os pobres são evangelizados, talvez "se evangelizem", mas não que eles evangelizam – por mais que pudéssemos concluir corretamente que, se eles são os primeiros e mais bem evangelizados, devem ser também os primeiros e melhores evangelizadores. Nós nos encontramos aqui com o problema do caráter soteriológico dos pobres e da pobreza. O problema é difícil, porque nem se vê que os pobres sejam os evangelizados e os salvos, nem tampouco se vê que sejam os salvadores e os evangelizadores. De uma parte estaria claro que os pobres já são bem-aventurados, porque lhes foi prometido definitivamente o reino; de outra parte estaria o escândalo de que cada dia há mais pobres e oprimidos, junto com o fato de que o sinal primário da Igreja não parece ser hoje a evangelização dos pobres. Um problema que não se resolve totalmente com a afirmação de que os pobres já têm a felicidade, porque aceitaram que o reino virá, porque esperam firmemente um reino no qual acabará seu estado de opressão e de miséria material. Tanto pelo que os pobres deveriam ter de salvos como pelo que deveriam ter de salvadores, parece que entram em contradição com a realidade dos fatos. E, entretanto, acudir por isso à falta de espírito dos pobres materiais ou a uma salvação puramente interior e transcendente vai contra o que diz a promessa do Senhor. Há, pois, que buscar um sentido real ao caráter soteriológico da pobreza e dos pobres.

4.2.

Olhar aqui o Jesus histórico pode ajudar a compreender, em alguma medida, o paradoxo que acabamos de apontar. O Jesus histórico e os pobres históricos acabam na cruz, abatidos pela perseguição. E, entretanto, trouxeram e trazem salvação real, salvação profunda, verificável não só no interior dos corações, mas nas realizações históricas. O Vaticano II, em sua constituição sobre a Igreja, tem uma afirmação radical sobre esse ponto: "Mas, como Cristo cumpriu a redenção na pobreza e na perseguição, assim a Igreja é chamada a seguir esse mesmo caminho para comunicar aos homens os frutos da salvação" (*LG* 8c). O pensamento é eclesiológico, mas é também soteriológico: Cristo cumpre a redenção e nos alcança a salvação em pobreza e perseguição – duas dimensões que, nele e nos pobres de hoje, vão estreitamente entrelaçadas. A Igreja também deve seguir o mesmo caminho, o da pobreza e da perseguição, para levar adiante a salvação, e esse caminho é o que percorrem os pobres do mundo e a Igreja dos pobres.

Desde a perspectiva do crucificado também são os pobres os que carregam o pecado do mundo e levam sobre si a cruz do mundo. Pode se falar de um povo crucificado, de um ser de Yahweh coletivo e histórico, que carrega a maior parte das dores do mundo, que apenas tem figura humana e que, entretanto, está chamado a implantar o direito e a justiça e, assim, a salvação entre os homens. Sob essa luz e com essa referência pode-se ler os cânticos do servo e ainda todo o segundo Isaías. Pode-se falar de um povo crucificado que, desde sua cruz histórica, interpela a seus verdugos e lhes reclama a conversão, conversão pessoal e histórica, que leve a libertar a maior parte da humanidade de sua opressão e pobreza. Esse chamado à conversão é um chamado à salvação e à verdadeira felicidade daqueles que buscam na riqueza, no poder e no bem-estar as raízes mais profundas da segurança e da felicidade humanas. Porém, é necessário que isso se verifique, é necessário que se dê a mudança histórica da libertação precisamente nesse campo da libertação social e econômica. Disse Medellín: "Assim como Israel outrora, o Primeiro Povo, experimentava a presença salvífica de Deus quando o libertava da opressão do Egito... Assim também nós, Povo de Deus, não podemos deixar de sentir seu passo que salva, quando se dá o verdadeiro desenvolvimento, que é a passagem, para cada um e para todos, de condições de vida menos humanas a condições de vida mais humanas..." (Justiça, 6).

4.3.

Às vezes, entretanto, há sinais de que os pobres são evangelizadores, são salvadores. A esplêndida experiência das comunidades eclesiais de base como fermento de renovação da Igreja e como fator de transformação política, o exemplo puramente ocasional de "pobres de espírito", que se organizam para lutar solidária e martirialmente pelo bem dos seus irmãos, os mais humildes e débeis, são já prova do potencial salvífico e libertador dos pobres. Assim o reconhece Puebla: "o compromisso com os pobres e oprimidos e o surgimento das comunidades eclesiais de base ajudaram a Igreja a descobrir o potencial evangelizador dos pobres, enquanto a interpelam constantemente, chamando-a à conversão, e porque muitos deles realizam sua vida com os valores evangélicos da solidariedade, serviço, simplicidade e disponibilidade para acolher a Deus" (n. 1147). Inclusive, Puebla fala do valor eficazmente político dos pobres: "os pobres, também alentados pela Igreja, começaram a se organizar para uma vivência integral de sua fé e, portanto, para reclamar seus direitos" (n. 1137). A fé os organiza e os leva a reclamar seus direitos; a fé os constitui assim em força política de libertação, que muitas vezes passa pelo caminho da repressão e da perseguição.

Evidentemente, o povo de Deus não se implantou ainda na história. Nem sequer em forma minimamente aceitável. E esse segue sendo o grande desafio à pastoral cristã. Tem-se buscado tanto construir a felicidade humana como o reino de Deus pelo caminho da riqueza e do poder; para ambos os objetivos o resultado tem sido lamentável. A existência de três milhões ou mais de homens, não apenas indigentes e pobres, mas empobrecidos e oprimidos, é um chamado à conversão e à mudança de rumo. Esse chamado será mais efetivo se historizar adequadamente o espírito de Jesus e o espírito do reino, em busca de uma nova civilização da pobreza, na qual, superadas as necessidades mais fundamentais, traga à luz toda a reserva de humanidade que já existe no mundo dos pobres. Isso se alcançará quando os pobres da humanidade lutarem por sua libertação para implantar não uma civilização da riqueza e do consumismo – objetivo para o qual não são suficientes os recursos da humanidade –, mas uma civilização da pobreza digna, da riqueza interior, da solidariedade; uma civilização sustentada mais no dar que no receber, no ser que no ter.

4.4.

A grande tarefa salvífica é, então, evangelizar os pobres para que desde sua pobreza material alcancem a condição e o espírito necessários, primeiro, para sair de sua indigência e opressão; segundo, para terminar com as estruturas opressoras; terceiro, para instalar novos céus e novas terras, onde o partilhar prime sobre o acumular, onde haja tempo para escutar e apreciar a voz de Deus no coração do mundo material e no coração da história humana. Os pobres salvarão o mundo; já o estão salvando, embora ainda não. Buscar a salvação por outro caminho é um erro dogmático e histórico. Se isso implica esperar contra toda esperança, é definitivamente uma confiança segura em que tudo isso se alcançará um dia. Os pobres seguem sendo a grande reserva de esperança e de espiritualidade humanas.

Essa tarefa não é puramente espiritual. Nem a dor material dos pobres nem a promessa material do reino se compadecem com algo puramente espiritual. Requer operatividade pessoal e transformação estrutural. Por ambos os motivos, requer um mínimo de organização comunitária e social. A opção preferencial pelos pobres, e desde os pobres, leva consigo uma cosmovisão distinta, uma teologia distinta, mas também uma opção pelo sistema socioeconômico-político que melhor responda aos interesses dos pobres, e, até certo ponto, uma opção de classe. Leva consigo, desde logo, uma clara parcialidade em favor dos que mais favoreçam e do que mais favoreça a causa dos pobres, entendendo como causa dos pobres não uma que lhes dê prêmios materiais, mas uma em que os pobres sejam sujeitos ativos de sua própria libertação. Isso, contudo, não implica nem a identificação da opção pelos pobres com uma precisa opção de classe nem, menos ainda, a identificação com uma determinada organização política partidária.

5. Conceito eclesiológico de pobre

5.1.

O conceito eclesiológico de pobre se expressa da melhor maneira no que tem sido chamado de "Igreja dos pobres". O conceito esteve presente no Vaticano II, mas não foi atendido. Medellín falou mais de uma Igreja pobre que de uma Igreja dos pobres: uma Igreja que denuncia a carência injusta dos bens deste mundo e o pecado que a gera, que prega e vive a pobreza espiritual e se compromete ela própria com a pobreza material (14,5); uma Igreja evangelizadora dos pobres e solidária com eles (4,8). Foi esse o impulso de Medellín, e foram os teólogos da libertação (G. Gutiérrez, R. Muñoz, L. Boff, J. Sobrino, R. Vidales etc.) que levaram adiante o conceito teológico da Igreja dos pobres, com o qual tomava corpo real e formulação teológica uma longa tradição da Igreja. Puebla se enfrenta com o conceito às vezes equivalente de "Igreja popular" e o aprova, "se se entende como uma Igreja que busca se encarnar nos meios populares do continente e que [...] surge da resposta que esses grupos dão ao Senhor" (n. 263); embora a denominação pareça pouco afortunada e o conceito mesmo equivocado, se é que se deseja contrapor a Igreja popular à Igreja oficial e institucional.

Contudo, o conceito de "Igreja dos pobres" expressa um elemento essencial da constituição dogmática da Igreja (povo de Deus), descuidado com frequência na conceituação e, sobretudo, na prática pastoral da Igreja. Tem a ver com a opção preferencial pelos pobres e com as consequências que essa opção tem, tanto para a constituição hierárquica e organizativa da Igreja institucional como para o que há de ser sua evangelização. Efetivamente, a Igreja há de se entender desde Jesus e desde o reino, e poucas coisas estão tão claras como o fato de que Jesus teve como sinal primário a evangelização dos pobres e que o reino inclui, necessariamente, sinais materiais que têm a ver de uma maneira muito direta com a libertação dos pobres. Puebla diz, a esse respeito, que volta a tomar a posição de Medellín, que fez uma clara e profética opção preferencial e solidária pelos pobres. "É assim que os pobres são os primeiros destinatários da missão, e sua evangelização é por excelência sinal e prova da missão de Jesus" (n. 1142).

5.2.

"Igreja dos pobres" não significa então uma parte da Igreja que se dedica preferencialmente aos pobres, mas uma "nota constitutiva e configurativa de toda a Igreja", de sorte que esta o é desde os pobres ou deixa de ser a Igreja verdadeira e santa querida por Deus. A Igreja deve ser una, santa, católica, apostólica e pobre, porque a Igreja se configura desde o reino anunciado por Jesus, e este, antes de ser católico e apostólico, é uno, santo e dos pobres. Igreja dos pobres significa fundamentalmente a Igreja inteira, de tal modo constituída e configurada, que os pobres tenham nela o lugar preferencial que Jesus quis que tivessem. Se a missão é aquilo que define a Igreja como finalidade, deve ficar claro, na teoria e na prática, que a missão da Igreja, tanto na hora de evangelizar como na hora de atuar, está dirigida preferencialmente aos pobres. A Igreja dos pobres é, além disso, aquela que é totalmente solidária com a causa dos pobres. Isso não se alcança tendo os pobres como objeto de uma especial beneficência da Igreja, mas requer dar aos próprios pobres o lugar privilegiado que merecem no banquete da Igreja, na comunhão da Igreja e na configuração do mundo. O Vaticano II sublinhou com energia a referência essencial da Igreja ao mundo, inclusive enfatizou que a Igreja deve lutar contra a pobreza e a injustiça que reinam no mundo, mas não se dirigiu aos pobres do mundo, nem fez deles sujeitos ativos preferenciais nem da evangelização nem da história. Daí que na pastoral pós-Vaticano II se seguiu pensando que o importante é acudir aos centros de poder, de riqueza e de cultura para iniciar um diálogo com eles e para, a partir deles, alcançar vantagens em vista da evangelização e vantagens para os pobres.

5.3.

"Igreja dos pobres" significa também "Igreja pobre", como recordava Medellín e como está na melhor tradição da fé cristã. Isso implica não só o compromisso com a luta dos pobres, o qual leva à denúncia de toda sorte de injustiças, sobretudo com os mais humildes, mas leva consigo a pregação da pobreza espiritual, uma vez assumida a pobreza material na própria vida pessoal e nas estruturas institucionais. Não se pode conceber a pobreza espiritual como uma disposição interior dos que são ricos: um rico que é pobre em espírito ou pobre de espírito e que, diante da tremenda dor dos mais pobres materiais, não se desprende de suas riquezas não é pobre de espírito, porque está injustamente apegado às suas riquezas, está realmente apegado a elas, por mais que fale em desapego espiritual. A pobreza espiritual é uma disposição de ânimo diante de Deus, que só é pobreza evangélica se está relacionada com a pobreza material. A outra coisa será humildade, consciência de ser pecador etc., mas isso não é pobreza. Por outro lado, embora a pobreza material seja título suficiente para que Deus se apiede afetuosamente dos que a sofrem, não dá de si toda a riqueza humana e espiritual que encerra potencialmente mais que quando se espiritualiza, isto é, quando se abre totalmente ao dom de Deus e à mensagem "metanoica" de Jesus.

5.4.

"Igreja dos pobres" significa também "Igreja perseguida", mas perseguida precisamente por ser consequente com sua opção preferencial pelos pobres. Não é possível pensar uma Igreja comprometida com os pobres no mundo, em que predominam a opressão e a injustiça, que não seja perseguida, e perseguida precisamente pelos ricos. A Igreja encontrou com frequência e segue encontrando dificuldades, mas esse fato não permite falar de perseguição no sentido teológico do termo. Muitas dessas dificuldades vêm porque a Igreja não quer renunciar a privilégios, a condições pretéritas favoráveis e inclusive ao que estima serem direitos seus, embora Jesus nunca os tenha reclamado. Jesus reclamou sim um direito: o de anunciar o reino de seu Pai, o de evangelizar os pobres, o de passar fazendo o bem. Quando por essa razão se persegue a Igreja, da mesma forma que por essa razão se perseguiu a Jesus, estamos diante da verdadeira perseguição profetizada por este último a seus discípulos. Pelo contrário, quando os pobres veem mal a Igreja e se afastam dela, então, encontramo-nos com uma prova irrefutável de que a Igreja se mundanizou e se afastou substancialmente de sua missão. A mundanização da Igreja, sua tentação permanente ao secularismo – os papas configurados como reis, os bispos como príncipes, as ordens religiosas como grandes proprietárias etc. –, se funda em se conformar e se configurar segundo os poderes deste mundo, com as estruturas responsáveis por fazer com que o mundo seja hoje como é, um mundo de pecado em que se nega o fato de os homens serem irmãos e filhos de um mesmo Pai. Então, a Igreja não só está no mundo, mas é do mundo, configura-se segundo os seus valores, contamina-se dele, participa inclusive em seus mecanismos de opressão como força ideológica. Quando, pelo contrário, a Igreja deixa de ser mundana de verdade, porque o Espírito se apodera dela e os pobres e a pobreza cobram a relevância devida em sua estrutura, organização e missão, então santifica-se e se potencializa, entrando assim em contradição ativa com o mundo, que a persegue, com o qual prova ser a Igreja verdadeira, aquela à qual Jesus anunciou a perseguição, porque não deve ser distinto o discípulo do mestre.

O conceito de "pobre" tomado desde essa múltipla perspectiva sociológica, teologal, cristológica, soteriológica e eclesial é como se pode captar em toda a sua riqueza e complexidade. Do mesmo modo, os conceitos de Deus, de Cristo, de salvação e de Igreja ficam enriquecidos, se é que são enfrentados com essa realidade singular dos pobres. São dois níveis que se iluminam mutuamente, de modo que um remete ao outro, sem o que resultam ininteligíveis. Tudo isso reorienta o trabalho pastoral, tanto na hora de anunciar quem é Deus, quem é Cristo, o que é a salvação e o que é a Igreja como na hora de levar esse anúncio e realizar essa proclamação entre os pobres e desde os pobres. Uma evangelização que é, sem dúvidas, universal, para todos os homens, para todo o homem e para todos os tempos, mas que concretiza sua universalidade desde a opção preferencial pelos pobres. Não há maneira mais eficaz e realista de olhar todo o homem e todos os homens que a de se situar no horizonte das imensas maiorias da humanidade, que padecem os efeitos da pobreza, a injustiça e de toda sorte de repressão, quando se põem a lutar em favor de seus direitos fundamentais e do posto que lhes corresponde na condução da história. Não se trata, pois, de exclusivismos e de divisão. Ao contrário, busca-se a comunhão e a participação, mas por caminhos reais, e não pelos caminhos da ideologização, que falam muito do posto principal dos pobres neste mundo e na Igreja, mas que não fazem nada efetivo porque realmente o ocupam.

Quando os pobres ocupam o lugar que lhes corresponde na Igreja, então a instituição eclesial se enche de espírito, é uma instituição com espírito, o que em si mesmo já é algo paradoxal; alcança-se efetivamente a unidade e a potenciação do corpo eclesial, uma vez superado o trauma da conversão; facilita-se também o verdadeiro ecumenismo, porque nessas coisas tão fundamentais não pode haver divisão entre as igrejas. Por outro lado, essas igrejas realmente pobres, realmente perseguidas, desencadeiam solidariedade (J. Sobrino), facilitam a prática da catolicidade entre as igrejas locais e se convertem em fermento para a Igreja universal. Para pôr um exemplo ainda vivo, pode-se apelar à Igreja local de São Salvador, enquanto é regida pastoralmente por um bispo dos pobres, dom Romero. A Igreja dos pobres é uma graça de Deus, é um dom do Espírito. Segue havendo provas aqui e ali de que o Espírito não se extinguiu.

Tradução: Jerfferson Amorim, SJ

CAPÍTULO 6
O autêntico lugar social da Igreja

Artigo publicado em *Misión Abierta* (1, 1982, 98-106) e reproduzido em *Diakonía* (25, 1983, 24-36). Diante da diversidade de lugares no mundo e do perigo de inautenticidade, a teologia da libertação pergunta-se pelo lugar social da Igreja continuadora de Jesus. Para Ellacuría, trata-se de um ponto importante para ser resolvido, sobretudo para esclarecer a natureza histórica da Igreja e propor uma práxis pastoral. Traduzido de: *Escritos Teológicos II*, São Salvador: UCA, 2002, 439-451.

A pergunta pelo autêntico "lugar social" da Igreja não é uma pergunta meramente sociológica, mas uma questão teológica urgente, tanto para a autocompreensão da Igreja como para seus diversos tipos de ação pastoral. Naturalmente, é uma pergunta sociológica, e os teólogos e os pastores fariam bem se assumissem o que a sociologia traz de ajuda para compreender esse problema; a Igreja, no que tem de instituição social – não só em altíssimo grau, mas claramente excessivo –, é uma realidade social submissa a todas as leis das realidades sociais, inclusive, o que é claro, a todos os condicionamentos sociológicos. Mas também é uma questão teológica, porque do lugar social depende, em boa parte, como os sinais dos tempos são percebidos e interpretados e qual práxis é adotada como práxis fundamental da Igreja.

1. Nova consciência do problema

    O que se entende por "lugar social" nesse contexto?

A pergunta supõe que a sociedade tenha "lugares" distintos, pelo menos diferentes, porque em muitos casos podem ser opostos e ainda contrapostos. Quiçá uma das limitações importantes do Vaticano II, quando novamente "enviou" a Igreja ao mundo, é o fato de não ter remarcado devidamente que o mundo tem lugares sociais muito diversos, e nem todos potencializam a fé e a vida cristãs de mesmo modo.

Pois bem, o mundo tem lugares distintos. Fala-se, por exemplo, do primeiro mundo e do terceiro mundo (por diversas razões, o segundo será deixado de lado). É claro que a Igreja principal – na perspectiva institucional – foi posta no primeiro mundo, não só geográfica e materialmente, mas também – o que é mais grave – espiritualmente, conformando suas ideias, seus interesses ou, pelo menos, seus problemas teóricos e práticos segundo o que é predominante no primeiro mundo. Isso trouxe determinadas vantagens intelectuais, certa modernização, mas também grandes desvantagens não só para a compreensão da imensa maioria da humanidade, que não possui características de primeiro mundo, mas também – o que é mais grave – para a compreensão de alguns aspectos essenciais da fé cristã e da reta hierarquização das missões da própria Igreja. Isso pode soar escandaloso, mas como fato é comprovável, e sua explicação, tanto sociológica como teológica, não oferece maior dificuldade.

O "lugar social" nesse contexto implica, pelo menos, os seguintes momentos: primeiro, é o lugar social pelo qual se optou; segundo, é o lugar a partir do qual e para o qual as interpretações teóricas e os projetos práticos são realizados; terceiro, é o lugar que configura a práxis assumida e ao qual se dobra ou se subordina a própria práxis.

Por exemplo, se entendemos que os pobres são um lugar social, para sustentar que se está nesse lugar não basta afirmar que se está entre eles material e geograficamente, aspecto que pode ser indispensável, e supor grande mérito e até grande testemunho. É mister muito mais. O lugar dos pobres deve responder a uma opção preferencial; o que é buscado, antes de tudo, é que eles sejam os primeiros no reino de Deus, de um modo efetivo, e não puramente intencional ou retórico. Em segundo lugar, os pobres devem ser também o *locus theologicus* a partir do qual a palavra de Deus é escutada, os sinais dos tempos lidos, as respostas e as interpretações buscadas e os projetos de transformação realizados. Em terceiro lugar, supõe-se que os pobres empreenderam uma práxis de libertação que é acompanhada por uma Igreja, que não quer apenas que se escute a palavra, mas sobretudo que se realize a promessa.

Se o "lugar social" é assumido com tal radicalidade, é claro que encontrar o lugar social autêntico para a Igreja seja de primeira importância; a partir dele são abrangidas a totalidade possível da mensagem cristã e a universalidade correspondente à catolicidade da Igreja, assim como a totalidade diferenciada do reino de Deus – porque se trata de universalidades e totalidades, e não de parcialidades excludentes.

O "lugar social" supõe uma certa parcialidade evangélica, uma preferencialidade, mas não deixa de lado o chamado à conversão e à perfeição de nenhum dos homens e de nenhum dos povos. O que acontece é que não é a mesma coisa propor a mensagem cristã a partir do lugar social constituído pelas classes dominantes, sejam políticas ou econômicas, e a partir das classes dominadas. Também as classes dominantes apontam ao todo, mas o fazem a partir de seu domínio. As classes dominadas também apontam para o todo, quando são animadas pelo espírito de fé; contudo, o fazem a partir de sua dominação. O que aqui é sustentado é que seu ponto de vista, seu lugar, é muito mais privilegiado que qualquer outro para encontrar a verdade total da fé e, especialmente, para conduzir à prática essa verdade total.

2. Como encontrar o lugar social autêntico

Se o lugar social é tão importante para a fé e para a Igreja, o que mais importa é determinar, em cada caso, como encontrar concretamente esse lugar social autêntico. Porque é claro que há lugares sociais inautênticos para a Igreja. Esse perigo de inautenticidade é visto com mais clareza se indicamos um traço característico de todo lugar social. O lugar é onde realmente estamos, embora dele saiamos para fazer isso ou aquilo. O lugar social não é para onde vamos em algumas ocasiões, é onde estamos normalmente, onde fixamos nossa residência, onde nos registramos ou fomos registrados socialmente.

Jesus, por exemplo, saía para muitos lugares, podia tomar refeição com os ricos, podia pernoitar na casa de Lázaro, subir a montanha e pregar no lago, pregar na Galileia ou lutar na Judeia e em Jerusalém, mas estava com sua inteligência, seu coração e sua prática entre os mais necessitados. Sei que é possível dizer com a maior das precisões que onde Jesus estava era com Deus, seu Pai. Mas isso não exclui o que foi dito anteriormente. Porque, em primeiro lugar, não é a mesma coisa estar em e estar com. Jesus estava situado nesse lugar social que são os pobres e, a partir desse lugar, que purificava e iluminava seu coração, é onde estava com Deus e com as coisas de seu Pai. E, em segundo lugar, porque o mesmo estar com Deus não era estranho ao seu estar com os pobres, entre os quais quis estabelecer sua morada.

Com essa referência a Jesus e às coisas do reino de Deus já temos uma primeira resposta geral sobre como determinar, em cada caso concreto, qual é o lugar autêntico de toda a Igreja e das distintas igrejas particulares. A pessoa e a vida de Jesus são o princípio fundamental de discernimento nessa questão. Não temos muito que insistir nisso porque parece evidente tanto que ele seja o princípio fundamental de discernimento como o fato de que tenha preferido um lugar social determinado para encontrar, em sua vida histórica, o Pai e um modo ideal para anunciar e realizar o reino de Deus. Demos isso por assentado.

Precisamos, porém, ir adiante, porque muitos que admitem esse ponto de partida vão por caminhos muito diversos, alguns dos quais conduzem, de fato, a lugares sociais inautênticos para a Igreja e para o anúncio do reino.

Há fatores sociológicos e fatores teológicos que ajudam a encontrar o lugar social autêntico. Tanto estes como aqueles são necessários, embora sua hierarquia, para nosso propósito, não seja indiferente. Contudo, isso não significa que os fatores sociológicos não sejam necessários.

3. Os fatores sociológicos

Por que os fatores sociológicos são necessários, e quais dentre eles são mais necessários ou, em todo caso, mais convenientes?

Sem elaborar uma teoria geral do que escrevi sobre esse problema em outras ocasiões, podemos dizer que os problemas do reino de Deus, precisamente por seu caráter de reino, necessitam, para sua interpretação e realização, de mediações, as quais têm muito a ver com fatores sociológicos.

Com efeito, o reino de Deus está relacionado, em primeiro lugar, com a realidade histórica, uma realidade estrutural que, em boa medida, configura os destinos pessoais; está relacionado, em segundo lugar, com uma práxis histórica, que, sem abandonar a dimensão pessoal, deve incidir sobre dimensões estritamente sociais; está relacionado, em terceiro lugar, com um povo inteiro em marcha e, inclusive, pelo menos como propósito, com a humanidade inteira; e está relacionado, finalmente, com o mal e o pecado estrutural, os quais, pelo que possuem de histórico, precisam de fatores sociológicos para sua interpretação e sua superação real. São quatro poderosas razões para pensar na necessidade dos fatores sociais a fim de encontrar o lugar social autêntico da Igreja.

Sem dúvida, o que é originário é a profunda experiência humana e cristã que, como tal, não exige mediações explícitas ou muito sofisticadas, embora pressuponha estar, de algum modo, no lugar social adequado. Efetivamente, mesmo sendo cristão e recebendo sistematicamente a luz e o calor da fé, é possível que a realidade do mundo não seja vista ou, menos ainda, não seja vivenciada, fazendo com que a mensagem de fé não possa iluminar tal realidade que, de modo algum, se faz presente ou se faz presente de forma desviada. A mesma coisa pode ser dita do ponto de vista humano: uma boa capacidade de captação e de sentimento pode ficar cega porque a verdadeira realidade escapa pelo lugar social em que estamos situados.

Isso é verdade. Mas é igualmente verdadeiro que o que é realmente originário aqui é uma profunda experiência humana e cristã.

Isso quer dizer que não partimos de ideologias, nem sequer de abordagens teóricas. Umas e outras podem intervir, mas não são o primário nem o decisivo. O que é primário e decisivo é a experiência humana e a experiência cristã. Há países, como El Salvador e Guatemala, em que tal experiência é alucinante, mas há muitos outros países em que isso também acontece, ainda que não com o mesmo dramatismo penetrante. É a experiência humana de uma repressão brutal, que não somente custa mais de dez mil vítimas por ano, mas que é realizada com crueldade e sadismo inqualificáveis; é a experiência cristã de como as forças do anticristo, da besta apocalíptica, atacam os mais humildes só porque começaram – ou seja, temem que comecem – a reclamar efetivamente seus direitos ou, simplesmente, a se defender dos predadores inclementes de suas vidas e de suas terras.

Esse é o dado primário que imediatamente é processado pelo que podemos chamar de elementos sociológicos. Alguns deles encobertam. A ideologia do capitalismo dominante, sob a forma de ideologia da segurança nacional, tenta desfigurar os fatos e desvirtuar a experiência. Os fatos repressivos não estão claros, não é sabido com certeza quem são aqueles que os realizam; no máximo, é afirmado que são extremistas da direita, com quem não possuem relação alguma. Além disso, a explicação do conflito é clara: o comunismo soviético quer expandir-se pelas fronteiras frágeis do mundo democrático, e os levantes populares devem-se a isso, os quais em nome da liberdade devem ser esmagados em benefício da civilização ocidental cristã. Por outro lado, a experiência cristã foi desvirtuada, foi politizada até um extremo intolerável e posta a serviço de interesses anticristãos, como são os propósitos dos comunistas revolucionários. Consequentemente, essas ideologias que encobertam a realidade negam que haja perseguição política ou perseguição religiosa; mais precisamente, o que acontece é uma cruzada em favor da liberdade e contra o comunismo ateu e totalitário.

Diante dessa deformação encoberta da experiência original, quando é apresentada em termos aparentemente científicos, é mister recorrer a outros tipos de interpretações sociológicas. Elas costumam ser, em grau e forma distintos, de índole marxista.

É historicamente falso que os cristãos tenham tentado mudar o lugar social da Igreja por influência primordial do marxismo. Falamos de uma experiência originária que desvirtua essa explicação. A ajuda da análise marxista aparece em um segundo momento: aparece quando há a necessidade de esclarecer teoricamente o que está acontecendo em países de estrutura explicitamente capitalista e por que está acontecendo o que neles ocorre. A análise marxista é um dos elementos teóricos aos quais recorremos para desmascarar ideologicamente interpretações interessadas e deformantes e para esclarecer situações que é preciso saber como realmente são além das aparências.

A análise marxista é utilizada – com algumas correções importantes, certamente – porque outras análises capitalistas ou supostamente neutras são menos explicativas; costuma ser utilizada, além do mais, depois da comprovação da insuficiência analítica, a partir da perspectiva teórica, do instrumental usado pela conhecida doutrina social da Igreja. A doutrina social da Igreja formula princípios cristãos referidos a realidades sociais, mas lança mão de análises sociais que podem resultar insuficientes e, portanto, discutíveis. Os cristãos acolhem bem tal princípios, mas os teóricos cristãos nem sempre ficam contentes com as análises sociais que os acompanham.

Entretanto, remarcado o caráter secundário da presença do marxismo no momento de reencontrar o autêntico lugar social da Igreja, não convém menosprezar a importância que o marxismo teve, tanto para esclarecer teoricamente a autenticidade social de tal lugar como para promover determinadas práticas em maior sintonia com as necessidades reais das maiorias oprimidas e reprimidas. Seria incorreto negar a influência do marxismo para justificar, pelo menos, por que é preciso estar historicamente do lado dos pobres, determinar quem são os sócio-politicamente pobres e por que, e promover soluções para chegar a uma transformação social. O que de bom e de ruim pode ter trazido essa influência é algo que deverá ser analisado em cada caso. Mas, em geral, é possível dizer que o marxismo teórico e o marxismo prático, não tanto dos partidos burocratizados como dos movimentos revolucionários, tiveram influência importante em algo que, em si mesmo, é altamente positivo e profundamente cristão como ressituar o lugar social da Igreja e ativar a opção preferencial pelos pobres.

Costuma ser dito que o cristão não precisa de nenhuma ajuda externa ao cristianismo, à fé cristã, para encontrar e definir o lugar social autêntico da Igreja, e que o lugar social preferencial sejam as maiorias oprimidas do mundo. A isso é preciso responder com diversos grupos de razões que não podemos analisar aqui, mas convém esquematizá-los.

Antes de tudo, é preciso afirmar que até agora a Igreja não se situou majoritária e preferencialmente no lugar social que lhe é mais autêntico; esse lugar social é, em seu conjunto, o terceiro mundo, e a Igreja está, em seu conjunto, sobretudo qualitativamente, mais no primeiro mundo do que no terceiro e, ainda dentro do primeiro mundo, está situada entre as classes dominantes e alinhada com a estrutura dominante, e não entre as classes dominadas e alinhada com a mudança social.

Em segundo lugar, é preciso afirmar que a Igreja recorreu desde a Antiguidade a ajudas externas à fé cristã; recorreu aos recursos teóricos do aristotelismo e do platonismo para esclarecer teoricamente os mistérios da fé; recorreu a recursos artísticos para veicular ao povo crente realidades e valores cristãos; empregou teorias e práticas capitalistas – economia de mercado, costumamos dizer – para desenvolver-se e sustentar-se institucionalmente; usou a força física para cuidar da pureza da fé, e as estruturas colonialistas para difundir o Evangelho; necessitou dos estados pontifícios para assegurar mundanamente a primazia e, até mais, a supremacia do papado; serviu-se da análise sociológica para sustentar seus ensinamentos sociais.

Em terceiro lugar, é preciso assegurar-se, como antes indicávamos, de que as características históricas do reino de Deus exigem mediações, que não são patrimônio exclusivo dos cristãos e sequer partem da inspiração cristã. Finalmente, é preciso dizer que Deus falou desde a Antiguidade de muitas e diversas formas e que, embora a palavra definitiva de Deus seja Jesus, morto e ressuscitado, continua falando em outras formas, mediante isso que chegamos a chamar sinais dos tempos, que exigem, junto com o discernimento de fé, um ponderado discernimento teórico que as acompanhe.

4. Os fatores teológicos

Se é certo, porém, que necessitamos de fatores sociais para encontrar teórica e praticamente o autêntico lugar social da Igreja, também é certo que esses fatores sociais não representam nem o momento principal nem o momento determinante. O momento principal e determinante é dado pela fé cristã e por uma série de fatores humanos e históricos que brotam da própria fé.

Já aludimos antes que o principal momento desencadeante era a experiência humana e cristã. A experiência humana, diante do atroz espetáculo da maldade humana que põe a maioria da humanidade à margem da morte e do desespero, é revelada e trata de corrigi-la. A experiência cristã, baseada nessa mesma experiência humana, vê, desde o Deus cristão revelado em Jesus, que tal atroz situação de maldade e injustiça é a própria negação do reino de Deus, isto é, de Deus e do homem, a própria negação da salvação anunciada e prometida por Jesus, uma situação que converteu o que deveria ser reino da graça em um reino de pecado. Desse ponto de vista, a experiência cristã é original e insubstituível.

Não restam dúvidas de que essa experiência cristã influenciou de modo decisivo para situar o autêntico lugar social da Igreja entre as maiorias oprimidas e para situar-se efetivamente, da parte de muitos cristãos, em tal lugar. A experiência é também aqui anterior à reflexão, a práxis anterior à teoria, mesmo que não seja possível fazer divisões precisas entre uma e outra e desconhecer uma circularidade potencializadora permanente que vai de uma à outra. A conversão crente às maiorias oprimidas, as quais, no paroxismo e na clareza da repressão, clamavam pela assistência de qualquer homem de boa vontade e daqueles cristãos que tinham tornado o amor ao mais necessitado o argumento principal de sua fé e de sua prática cristãs, atua novamente sobre a fé e exige uma releitura renovada do Antigo e do Novo Testamento, de toda a melhor tradição da Igreja, de seu próprio carisma religioso.

Desde esse espírito renovado, retornamos à realidade histórica que é vista sociológica e teologicamente com outros olhos, e isso conduz, ao mesmo tempo, a uma prática nova, a qual converte pessoalmente e transforma socialmente. Assim, o autêntico lugar social da Igreja é redescoberto e, a partir desse lugar, a Igreja, corretamente situada, é renovada. A fé é compreendida na caridade e, assim, ganha nova vida e nova força.

Não negamos que excessos e defecções possam ter ocorrido, mas negar que houve uma forte revivescência da fé, ou que amplas comunidades cristãs, acompanhadas de seus pastores em certas ocasiões, estão dando um exemplo admirável, estritamente martirial, do que é a fé em Jesus Cristo, é querer fechar os olhos à luz. É injusto, pois, dizer que estamos nesse novo lugar social para fazer política, quando a verdade é totalmente o contrário: contribuímos para que a causa dos despossuídos avance porque estamos cristãmente neles.

Até certo ponto, é possível considerar que esse retorno preferencial aos pobres, essa mudança decisiva do lugar social da Igreja, tenha sido um carisma da Igreja latino-americana. Isso não é de estranhar-se, porque muitas partes da América Latina são tristes lugares privilegiados da miséria e da injustiça. Mas já no Vaticano II é possível identificar um firme precedente da mudança de rumo. Efetivamente, no Vaticano II, a pedido de alguns bispos e cardeais, como Lercaro, Gerlier e Himmer, escandalizados com o pouco espaço dado aos pobres no documento dogmático sobre a Igreja, foi introduzido na *Lumen Gentium* (8c) um texto germinal: "Mas, assim como Cristo realizou a obra da redenção na pobreza e na perseguição, assim a Igreja é chamada a seguir pelo mesmo caminho para comunicar aos homens os frutos da salvação".

Não era muito explícito o que tinha sido dito com essas palavras, mas tocava a raiz do tema. Os bispos que reclamavam propunham suas exigências a partir da realidade dos pobres; o concílio, deixando um pouco de lado tal reclamação teológica da realidade, reduziu-se a considerar o outro polo, aquele da vida de Jesus, e nela via claramente os dois fatores juntos, o da pobreza e o da perseguição, embora sem dizer de forma explícita que a perseguição foi desatada sobre Jesus por ter se situado no lugar social dos pobres, o que lhe acarretou a inimizade dos ricos e dos poderosos.

Talvez não tenha sido suficiente o que foi dito e feito pelo Vaticano II a esse respeito. Certamente, o Vaticano II teve o brilhantismo de colocar a Igreja diante do mundo, retornar missionalmente a ele; contudo, apesar das claras abordagens da *Gaudium et Spes*, não historicizou devidamente o que era esse mundo, um mundo que deveria ser definido como um mundo de pecado e de desigualdade, em que as imensas maiorias da humanidade padecem miséria e injustiça.

Seja como for, o Vaticano II foi recolhido por Medellín, em que o terceiro mundo em seu autêntico "terceiro-mundismo" se fez presente. Em Medellín, sim, a realidade e a verdade da história latino-americana, convertidas em autêntico lugar teológico, foram convertidas em pergunta fundamental, a qual os bispos do continente, a partir da luz do Evangelho e da renovação do Vaticano II, trataram de responder. Tal renovação, porém, tornou-se agora mais radical e profunda, foi mais concreta e comprometida, precisamente porque já não se tratava do mundo "sem mais", mas do cortante e doloroso mundo que é o terceiro mundo, como representante da maioria da humanidade.

Nesse mesmo contexto, o gigante avanço das comunidades eclesiais de base deve ser visto como fator teológico no momento de descobrir e praticar o autêntico lugar social da Igreja. As comunidades eclesiais de base supõem um dos maiores esforços para aproximar a Igreja ao seio dos mais necessitados, para ser interpelada por eles e, assim, dar uma resposta a partir da fé a suas necessidades humanas. Nas comunidades de base, a Igreja aprendeu o quão próximas devem estar as dimensões pessoais e as dimensões estruturais da salvação, o momento transcendente e o momento histórico da fé cristã, a recepção da graça e o exercício da práxis e, sobretudo, o que significava para a própria fé e para a santidade da Igreja o compromisso preferencial pelos pobres. De tal experiência das comunidades eclesiais ficou muito claro qual é e qual deve ser o autêntico lugar social da Igreja.

Finalmente, está o fator importante da teologia da libertação que, como esforço de reflexão teórica cristã sobre a práxis da salvação contemplada desde as maiorias populares crentes, centrou-se no que deve ser uma Igreja dos pobres e para os pobres, uma Igreja popular, apesar dos equívocos, muitas vezes interessados, que foram lançados sobre tal denominação. A pergunta pelo autêntico lugar social da Igreja foi umas das perguntas-chave da teologia da libertação, tanto para esclarecer teoricamente a natureza histórica da Igreja como para propor uma práxis pastoral conforme essa natureza histórica. Aqui também é verificada uma circularidade permanente entre o que é a experiência e a práxis de uma Igreja comprometida com os mais necessitados e o que é a reflexão teológica sobre tal experiência e tal práxis; daquela chegamos a esta, e desta retornamos àquela em contínua circularidade, na qual se potencializam mutuamente.

Toda a série de fatores teológicos e sociológicos, ou, se preferimos, teologais e sociais, contribuiu para estabelecer teórica e praticamente a Igreja em seu autêntico lugar social. Um lugar social que genericamente pode ser definido como aquele das imensas maiorias despossuídas, mas que em sua peculiaridade deve ser encontrado a partir de um profundo discernimento cristão. Aqui apontamos somente a linha geral e fizemos algumas reflexões para apresentar claramente o que foi a experiência de algumas partes da Igreja latino-americana, entendida como Igreja dos pobres.

Situações muito distintas obrigariam a concretizações distintas, mas que no fundo e de verdade não poderiam estar muito distanciadas – entre outras razões, porque no próprio Evangelho há um imperativo essencial, que não pode ser desatendido, e porque a existência universal das maiorias despossuídas, sobre as quais os povos ocidentais possuem múltiplas responsabilidades passadas e presentes, obriga que toda a Igreja tenha que colocar seus olhos preferencialmente na realidade total da humanidade, mas na sua realidade concreta que é, em seu conjunto, a de uma humanidade crucificada. Com esse horizonte, diante dos olhos da fé e da análise sociológica, é possível voltar-se a seu contorno e contexto mais imediatos. Então, a Igreja particular, especialmente se está motivada por comunidades eclesiais de base vivas, poderá ser configurada pelo que é, ao mesmo tempo, exigência universal e particular da catolicidade da Igreja – uma catolicidade que é histórica e que, portanto, conjuga universalidade e concretização.

Tradução: Matheus S. Bernardes

CAPÍTULO 7
Recuperar o reino de Deus:
desmundanização e historicização da Igreja

Para Ellacuría é importante buscar a correta institucionalização secular da Igreja. Isso evitaria o perigo de sua falsa mundanização, mas sobretudo implicaria a conversão da Igreja ao anúncio e à realização do reino de Deus. Tal é a inquietação que expõe no presente artigo, publicado em *Sal Terrae* (5, 1978, 335-343). Traduzido de: *Escritos Teológicos II*, São Salvador: UCA, 2002, 307-316.

O clássico tema "reino de Deus e Igreja" não é apresentado como tema acadêmico, mas como algo central para a autocompreensão da Igreja e de sua missão, de modo que um enfoque da Igreja que não o tenha em consideração – e estou pensando no documento preparatório da III Conferência do CELAM em Puebla – seria, pelo menos, uma abordagem "perigosa" com relação à plenitude da fé e da ação cristã. Porque, se o reino de Deus não pode ser concebido adequadamente sem a Igreja, muito menos a Igreja sem o reino. Este artigo pretende mostrar brevemente a necessidade de recuperar na Igreja o sentido do reino de Deus para que este não seja "espiritualizado", nem aquela "mundanizada".

1. Reino de Deus e desmundanização da Igreja institucional

A Igreja tem que se institucionalizar e se institucionalizar "secularmente", mas nessa necessidade sua, a ameaça é cair nos perigos da institucionalização e do secularismo.

1.1.

A institucionalização da Igreja, além de ser um fato, é uma necessidade histórica. O "Documento de consulta" para Puebla fundamenta essa necessidade de modo insuficiente por não distinguir de modo adequado os diversos sentidos que pode ter o caráter constitucional da Igreja, como se a institucionalização fosse a mesma coisa que organização ou hierarquização, e por não analisar em que reside a repulsa que a institucionalização da Igreja pode causar.

A necessidade histórica da institucionalização da parte da Igreja está no caráter histórico da salvação. Se a salvação não tivesse mais que uma vertente extramundana ou uma vertente puramente intimista e individualizada, não haveria necessidade de institucionalizar a fé, nem o seguimento de Jesus; mas, se a salvação está relacionada com a história total dos homens, com a única história real, então é inevitável e desejável que a procura pela salvação se corporalize historicamente abrindo espaço para um corpo histórico, para um corpo social. Aqueles que pretendem que a "salvação" seja coisa de cada um com Deus transformam a fé em um problema de elitismo individualista, que não tem nada a ver com a história cristã da salvação. Voltam a repetir o velho esquema da liberação da alma do corpo para alcançar a perfeição. Não há realização pessoal, salvo a partir de um mundo social; menos ainda, sem orientação – toda a orientação necessária – para o mundo social.

A institucionalização da Igreja oferece valores fundamentais: possibilita a transmissão da tradição, isto é, a consumação histórica da fé; mesmo que introduza elementos ultrapassados e até falsos, permite a objetivação e a transmissão de carismas, concebidos nas distintas vivências da fé ao longo da história; faz possível uma "religião" que alimenta a fé e na qual a fé pode tomar corpo, embora essa religião, algumas vezes, tente substituir a fé; facilita que passos individuais possam ser acompanhados historicamente para que os menos favorecidos possam ser beneficiados pelos feitos de outros... Há muitos valores, e muito fundamentais. Não fique sem se mencionar que a fé vivida por muitos pode ser convertida em força histórica, não sendo reduzida à simples soma das contribuições individuais.

1.2.

Mas a institucionalização da Igreja pode ser conduzi-la e, com frequência, a conduziu ao secularismo e à mundanização. É tal secularismo e tal mundanização que são rejeitados pelos verdadeiros fiéis, quando se opõem à chamada Igreja institucional, a qual em si tem pouco a ver com a necessidade de sua objetivação e de sua estruturação orgânica.

Antes de tudo, trata-se da Igreja centrada em si mesma – como ídolo institucional –, da Igreja que se idolatra. É perigo para toda instituição, uma vez estabelecida, assumir um determinado corpo, autoconservar-se e seguir a inércia de seus dinamismos; assim, chega-se à absolutização do meio, no caso a Igreja, e à falsa sacralização de tudo o que está relacionado com ele. Quando isso acontece, a fidelidade a Deus e a fidelidade aos homens são medidas pela fidelidade à Igreja, como se coubesse a substituição eclesiástica dos dois primeiros mandamentos; o que é bom para a Igreja institucional é considerado, sem mais, como bom, não dando oportunidade para a verificação histórica de tal bondade. Logo, se um grupo de homens de Igreja a favor dos direitos humanos ou da luta pela justiça causa transtornos nas relações com os poderes estabelecidos, será considerado perigoso, imprudente e inoportuno; se representantes dos poderes públicos favorecem as maiorias populares, mas são contrários a certas facilidades públicas da Igreja, serão considerados contrários à sua missão e a seus privilégios etc.

Não basta dizer que a Igreja não serve a si mesma, não se constitui em seu próprio critério de identidade, senão que ela se volta por completo ao Senhor Jesus. Porque, se o Senhor Jesus é privado de toda objetivação e verificação histórica, a única coisa alcançada é a ideologização do problema – com o qual a Igreja não se descentraliza, mas simplesmente se desdobra. Mas nem sequer se desdobra realmente, pois o desdobramento consiste em sua própria imagem refletida ideologicamente. A verdade de suas afirmações não consiste, portanto, no que elas podem significar sem mais, mas no que significam dentro do conjunto das realizações eclesiásticas.

O outro grande capítulo de secularismo e mundanização está na configuração da Igreja institucional segundo esquemas não cristãos; esquemas que não só não nasceram no seio da vivência e da objetivação da fé, mas que surgiram de formas de vida que são anticristãs, pois defendem, consciente ou não, valores que contradizem as posições cristãs mais básicas.

Para demonstrá-lo basta recorrer à brilhante interpretação que Santo Inácio faz de Cristo e do anticristo na meditação das duas bandeiras. Poucos pensarão – uns poucos entre aqueles que afirmam cultivar a perfeição cristã – que o caminho do seguimento de Cristo passa pela riqueza, pelo reconhecimento mundano, pela aceitação dos poderosos, no lugar da pobreza, da perseguição, de serem estimados como loucos e subversivos etc. Mas são muitos que pensam que o que não é cristão para os indivíduos pode ser para instituições chamadas cristãs. No plano espiritual, conseguiu-se escapar da mensagem cristã em sua crueza pelo artifício da espiritualização e interiorização: os pobres de espírito, os humildes de coração... O máximo esforço ideológico, entretanto, foi realizado no plano institucional;

o poder é necessário, o dinheiro é preciso, assim como o apoio dos poderosos... Tanto assim que as instituições cristãs se converteram em antissinais do que afirmam procurar e significar.

É óbvio que as instituições não são a mesma coisa que os indivíduos, nem seus dinamismos. Esquecer-se disso é cair de novo em uma desinstitucionalização espiritualista e individualista. Mas, se pretendemos que as instituições sejam de inspiração cristã e, sobretudo, que a Igreja institucional seja cristã o máximo que possa ser, é claro que não pode configurar-se fundamentalmente como fazem as instituições mundanas postas a serviço da libertação.

Isso acontece de muitas formas, mas convém destacar a negação do espírito e da liberdade no contexto institucional. Conceber a fé cristã como carta de anarquia é desconhecer, em último termo, o compromisso histórico da salvação; mas afogar a plenitude do espírito e da liberdade em nome da fé cristã é novamente tornar a Igreja um ídolo, dedicado a devorar o que deveria promover. Aqui haveria uma anulação do pessoal pelo institucional, pelo estrutural, o que de modo algum seria justificado.

Pois bem, a perspectiva radical a partir da qual se deve superar essa falsa institucionalização da Igreja que a conduz à mundanização é a perspectiva do reino de Deus que foi – não esqueçamos – a perspectiva que orientou o Jesus histórico no cumprimento de sua missão. Afirma-se que a existência de Jesus foi uma "pró-existência", isto é, uma existência não centralizada em si mesma, mas nos demais; com relação a nosso tema, devemos dizer que sua "pró-existência" foi uma existência toda dedicada ao reino de Deus. O artigo de Jon Sobrino[1], neste mesmo número, mostrará que assim foi na vida de Jesus. Trata-se de uma afirmação comumente aceita. Mas o que aqui importa remarcar é que só uma Igreja "pró-existente" no mesmo sentido de Jesus pode ser uma Igreja de Cristo, uma Igreja cristã.

2. Conversão da Igreja ao reino de Deus

2.1. Um centro fora de si mesmo

Há uma longa tradição teológica, que ganha mais destaque com Santo Agostinho, propensa a identificar Igreja com reino de Deus. Tal tentativa de identificação, resultado tanto de uma leitura defeituosa do Novo Tes-

---

1. Ellacuría refere-se ao artigo "Jesus e o reino de Deus. Significado e objetivos últimos de sua vida e missão", que foi publicado na mesma revista (345-364). Os dados completos da edição estão na introdução deste escrito. (N. do E.)

tamento, como de certas circunstâncias históricas, poderia ter significado uma ampliação do conceito de Igreja, mas, de fato, resultou em uma redução do conceito neotestamentário do reino de Deus. A ampliação poderia ter acontecido ao configurar a Igreja com todas as características bíblicas do reino de Deus, mesmo que a dita ampliação mostrasse como não é conciliável a visibilidade de uma Igreja institucional com o mistério total do reino de Deus.

Daí que a identificação fosse realizada menosprezando o reino de Deus e, consequentemente, a própria Igreja. O reino de Deus é convertido em um âmbito "separado" do reino de Satanás, e a existência de uma *civitas sancta* ao lado de uma *civitas mundana* é estabelecida, ao mesmo tempo que aquela é concebida como sociedade perfeita e Estado – com o agravante político de que os âmbitos civil e político serão submetidos ao âmbito eclesiástico. As coisas poderiam ter ido por outro caminho se fosse mantida a concepção original de uma única história, na qual o mistério da iniquidade e o mistério da salvação se enfrentam, e na qual o domínio do mistério da salvação sobre o mistério da iniquidade supõe o estabelecimento histórico do reino de Deus.

Logo, é mister separar Igreja e reino de Deus para que aquela possa ser configurada por este, para que a Igreja possa se ver cada vez mais livre de sua versão ao mundo mediante uma autêntica "con-versão" ao reino. A Igreja deve ter um centro fora de si mesma, um horizonte além de suas fronteiras institucionais para orientar sua missão e ainda para dirigir sua configuração estrutural. Esse centro e esse horizonte não podem ser outros que os da evangelização de Jesus, o reino de Deus.

2.2. A totalidade da pregação de Jesus

O termo "reino de Deus, reino dos céus" (*Basileia*) aparece nos lábios de Jesus com a seguinte distribuição: em Marcos, 13 vezes; nos *logia* comuns de Mateus e Lucas, 9; só em Mateus, 27; só em Lucas, 12; no Evangelho de João, 2. Jeremias, de quem é a contagem, estima essa frequência extraordinária, principalmente se comparada com aquela dos escritos judeus contemporâneos. Mais ainda, o termo aparece acompanhado de giros que não encontram paralelos nas expressões de seus contemporâneos, giros que não podem ser atribuídos à Igreja primitiva, mas ao próprio Jesus. Da leitura literal dos Evangelhos, deve-se concluir que o "tema central da pregação pública de Jesus era a soberania real de Deus" (Jeremias), "que o reino de Deus representa a totalidade da pregação de Jesus Cristo e de seus apóstolos" (K. L. Schmidt). Causa espanto, portanto, o que poderia ter de cristã uma exposição do que deve ser a evangelização da Igreja à margem do anúncio do reino de Deus.

Evidentemente não se trata da materialidade do termo. A riqueza do termo na pregação e na ação de Jesus, precisamente porque engloba e totaliza toda sua missão, faz que, por um lado, deva ser assumido em toda sua complexidade e, por outro, submetido a um permanente processo de historização em uma vertente dupla, isto é, descobrir o que o reino tem de circunstancialidade histórica e o que exige de criatividade histórica. Se o Evangelho, a boa nova, é o anúncio total do Novo Testamento, deve-se ter presente que tal Evangelho é o Evangelho do reino. Mas, precisamente porque sua apresentação acontece em diversos níveis hierárquicos (de um lado, os sinóticos, que pretendem se aproximar de Jesus segundo a carne, e, de outro, João e Paulo etc.), é mister hierarquizar historicamente tanto seus sentidos como o processo de sua realização.

Menos ainda, trata-se de uma leitura mundana do que é o reino de Deus, pois o reino de Deus não tem nada a ver com os reinos deste mundo. Embora tenha seu poder próprio, diferencia-se daquele que exercem os "poderosos" deste mundo. Mas, não por isso, deixa de ser histórico, ou seja, um poder com intervenção no curso da história. Porém, assim como os poderosos deste mundo consumam sua intenção de dominação no poder político do Estado, o qual é usado como instrumento de seus interesses, ou, pelo menos, tentam usá-lo assim, o poder do reino, ao contrário, está a serviço dos "sem poder" e dos despossuídos, tornando-se, assim, parte do poder deles. Não é, assim, um poder político estabelecido em contraposição ao poder político do Estado; poderá e deverá opor-se a ele, mas com características muito específicas: como poder social que está alinhado às distintas lutas de autêntica libertação e para que elas sejam realmente autênticas. Não que o reino de Deus seja reduzido a tal, mas é fundamental ter isso presente para não fazer, de princípio, uma leitura mundana do que o reino de Deus tenha de reino.

2.3. Cinco características do reino

Mesmo que os demais artigos deste número da revista apresentem o que é o reino, é necessário recolher algumas características que facilitem a conversão da Igreja ao reino de Deus.

A primeira característica é que o anúncio de Jesus não é, de fato, o anúncio da Igreja, nem é sequer o anúncio de si mesmo como *locus* fechado e absoluto, tampouco o anúncio do que Deus é em si, separado dos homens. Trata-se de uma característica que deveria ser atitude fundamental da Igreja: seu anúncio, sua atividade, não deveria ser o anúncio de si mesma, nem, como veremos depois, o anúncio de um Jesus e de um Deus separados da salvação real do homem e do mundo. Mas o importante agora é destacar como a tarefa fundamental da Igreja não pode ser uma tarefa puramente eclesial e muito menos eclesiástica. Cabe a suspeita fundamentada de que, em muitas ocasiões e em muitos lugares, a preocupação real da Igreja centra-se nisso, não importando suas declarações programáticas. Desde essa perspectiva, muitas das abordagens da Igreja deveriam ser julgadas; duas delas são de especial interesse: a unidade da Igreja e o compromisso dentro de uma sociedade dividida. A solução de ambas não é encontrada por considerações intraeclesiais ou intrainstitucionais, mas por uma "con-versão" ao que é o reino.

O reino – segunda característica – não é um conceito espacial, nem um conceito estático, mas uma realidade dinâmica: não é um reino, mas um reinado, uma ação permanente sobre a realidade histórica. Von Rad dirá que no Antigo Testamento já se refere a uma promessa de ajuda, salvação, justiça, alegria, tudo entendido, contudo, de modo imanente, como algo que é possível saborear de antemão na história (*Theologisches Wörterbuch*, Basileia). Trata-se de um conceito fundamentalmente soteriológico (Schmidt, ibid.), ou seja, algo relacionado com a salvação do homem, não tanto do homem individual, mas do povo de Deus, o que faz com que a "salvação" tenha um especial caráter histórico. É, certamente, ação de Deus, mas é ação de Deus nos homens e nas relações humanas. Nada distante, como poderia ser o "reino dos céus", entendido extravagante e interessadamente como um reino que está fora da terra, que está fora da história. Reconhecer o sentido soteriológico do reino de Deus não significa lançá-lo ao futuro sem nenhum presente, ainda mais quando o "fim do mundo" e o "juízo final" foram adiados para além das perspectivas de Jesus. Desde já, é preciso finalizar o mundo e realizar seu juízo final, isto é, um juízo de caráter definitivo, pois se trata de um juízo a partir do reino de Deus. A proximidade do reino, sua presença incipiente, mas definitiva, torna a história inseparável de Deus.

O reino de Deus – terceira característica – dá a pauta do que deve ser a superação do falso problema que propõe dualismos interessados: imanência-transcendência, horizontalidade-verticalidade, profano-sagrado etc. O reino de Deus estabelece a unidade de Deus com a história, porque não está fixado naquilo que tem "de reino", ou seja, no que é presença extradivina, nem naquilo que tem "de Deus", isto é, no que tem de realidade extramundana. O reino de Deus é, ao mesmo tempo, a presença ativa de Deus na história e a presença da história em Deus, a historização de Deus, que não soa mais escandalosamente que a encarnação de Deus e a divinização da história. Trata-se, em definitivo, do Deus-conosco. Tal presença de Deus na história, a salvação histórica, é progressiva, como foi com o próprio Jesus, porque o reino não irrompeu definitivamente nele – e com ele na história – até que, depois da morte, e pela morte, a glória da ressurreição foi expandida. Assim, a história é uma história de santidade ou de pecado, não uma história de sacralidade e outra de profanidade.

O reino de Deus – quarta característica – é um reino "dos" pobres, "dos" oprimidos, "dos" que sofrem perseguição etc. Esse é o grande escândalo do reino: a salvação é prometida, em primeiro lugar, àqueles que são descartados pelos poderes deste mundo, pelos poderes mundanos. Quando o próprio Jesus se converte no servo de Javé, descartado pelo mundo, quebrado em seu combate contra o mal, vítima do pecado dos homens, mostrará qual é o caminho de Deus para estabelecer no mundo seu reino. Na luta histórica entre o reino do mal e o reino de Deus, as vítimas do triunfo do mal são, precisamente, os derrotados e os explorados por esse triunfo; eles são resultado da ativa e histórica negação de Deus entre os homens: o protagonismo desse triunfo pertence aos dominadores, aos exploradores, aos que estão saciados etc. – o contrário do que acontece no triunfo do reino de Deus neste mundo, no qual os protagonistas são os que sofrem a injustiça e fundamentam seu protagonismo na presença peculiar do reino entre eles. Por mais que o conceito de pobre e de oprimido, como destinatário do reino de Deus, seja ampliado, tanto a tradição bíblica como a realidade sociológica mostram que o *analogatum princeps* é quem realmente sofre em si os efeitos do pecado do mundo, a negação do amor de Deus na negação do amor ao homem; em definitivo, o pobre por excelência é o próprio Jesus desprovido de tudo na cruz, precisamente em sua luta contra o pecado do mundo, tal como esse pecado se historicizou na Palestina de seu tempo.

Finalmente, o reino de Deus supera a dualidade entre o pessoal e o estrutural, entre a ética individual e a ética social. Não é possível duvidar que o reino de Deus contribui muito para a realização pessoal, de modo que sem sua contribuição dimensões importantes do desenvolvimento pessoal ficam desassistidas; mas isso não acontece separadamente daquilo que o reino possui como instância coletiva e realidade social. É possível dizer que o dom de Deus ao homem é pelo reino, e que o retorno do homem a Deus é pelo reino: os dois extremos da "relação" são pessoais, mas a mediação que os põe em contato não é puramente individual. Daí que o reino não seja pura questão de fé e obediência, mas também questão de obras, de obras que com a fé estabelecem a presença objetiva de Deus entre os homens, que não só deve ser crida, mas também deve ser "operada".

Quando a Igreja, sem deixar de lado as exigências históricas de institucionalização, voltar-se, cada vez mais, à pregação e à realização do reino na história, quando se converter e se transformar por seu retorno às exigências históricas do reino, será o que deve ser: Igreja de Cristo. Claro que as exigências do reino não se esgotam nas características que acabamos de apontar, mas aquelas apontadas indicam um critério cuja realização desmundanizaria a Igreja sem a desinstitucionalizar e sem a desistoricizar. Isso não significa que a Igreja caia em ingenuidades anárquicas ou em entusiasmos apocalípticos; pelo contrário, exige um sério discernimento sobre o modo de contribuir cristãmente com a implementação real do reino; um reino que, comparado ao implacável crescimento de uma planta, também tem a necessidade de ser buscado e reforçado. A recuperação do reino de Deus na Igreja é, portanto, uma resposta inevitável ao chamado de Deus, à própria vocação da Igreja de Cristo.

Tradução: Matheus S. Bernardes

CAPÍTULO 8
A Igreja dos pobres, sacramento histórico de libertação

Segundo Ellacuría só é possível falar de salvação a partir de situações históricas muito concretas. Na América Latina, a salvação apresenta-se como uma luta pela justiça. Sendo fiel à missão de Jesus, a Igreja deve estar do lado dos pobres para poder realizar o reino de Deus. Tal reflexão foi recolhida em ECA (348-349, 1977, 707-722); reproduzida em ELLACURÍA, I., *Conversión de la Iglesia al reino de Dios para anunciarlo y realizarlo en la historia*, Sal Terrae, 1984, e UCA Editores, 1985, 179-216; e em ELLACURÍA, I.; SOBRINO, J., *Mysterium liberationis*, Tomo II, Madrid, 1990, 127-154. Traduzido de: *Escritos Teológicos II*, São Salvador: UCA, 2002, 543-585.

A teologia da libertação[1] entende a si própria como reflexão a partir da fé sobre a realidade e a ação histórica do povo de Deus, que dá continuidade à obra de Jesus no anúncio e na realização do reino. Entende a si mesma como uma ação do povo de Deus na continuidade da obra de Jesus e, como aconteceu com ele, tenta colocar na conexão vivida o mundo de Deus com o mundo dos homens. Seu caráter de reflexão não a priva de ser uma ação e uma ação do povo de Deus, por mais que, às vezes, se veja forçada a usar um instrumental teórico que parece distanciar-se tanto da ação imediata como do discurso teórico do povo. Trata-se, portanto, de uma teologia que parte de fatos históricos e tenta conduzir a fatos históri-

---

1. Embora sob tal nomenclatura fossem entendidas correntes diversas (o que não pode ser distinto, dada sua própria definição como tarefa histórica), preferiria manter o termo pelo que possui de diferenciação.

cos, de modo que não se contenta com ser uma reflexão puramente interpretativa; alimenta-se da persuasão crente na presença de Deus dentro da história, presença operativa que, embora recolhida em fé agradecida, não deixa, por isso, de ser ação histórica. Tampouco tem sentido aqui uma fé sem obras; em vez disso, tal fé implica ser assumida pela própria força de Deus operante na história, de modo que nos converta em novas formas históricas de sua presença operativa e salvadora entre os homens.

Dessa perspectiva, a Igreja apresenta-se, em primeiro lugar, como esse povo de Deus que dá continuidade na história àquilo que Jesus definitivamente marcou como presença de Deus entre os homens. Neste capítulo será examinado o que deveria ser historicamente hoje a Igreja na situação do terceiro mundo, especialmente na América Latina. Que grau de universalidade histórica tenha essa presença na situação latino-americana, é algo que será desprendido do que for dito à continuação.

O resultado deste exame pode ser assim formulado: a Igreja é sacramento de libertação e deve atuar como sacramento de libertação. O que é formulação do sentir e do viver das maiorias crentes e, além disso, elemento essencial da fé do povo peregrino na história é o que serve de base para estas linhas. Seu intento não é outro que refletir sobre o que já é ação vivida do povo de Deus, reflexão que parte dessa ação e quer a ela retornar para que seja potencializada.

1. A Igreja, sacramento histórico de salvação

Não é nenhuma novidade compreender a Igreja como sacramento e, menos ainda, como sacramento de salvação. Jesus é o sacramento de salvação primário e fundamental, e a Igreja, como aquela que dá continuidade e realiza o que Jesus fez, participa, de modo derivado, desse mesmo caráter. A relativa novidade aparece quando falamos da Igreja como sacramento "histórico" de salvação. O que essa historicidade aporta à sacramentalidade e à salvação, à sacramentalidade salvífica da Igreja? Apresentar o problema com esses termos pode soar excessiva sacralidade: tanto a ideia de sacramento como a ideia de salvação estão desvalorizadas e parecem ser referidas a um âmbito sacral, o qual pouco se relaciona com a realidade palpável de todos os dias. Não obstante, não é possível deixar de lado o que está por trás dos termos "sacramento" e "salvação"; é fundamental desnudá-los da sacralização interesseira e recuperar a plenitude de seu sentido. Para tal, nada como historizá-los, o que não significa contar sua história, mas colocá-los em relação com a história.

Uma concepção histórica da salvação não pode teorizar abstratamente sobre o que é a salvação. Além do fato de que todas essas teorizações abstratas são históricas, apesar das aparências, e, enquanto abstratas, podem contradizer o sentido real da salvação, não é possível falar de salvação senão a partir de situações concretas. A salvação é sempre salvação "de" alguém e, nele, "de" algo, a ponto de que as características do salvador devem ser buscadas a partir das características daquilo que é preciso salvar. Isso parecerá uma redução do que é a salvação, vista do dom de Deus que, inclusive, chega a se adiantar às necessidades do homem; mas não é assim. Não é porque as necessidades, entendidas em toda sua amplidão, são o caminho histórico pelo qual é possível avançar rumo ao reconhecimento de tal dom, que será apresentado como "negação" das necessidades, uma vez que as necessidades, desde a perspectiva do dom de Deus, aparecem como sua "negação", "negação" da doação de Deus aos homens. Além disso, porém, é possível entender as necessidades como o próprio clamor de Deus feito carne na dor dos homens; como a voz inconfundível do próprio Deus que geme em suas criaturas ou, mais propriamente, em seus filhos.

Biblicamente, será dito que a salvação é salvação do pecado. Contudo, no lugar de negar, isso confirma o que acabamos de afirmar – pelo menos se o conceito de pecado é devidamente historizado, o que conta, por certo, com uma tradição bíblica vigorosa e permanente. De fato, o que faz o conceito de pecado é destacar o caráter de maldade que pode se dar nas necessidades e sua relação com o que Deus é; é, assim, uma teologização histórica da necessidade, compreendida, como aqui fizemos, em toda sua amplitude. Talvez seja essa percepção do mal como pecado o que tenha feito da história de Deus entre os homens uma história de salvação; mas, pela mesma razão, a salvação como presença de Deus entre os homens é algo que não adquire toda a sua força mais que na vigência do mal e do pecado e na experiência de sua superação.

Por tudo isso, podemos deixar de lado, momentaneamente, o que deve ser dito sobre a salvação. É claro, e já se repetiu muitas vezes, que uma concepção da salvação em termos espiritualistas, personalistas ou meramente transistóricos não é evidente por si própria e implica a ideologização falsa e interesseira da salvação. Mais ainda, a preocupação exclusiva pelo que pode ser uma salvação extraterrena e extra-histórica mereceria a mesma reprovação de São João: aquele que afirma se preocupar pela salvação que não vê, enquanto despreza a salvação que vê, é um mentiroso, porque, se não há preocupação por aquilo que está diante de nós, como haverá preocupação pelo que não vemos? Consideremos, pois, o que a Igreja deve ser com relação à salvação para tratar, posteriormente, o que é a salvação historicamente considerada e o que deve ser a ação da Igreja com relação a essa salvação. É o tema da sacramentalidade histórica.

A sacramentalidade da Igreja baseia-se em uma realidade anterior: sua corporeidade. Foi uma genialidade da Igreja primitiva, especialmente de Paulo, conceber a Igreja em termos de corpo. Não entraremos aqui na rica bibliografia bíblica e dogmática sobre tal concepção da Igreja como corpo e como corpo de Cristo. Somente iremos destacar o que significa para uma historização da salvação essa verdade da corporeidade da Igreja e de seu caráter de corpo com relação a Cristo. Afirmemos suscintamente: a corporeidade histórica da Igreja implica que nela "tome corpo" a realidade e a ação de Jesus Cristo para que ela realize uma "incorporação" dele na realidade histórica. Algumas palavras sobre cada um desses aspectos unitários[2].

O "tomar corpo" pretende significar uma série de aspectos estruturados entre si. Significa, antes de tudo, que algo se torna presente corporalmente e, assim, torna-se realmente presente para quem só a presença corporal é realmente uma presença; significa, igualmente, que algo se torna mais real pelo fato mesmo de tomar corpo, realiza-se devenindo em outro sem deixar de ser o que era; significa também que algo adquire atualidade, no sentido que atribuímos ao corpo como atualidade da pessoa; significa, finalmente, que algo que ainda não estava está em condição de atuar. Teologicamente, o "tomar corpo" corresponde ao "fazer-se carne" do Verbo para que possa ver visto e tocado, para que possa intervir de modo plenamente histórico na ação dos homens; como afirmava Santo Irineu, se Cristo é salvador por sua condição divina, é salvação por sua carne, por sua encarnação histórica, por "tomar corpo" entre os homens.

A "incorporação" é a ativação do "tomar corpo", é formar corpo com o corpo global e unitário que é a história material dos homens. A incorporação é condição indispensável para a efetividade na história e, com isso, para a realização plena daquilo ao qual é incorporado. A incorporação pressupõe, assim, o tomar corpo, mas acrescenta a adesão ao corpo único da história. Somente quando o que não é histórico toma corpo histórico é possível falar de incorporação; mas, por outro lado, somente a efetiva incorporação mostrará até que ponto algo tomou corpo.

É claro que Jesus tomou corpo na história, o que supõe que tenha tomado carne mortal, mas supera o fato de tomar carne; e é claro também que se incorporou à história do homem. Desaparecida a visibilidade his-

---

2. ZUBIRI, X., El hombre y su cuerpo, *Salesianum*, 3 (1974) 479-486.

tórica, corresponde à Igreja, ou seja, àquilo que é sua continuidade histórica, seguir tomando corpo e incorporando-se. Dir-se-á que o verdadeiro corpo histórico de Cristo e, consequentemente, o lugar preeminente de seu tomar corpo e de sua incorporação não seja simplesmente a Igreja, mas os pobres e os oprimidos do mundo, de modo que fora da Igreja é possível falar de um verdadeiro corpo de Cristo. Como veremos mais tarde, isso é assim e nos levaria a considerar que a Igreja é, por antonomásia, a Igreja dos pobres e, como tal, é corpo histórico de Cristo. Precisamente, o "tomar corpo" e a "incorporação" exigem e implicam uma forçosa concretude individualizadora; tomar corpo e incorporar-se significa comprometer-se concretamente com a complexidade da estrutura social.

Feita essa salvaguarda, que mais adiante será analisada, convém retornar à Igreja como corpo histórico de Cristo. "A fundação da Igreja não deve ser entendida de modo legal e jurídico, como se Cristo tivesse entregado a alguns homens uma doutrina e uma carta magna fundacional, permanecendo separado de tal organização. Não é assim. A origem da Igreja é algo mais profundo. Cristo fundou sua Igreja para ele mesmo permanecer presente na história dos homens, precisamente por esse grupo de cristãos que constituem sua Igreja. A Igreja é, então, a carne na qual Cristo concretiza, ao longo dos séculos, sua própria vida e sua missão pessoal."[3] Jesus foi o corpo histórico de Deus, a atualidade plena de Deus entre os homens, e a Igreja deve ser o corpo histórico de Cristo, assim como Jesus foi corpo histórico de Deus Pai. A continuidade da vida e da missão de Jesus na história, que corresponde à Igreja animada e unificada pelo Espírito de Cristo, faz que ela seja seu corpo, sua presença visível e operante.

"Corpo histórico" não deve ser entendido como uma contraposição à clássica expressão "corpo místico". A Igreja é um corpo místico de Cristo, na medida em que trata de tornar presente algo que não é palpável de modo imediato e total; mais ainda, algo que está além de toda possível captação e apresentação; é corpo histórico de Cristo, na medida em que essa presença deve acontecer ao longo da história e se tornar efetiva nela. Como o próprio Cristo histórico, a Igreja é mais do que aquilo que nela é e pode chegar a ser visto; contudo, esse "mais" acontece e deve acontecer no que é visto; aí está a unidade de seu caráter místico e seu caráter histórico. Seu misticismo, entretanto, não está em algo misterioso e oculto, mas em algo que, na história, supera a própria história, em algo que, no homem, supera o próprio homem, em algo que exige afirmar: "aqui está

---

3. ROMERO, D. O., *La Iglesia, cuerpo de Cristo en la historia. Segunda carta pastoral.*

verdadeiramente o dedo de Deus escondido". O sobrenatural não deve ser compreendido como algo intangível, mas como algo que supera a natureza, no mesmo sentido em que a vida histórica de Jesus superou o que se pode esperar "naturalmente" de um homem; se a vida de Jesus – e o que nela estava transparentado porque nela tomava corpo – não é "sobrenatural", carece de sentido cristão falar de "sobrenaturalismo".

Um exemplo esclarece a transcendência dessa distinção. Aparentemente pode ser vista uma grande divergência entre a salvação histórica proposta no Antigo Testamento e a salvação mística proposta no Novo. Parece muito distinto que, em vez de se partir do "foram libertados ou retirados do Egito", se parta do "foram batizados em Cristo"; quem parte de uma experiência histórica e de uma concretização histórico-política, como um povo que é libertado da opressão de outro e recebe a promessa de uma nova terra em que pode viver livremente, parece estar abissalmente distante daquele que parte de uma experiência sacramental como é o batismo, enquanto realização "mística" da morte, da sepultura e da ressurreição do Senhor. No primeiro caso, a práxis crente assume uma direção que não parece poder coincidir com a práxis de quem recebe misteriosa e gratuitamente, pela fé, o dom salvífico de Deus. Uma das direções conduziria ao corpo místico, e a outra, ao corpo histórico. Como o Novo Testamento corresponde à primeira, teríamos que o cristão estaria na ordem da salvação mística.

O perigo dessa interpretação é muito real, e assim o entendeu a Igreja primitiva ou algumas comunidades da Igreja primitiva. Por isso, viram-se forçadas a complementar a interpretação mais mística de Paulo com o recurso do Jesus histórico, assim como foi transmitido pelos Sinóticos e João. Esse recurso mostra que o caráter salvífico ou soteriológico da morte de Jesus não é separável de seu caráter histórico; não é possível separar o "por que Jesus morre" do "por que o matam"[4]; mais ainda, o "por que o matam" tem certa prioridade sobre o "por que morre". Contudo, contemplados a partir do Jesus histórico, o "co-morrer" e o "co-ressuscitar" do batismo, segundo Paulo, não são primariamente místicos, mas históricos, pois devem reproduzir o mais fiel possível, na continuidade do seguimento, o que foi a vida de Jesus e conduzir a consequências similares àquelas sofridas por Jesus, enquanto o contexto do mundo for semelhante ao da história de Jesus. Seu "misticismo" consiste somente no que a graça de Jesus e sua cha-

---

4. ELLACURÍA, I., ¿Por qué muere Jesús y por qué lo matan?, *Misión Abierta*, 2 (1977) 17-26; sobre a bibliografia citada no artigo, cf. SCHÜRMANN, H., *Comment Jésus a-t-il vécu sa mort?*, Paris, 1977.

mada pessoal tornam possível para quem vive como cristão: avançar pelo caminho da morte que conduz à vida, no lugar de trilhar o caminho da vida que conduz à morte. Por isso, não é justo contrapor o "foram batizados" com o "foram retirados do Egito", pois nem aquele é um acontecimento puramente místico, nem este um acontecimento puramente político.

Logo, a partir dessa corporeidade histórica, que não exclui a corporeidade mística, mas a exige, deve-se compreender fundamentalmente a sacramentalidade histórica da Igreja. Consequentemente, devemos insistir que a sacramentalidade primária da Igreja não provém da eficácia dos chamados sacramentos, mas ao contrário; os sacramentos são eficazes enquanto participam da sacramentalidade da Igreja. É claro que tal sacramentalidade pende do sacramento radical e fundamental que é Cristo, e isso, como indicado, não apenas porque Cristo é a cabeça da Igreja – a contraposição cabeça-corpo não é assumida para afirmar a corporeidade de Cristo e a consequente corporeidade da Igreja –, nem apenas porque o Espírito de Cristo dá vida à Igreja, mas também porque ela dá continuidade, no mesmo e pelo mesmo Espírito, à vida de Jesus. A sacramentalidade é apresentada com a dupla nota de visibilidade mediadora e efetiva. Portanto, quando nos perguntamos pela sacramentalidade da Igreja, o que buscamos é que a Igreja dê visibilidade e efetividade à salvação que ela anuncia[5].

Essa sacramentalidade fundamental da Igreja, ao ser histórica, exige sua presença mediante ações particulares, as quais devem ser presença visível e realização efetiva do que ela é histórica e misticamente. Entre essas ações estão, sem dúvida, os chamados sete sacramentos que deveriam ser historizados e não meramente reduzidos a trejeitos culturais; essas ações que tocam pontos fundamentais da vida humana, como o nascimento e a incorporação em uma nova comunidade, a luta contra o pecado, o amor e a morte etc., mostram até que ponto a salvação cristã deve ser incorporada à história. Mas essas ações, apesar de seu caráter fundamental e, em muitos casos, insubstituível, não são os únicos lugares da sacramentalidade da Igreja.

Já a teologia clássica, que considerava os sacramentos "canais" privilegiados da graça, admitia que eles não eram os únicos; admitia que a graça de Cristo também se faz presente, visível e eficaz por outros caminhos. Dito de outro modo, a sacramentalidade da Igreja pode e deve fazer-se presente historicamente de outras formas. Essas outras formas, embora

---

5. Este ponto foi desenvolvido em ELLACURÍA, I., Iglesia y realidad histórica, *ECA*, 331 (1976) 213-220.

não tenham todas as características excludentes dos sete sacramentos, não por isso deixariam de ser, talvez, mais fundamentais com relação à sacramentalidade da Igreja. Não poderiam ser consideradas como ações profanas da Igreja, se são ações que colocam em exercício sua missão salvadora. Esse é um tema em que não podemos entrar, porque o que nos preocupa aqui é sacramentalidade fundamental da Igreja, e não a peculiaridade de suas ações sacramentais.

A Igreja realiza sua sacramentalidade histórico-salvífica anunciando e realizando o reino de Deus na história. Sua práxis fundamental consiste na realização do reino de Deus na história, no fazer com que o reino se realize na história.

Mesmo que devamos ter em consideração, não é preciso insistir em que a Igreja não é um fim em si mesma, mas que toda ela, em seguimento do Jesus histórico, está a serviço do reino de Deus. A Igreja não só deve se entender a partir de dois pontos alheios a si, isto é, Jesus Cristo e o mundo, tal como se unificam no reino de Deus, mas toda sua ação deve ter esse mesmo caráter excêntrico. Poucas tentações são mais graves para a Igreja do que se considerar como um fim em si mesma e estimar suas ações em função do que é conveniente ou não para sua subsistência ou seu esplendor. É uma tentação em que caiu com frequência e que frequentemente foi mostrada pelos não crentes. Uma Igreja centralizada sobre si mesma – basta recolher documentos eclesiásticos para perceber como está centralizada sobre si mesma – não é um sacramento de salvação; é, pelo contrário, mais um poder da história que segue os dinamismos dos poderes históricos. Nem vale dizer que o centro da Igreja é Jesus ressuscitado, se ele está privado de toda historicidade; o centro diretor da vida de Jesus, sim, estava na experiência de Deus, mas de um Deus que assumia corpo histórico no reino de Deus. Se a Igreja não encarna sua preocupação central pelo Jesus ressuscitado, em uma realização do reino de Deus na história, está perdendo seu fundamento e, com isso, a garantia de estar servindo efetivamente ao Senhor e não a si mesma. Só no esvaziamento de si mesma, no dom de si aos homens mais necessitados e até na morte e morte de cruz, a Igreja pode pretender ser sacramento histórico da salvação de Cristo.

Está fora de discussão que Jesus centraliza sua ação e seu anúncio não em si mesmo, nem sequer em Deus, mas no reino de Deus. Não será tão indiscutível determinar em que consista a complexidade do reino de Deus com toda sua riqueza de nuances; porém, é clara a ideia geral de que o reino de Deus implica um determinado mundo histórico, ou seja, o reino de Deus não é conciliável com qualquer tipo de relação entre os homens.

O reino de Deus, como presença de Deus entre os homens, é contrário a tudo aquilo que, no lugar de presença, é ocultamento e ainda negação do que é o Deus de Jesus Cristo, que não é sem mais o Deus das religiões nem o Deus dos poderosos deste mundo. Pelo contrário, o reino de Deus é a favor de tudo o que torna os homens filhos de um mesmo Pai que está nos céus. Poucas expressões teológicas são tão corpóreas e históricas, como reino de Deus que, se por um lado faz referência a Deus, também faz alusão – inseparável – à presença salvadora de Deus entre os homens. Caberá à Igreja ir historizando o que esse reino de Deus exige em cada situação e em cada momento, porque ela própria deve configurar-se como sacramento histórico da salvação, salvação que consiste na implementação do reino de Deus na história.

Dito em geral, a realização do reino de Deus na história implica "tirar o pecado" do mundo e tornar presente nos homens e em suas relações a vida encarnada de Deus. Não se trata somente de tirar o "pecado-do-mundo". Qual seja esse pecado mundanal, o pecado que "empecada" o mundo, é algo que deve ser determinado em cada caso. A partir desse pecado, os demais pecados devem ser interpretados – sem esquecer que todo pecado passa pela destruição do homem e objetiva-se de um modo ou de outro em estruturas de destruição do homem. É claro que o anúncio do reino acarreta uma atenção peculiar a quem é o homem em sua própria liberdade e em sua intimidade, tanto para defendê-las como para promovê-las; é claro que o pecado do mundo passa pelas consciências e volições individuais, mas isso não deve permitir que se deixe de lado a presença de um pecado mundanal e histórico. Contra esse pecado do mundo incorporado por indivíduos e grupos sociais, o anúncio do reino propõe uma contradição muito precisa: aquela representada pela vida do Jesus histórico.

Porque o pecado-do-mundo tem importância singular na configuração da história e, a partir dela, na conformação das vidas pessoais, por isso, a presença de Deus entre os homens toma forma no que chamamos salvação. Logo, torna-se claro que a salvação, que será genericamente salvação do pecado, assumirá distinta forma histórica, segundo a situação histórica em que ela aconteça. Daí que haja uma história da salvação porque ela não pode se apresentar da mesma forma em momentos históricos distintos, e, por isso, a história da salvação deve tomar corpo e se incorporar na história, também assumindo o caráter de uma salvação histórica. Agora, é possível entender melhor por que mente quem afirma preocupar-se com a salvação transistórica, e não, em primeiro lugar, com a salvação histórica. Esta é caminho para aquela; esta é sua verdade e sua vida. É outro modo de dizer que o amor de Deus passa pelo amor do homem e é impossível sem ele.

2. A libertação como forma histórica de salvação

A Comissão Teológica Internacional publicou, em 1977, uma "Declaração sobre a promoção humana e a salvação cristã"[6]. Com efeito, trata-se de uma confrontação com a teologia da libertação e é consequência da sessão anual em que se dedicaram ao tema, em outubro de 1976. O documento, apesar de seus valores parciais e certo respeito acadêmico e profissional para com a teologia da libertação, não conhece bem seu estatuto epistemológico e metodológico e parece desconhecer positivamente os melhores esforços do que poderia ser chamado de "segunda onda" de tal teologia. Seu valor não está, portanto, na confrontação quase fantasmagórica, mas em ter dado carta de cidadania teológica ao que tem sido o tema fundamental dos esforços teológicos latino-americanos, mesmo que o tema tenha sido formulado com assepsia e sem compromisso histórico, em termos de promoção humana.

De fato, não só o título da declaração fala de promoção humana "e" salvação cristã, colocando em primeiro lugar a promoção humana, mas afirma que "essa unidade de conexão, assim como a diferença que caracteriza a promoção humana e a salvação cristã, em sua forma concreta, deve certamente converter-se em objeto de novas pesquisas e análises; constitui, sem dúvida nenhuma, uma das tarefas principais da teologia de hoje"[7]. Agora, resulta que a preocupação radical da teologia latino-americana, que era considerada por teólogos reacionários como divagação e deformação sociologizante, é reconhecida como uma das tarefas principais da teologia de hoje, uma tarefa escandalosamente esquecida até agora pelas teologias reinantes. Como é possível que até agora não tenha sido suscitado seriamente tal problema? Como é possível que tenham sido apresentados princípios teológicos para a solução de um tema que não só é capital em qualquer situação histórica, mas é essencial para a história da salvação e para a mensagem cristã? Como é possível que um tema tão essencial na história da revelação, como é o tema da libertação, tenha tido pouquíssima importância nas análises bíblicas e nas reflexões teológicas até ter

---

6. Remeto-me à tradução francesa que apareceu em *La Documentation Catholique* 1726 (1977) 761-768.
7. Ibid., 766.

sido posto em primeiro plano pelos teólogos da libertação? Mesmo que eles só tivessem conseguido obrigar os teólogos "internacionais" a se preocuparem com esse tema fundamental, proporcionando-lhes os elementos básicos de sua formulação, teriam realizado uma tarefa cristã e teológica de primeira magnitude.

É claro, contudo, que fizeram muito mais que isso. Não podemos entrar aqui em uma sistematização do que já foi alcançado, nem sequer em uma formulação resumida do que eu mesmo indiquei, modestamente, como solução para o problema, o qual foi constituído como ponto de mira fundamental de todos os meus trabalhos teológicos[8].

Aqui retomaremos alguns pontos centrais, não para discutir o problema em toda sua amplidão, mas para mencionar como a libertação é a forma histórica de salvação, e não uma genérica "promoção humana" que, em sua generalização abstrata, pouco se relaciona com a historicidade da salvação e tem muito mais a ver com um positivo descompromisso histórico.

Reconhecer que a salvação se relaciona com a promoção humana não supõe grande avanço sobre a práxis consuetudinária da Igreja, nem sobre sua própria autocompreensão. Talvez equivocando-se muitas vezes com relação ao que é a autêntica promoção humana, não é possível negar que a Igreja tenha percebido que deveria dedicar-se a ela, de uma ou outra forma; tampouco é possível negar que muitas de suas melhores tentativas tenham sido direcionadas à promoção humana. O que suporia avanço seria, por outro lado, determinar que promoção humana a Igreja deve intentar e, só depois, determinar que promoção humana concreta tem relação com a salvação cristã e que tipo de relação é essa. Trata-se de um problema que não pode ser abordado separado da história, como se fosse uma concretização de outros temas gerais como a relação do natural com o sobrenatural, da razão com a fé etc. Pelo contrário, deve ser visto historicamente, ou seja, vendo de que o homem deve ser salvo e vendo como sua salvação histórica não pode ser separada, embora seja diferenciada, da salvação cristã.

---

8. Historia de la salvación y salvación en la historia, *Teología política*, San Salvador, 1973, 1-10; El anuncio del evangelio a la misión de la Iglesia, ibid., 44-69; Liberación: misión y carisma de la Iglesia latinoamericana, ibid., 1-90; Tesis sobre posibilidad, necesidad y sentido de una teología latinoamericana, *Teología y mundo contemporáneo*, Madri, 1975, 325-350; Hacia una fundamentación del método teológico latinoamericano, *ECA*, 322-323 (1975) 409-425; En busca de una cuestión fundamental de la pastoral latinoamericana, *Sal Terrae*, 759-760 (1976) 563-572; Teorías económicas y relación entre cristianismo y socialismo, *Concilium*, 125 (1977) 282-290; Fe y Justicia, *Christus*, 501 (1977) 26-33; ibid., 503 (1977) 19-34.

Acerta, consequentemente, quem se aproxima do problema em termos de fé e justiça ou, mais genericamente, em termos de salvação e libertação, mesmo que às vezes uma aproximação com resquícios dualistas possa cair em contradições ao falar que a justiça ou a libertação deve ser considerada como parte constitutiva, parte integrante, exigência ineludível etc. Acertam porque concretizam historicamente os termos, mas sofrem grandes dificuldades na medida em que não conceituam adequadamente a unidade e não abrem caminho para uma práxis unitária.

É um problema que não pode ser resolvido desconsiderando o que foi a vida do Jesus histórico tal como foi apreendido na tradição e na experiência das comunidades primitivas. Aqueles que acusam de excessiva historicidade – que não é a mesma coisa que historicismo – os esforços teológicos e pastorais latino-americanos, deveriam considerar (o que a Comissão Teológica Internacional não reconhece adequadamente) a importância radical atribuída pela "segunda onda" da teologia da libertação ao Jesus histórico como pedra angular da compreensão histórica e da ação sobre ela. É possível que esse giro ao Jesus histórico não tivesse acontecido – novamente, a "historicidade" não deve ser entendida em sentido acadêmico, mas no sentido do como tomar corpo na história – se não tivesse sido realizada uma práxis crente na situação concreta da América Latina; tampouco teria acontecido o redescobrimento da libertação bíblica se não tivesse sido exigida por aquela mesma práxis crente, o que não faz senão provar as virtualidades teológicas do método teológico latino-americano. Mas isso não obsta para que seja dada toda a primariedade ao que é mais próprio do Jesus histórico e para que o Jesus histórico e seu seguimento sejam tomados como critério e norma da práxis eclesial histórica. A inspiração e os resultados da teologia da libertação não provêm diretamente de outras mediações, embora talvez tenham sido essas mediações as que descobriram uma realidade, a partir da qual, na fé, a mensagem cristã é interpelada para receber dessa mensagem sua novidade irredutível[9].

Aspectos fundamentais da vida de Jesus, como a subordinação do sábado ao homem, a unidade do segundo mandamento com o primeiro, a unidade de por que morre e por que o matam, mostram como se deve buscar a unidade entre o que é a salvação cristã e o que é salvação histórica.

---

9. J. Sobrino, em seu livro *Cristología desde América Latina* (México, 1976) e em muitos outros escritos mostrou *in actu exercito* como a primariedade do Jesus histórico pode e deve ser mantida a partir e para uma incorporação histórica.

Desse ponto de vista, é preciso afirmar, mais uma vez, que não há dois âmbitos de problema (um, o âmbito profano, e outro, o âmbito sagrado), tampouco duas histórias (uma história profana e outra história sagrada), mas um só âmbito e uma só história. Isso não significa que nessa única história e nesse único âmbito não haja subsistemas, os quais, sem quebrar a unidade e recebendo dela sua realidade plena, têm sua própria autonomia. A unidade de tudo o que é intramundano é estrutural; a unidade estrutural, longe de uniformizar cada um dos momentos estruturais, alimenta-se, por assim dizer, da diversidade plural. Não há um único momento, nem há uma mera pluralidade de momento iguais; o que há é uma única unidade constituinte da peculiaridade dos momentos e constituída por essa mesma peculiaridade. Vista a unidade estruturante, vista a unidade estrutural da história, não há por que temer a interferência anuladora de um momento autônomo sobre outro momento também autônomo, mesmo que todos eles tenham uma autonomia subordinada à unidade da estrutura. E só um modelo estrutural é capaz de dar a pauta para uma ação que, mesmo sendo única, também é diversa; só um modelo estrutural pode salvaguardar a autonomia relativa das partes sem romper a unidade estrutural do todo.

Mas, se não há uma história sagrada e uma história profana, e se o que o Jesus histórico, recolhendo toda a riqueza da revelação veterotestamentária, veio nos mostrar é que não há dois mundos sem comunicação (um mundo de Deus e um mundo dos homens), o que sim há – e isso é mostrado pelo próprio Jesus histórico – é uma distinção fundamental entre graça e pecado, entre história da salvação e história da perdição. Isso, sim, dentro de uma mesma história. A contraposição apresentada pelo Novo Testamento em duas leituras aparentemente opostas ("aquele que não está comigo está contra mim" ou "aquele que não está contra mim está comigo") expressa o que queremos afirmar. A divisão fundamental da única história radica em estar com Jesus ou não estar com ele, em estar a seu favor ou estar contra ele. Há campos históricos nos quais uma das formulações se encaixa melhor: todo aquele que não está contra Jesus está a seu favor; há outros campos nos quais o campo da eleição, por assim dizer, é mais estreito e, nesse caso, todo aquele que não está positivamente com Jesus está contra ele. Um desses campos é, sem dúvida, aquele da relação contraposta entre opressores e oprimidos; só aquele que está positivamente com os oprimidos está com Jesus, porque aquele que não está com eles está, por comissão ou por omissão, com os opressores, pelo menos em todos aqueles campos em que interesses positivos de uns e de outros estejam contrapostos de modo direto e imediato ou de modo indireto e aparentemente remoto. Não estar com

Jesus ou estar contra ele, nas mais diversas formas que possa assumir, é o que divide a história e o que divide as vidas pessoais em dois, sem deixar espaços neutros; pode ser que aparentemente existam, enquanto têm uma determinada autonomia técnica, mas não existem, na medida em todo o humano está esgarçado, formando uma única unidade histórica dotada de sentido. Desse ponto de vista, até a discussão clássica sobre os atos indiferentes em moral fica superada: não se trata de atos indiferentes, mesmo quando aparentam ser indiferentes, porque em sua realidade concreta preparam, retardam ou dificultam, dependendo do caso, o advento do reino.

A aparente impossibilidade de transformar a história, quando não o solapado interesse para que a história melhore para que não se transforme, é o que foi conduzindo à espiritualização, à individualização e à transtemporização da salvação histórica. A história é, por definição, tão complexa, tão ampla e estrutural, tão terrena, que parece que a fé cristã, a vida continuada de um homem como o Jesus histórico, pode fazer pouco com relação a ela; se ele terminou na cruz, no que se refere à sua vida histórica, parece ser melhor renunciar à salvação histórica para refugiar-se na fé da ressurreição, na salvação espiritual e individual pela graça e pelo sacramento, que conduz à ressurreição final que, somente ao final, será uma salvação ou uma condenação da história. Mas tal atitude ignora o sentido real da ressurreição e confunde a missão da Igreja com relação à história.

Com efeito, a ressurreição não é transplantação do Jesus histórico a um mundo que está além da história. Não à toa, a ressurreição está expressa no Novo Testamento como a reassunção por Jesus de sua vida histórica transformada, não tanto de seu corpo mortal. Jesus ressuscitado prolonga sua vida transformada além da morte e dos poderes deste mundo para converter-se em senhor da história, precisamente por sua encarnação e sua morte na história. Nunca abandonará sua carne e, com ela, não abandonará jamais seu corpo histórico, mas seguirá vivo nele para que, uma vez cumprido o que ainda falta à sua paixão, também se cumpra o que falta à sua ressurreição. Morte e ressurreição históricas continuarão permanentemente até que o Senhor volte. O Espírito de Cristo permanece vivo e animará seu corpo histórico como animou seu corpo mortal e ressuscitado.

Somente quando a Igreja confunde o que pode e deve fazer como Igreja é que entra nela o desalento ou, no outro extremo, a ambição do poder terreno. A missão da Igreja, de fato, não é, como não foi no caso de Jesus, a realização imediata de uma ordem política, mas a realização do reino de Deus e, como parte de tal realização, a salvação de qualquer ordem política. Por ordem política, entendemos aqui a institucionalização global das relações sociais, a objetivação institucional do fazer humano, o qual constitui a morada pública de seu fazer pessoal e interpessoal. Com respeito a essa ordem política, que engloba tudo, desde o saber coletivo até a organização social, desde as estruturas de poder até as vigências sociais, a Igreja não tem corporeidade, nem materialidade suficiente para tornar-se realizadora imediata dessa ordem; há outras instâncias para fazê-lo.

Entretanto, corresponde à Igreja a função de levedura, isto é, do fermento que transforma a massa para fazer dela pão de vida, pão humano do qual os homens podem viver; a Igreja pressupõe a exigência da massa do mundo e de sua organização; é próprio dela converter-se em sal que impede a corrupção e em levedura que transforma a massa por dentro. Para isso, está aprovisionada, assim como Jesus; não está, porém, como tampouco esteve Jesus, aprovisionada para tornar-se um poder deste mundo, que gosta de ter poder para domesticar pela força seus súditos. Daí que a Igreja não pode se fechar em si mesma como se seu objetivo principal fosse a conservação de sua estrutura institucional e de sua posição acomodada na sociedade, mas deve estar aberta ao mundo, colocar-se a serviço na caminhada da história. A Igreja sabe que no problema do homem não está em jogo o problema de Deus em si mesmo, mas o problema de Deus na história, assim como sabe que no problema de Deus na história está em jogo o problema do homem. Se cada indivíduo, como membro da Igreja, deve realizar a salvação de si mesmo em relação com os demais, a Igreja como corpo deve realizá-la em si mesma, mas em relação com as estruturas históricas.

Assim, o que a Igreja contribui para a salvação da história é o sinal constitutivo da história da salvação. Ela pertence intrinsecamente a essa história da salvação e nela está a parte visível que descobre e torna efetiva a nós a totalidade da salvação. Não tem sentido a acusação direta ou velada de que a teologia da libertação apenas propõe uma salvação sociopolítica; tal redução da salvação não é feita sequer pelo marxismo; o que a teologia da libertação afirma é que a história da salvação não é o que deve ser se não atinge a dimensão sociopolítica que é parte essencial da salvação, mesmo não sendo sua totalidade. Com efeito, se nessa dimensão colocamos tudo o que tem a ver com a justiça e com o fazer justiça, tudo o que é pecado e causa pecado, não podemos ao menos deixar de afirmar que é algo que pertence constitutivamente à história da salvação. Evidentemente, com isso toda a ação de Deus com os homens, que a Igreja deve anunciar e realizar, não está esgotada, mas sem isso tal ação é gravemente mutilada.

Contudo, essa salvação histórica deve responder o máximo possível à situação que deve ser salva e em que os homens, destinatários primordiais dessa salvação, estão imersos. No caso da situação do terceiro mundo, a realização da história da salvação apresenta-se predominantemente nos termos de dominação e opressão. Essa opressão pode ser analisada com diferentes instrumentos teóricos; como fato, contudo, e fato definitório, é independente de qualquer instrumental. Não é objeção contra a teologia da libertação dizer que o marxismo, por exemplo, também define essa situação em termos de opressão e exploração e que, portanto, os teólogos da libertação não fazem outra coisa senão repetir o que outros disseram sem a inspiração cristã. Não é objeção por uma razão dupla: em primeiro lugar, porque o fato da análise deve ser distinguido do fato que é reconhecido; em segundo lugar, porque esse fato e a resposta a ele assumem uma especificidade que é própria da fé cristã. Assim, os mesmos fatos históricos, que os oprimidos sentem como opressão injusta e que o marxismo interpreta a partir da exploração do trabalho humano e das consequências que derivam de tal exploração, a fé e a teologia interpretam a partir da realidade do pecado e da injustiça que clama ao céu.

É preciso ter em consideração que o que acontece com a história, como analisou Zubiri, não é a intencionalidade dos atos humanos, o que ele chama *opus operans*, mas o resultado objetivo dos mesmos atos, o *opus operatum*. Na história, as intenções não são julgadas nem condenadas; as pessoas não são acusadas de pecados pessoais; o que nela é julgado e condenado é o que é importante nela porque é a única coisa nela objetivada. O que na história é fonte de salvação ou de opressão é, por conseguinte, o que nela foi sendo objetivado; e a ação libertadora deve acontecer com relação a essas objetivações. Como veremos imediatamente, a libertação histórica não esgota todo o processo libertador, mas é parte essencial dele porque, sem ela, onde deveria reinar a graça, reina o pecado. Só medindo e experimentando o que supõe para os homens essa situação de opressão permanente e estrutural é possível saber até que ponto pertence à essência da história da salvação a luta cristã contra a opressão. Pouco importa, em um primeiro momento, que tal opressão estrutural seja mantida com etiqueta e mecanismos de "segurança nacional" etc.; o que importa, para a reflexão cristã e para a práxis eclesial, é o próprio fato da opressão estrutural. Quando se vive, como a maioria do povo (aqueles por quem Jesus, por profundas razões teológicas e humanas, sentia inegável predileção), submetido a situações inumanas, não é difícil ao crente ver como o que está acontecendo é uma nova morte de Deus no homem, uma crucificação renovada de Jesus Cristo presente nos oprimidos. Logo, o empenho da teologia da libertação para situar sua reflexão a partir desse *locus theo-*

logicus fundamental não deve ser visto, como alguns pretendem, desde razões piegas, mas desde razões puramente cristãs e estritamente teológicas; se a teologia como ação intelectual possui determinadas exigências técnicas, como ação intelectual cristã possui também determinadas exigências cristãs, que não são reduzidas à aceitação de dados da fé. Isso é o que não parecem entender certos grupos de teólogos acadêmicos.

Encarnados nessa situação de opressão (que é muito difícil de viver em situações do primeiro mundo), as virtualidades da contraposição opressão-libertação são compreendidas, abordadas a partir da fé e da reflexão teológica. A opressão que não é simplesmente natural, ou seja, que não procede das leis físicas da natureza, a opressão estritamente histórica, é sempre um pecado, isto é, algo positivamente não querido por Deus. Em outras situações, o trabalho para encontrar "sentido" à mensagem cristã pode constituir uma tarefa difícil; em situações de opressão, a totalidade da mensagem cristã oferece um "sentido" tão imediato que só é preciso recolhê-lo e relançá-lo. Nessas situações de opressão se percebe como estão em jogo aí o amor de Deus e o amor do homem, a negação de serem filhos de Deus e irmãos em Jesus Cristo. A experiência dos anunciadores da libertação, quando leem a boa nova ao povo simples e fiel, prova a enorme força da palavra libertadora de Deus; eles sentem a verdade radical das palavras de Isaías e de Jesus de Nazaré; anunciadores e anunciados, em uma única palavra partilhada, sentem como a totalidade da mensagem cristã possui sentido pleno para os pobres, os perseguidos, os oprimidos e os necessitados. Não é só que a mensagem cristã tenha como destinatários preferidos os pobres; é que somente eles são capazes de extrair a plenitude dessa mensagem. Isso é o que afirma teologicamente a teologia da libertação e o que condiciona seu método de fazer teologia.

Lida a palavra de Deus desde essa situação de pecado e de violência estruturais, o amor cristão apresenta-se forçosamente em termos de luta pela justiça que libera e salva o homem crucificado e oprimido. É que a justiça defendida pela fé cristã não pode ser distinguida como contrária ao amor cristão, em uma situação definida pela injustiça que torna impossível a vida humana. A luta pela justiça, quando ela própria não se torna injusta pelos meios utilizados, não é mais que a forma histórica do amor ativo; mesmo que nem todo amor possa ser reduzido a fazer bem ao próximo, o fazer bem, quando é generoso, quando não tem fronteiras, quando é humilde e bondoso, é forma histórica do amor. Não qualquer luta pela justiça é encarnação do amor cristão, mas não há amor cristão sem luta pela justiça, quando a situação histórica é definida em termos de injustiça e opressão; daí que a Igreja, como sacramento de libertação, tenha a dupla tarefa de despertar e promover a luta pela justiça entre aqueles que não se entregaram a ela e de fazer que aqueles que se entregaram a ela o façam a partir do que é o amor cristão. É também decisivo, aqui, o exemplo do Jesus histórico: em sua sociedade, contraposta e antagônica, Jesus amou todos, mas colocou-se do lado dos oprimidos e, a partir dali, lutou energicamente, mas amorosamente, contra os opressores.

Finalmente, se consideramos o caráter de universalidade que o clamor por libertação da opressão dos povos, das classes sociais e dos indivíduos possui hoje, não é difícil ver que a Igreja, como sacramento universal de salvação, deve se constituir em sacramento de libertação. Esse clamor dos povos oprimidos é, por suas características reais consideradas a partir da revelação, a divindade crucificada na humanidade, o servo de Javé, o profeta por excelência. É o grande sinal dos tempos. A configuração histórica da Igreja, como resposta salvífica e libertadora a esse clamor universal, suporá, em primeiro lugar, sua conversão permanente à verdade e à vida do Jesus histórico; em segundo lugar, suporá sua contribuição histórica de salvação a um mundo que, se não segue o caminho de Jesus, não será salvo. O clamor da imensa maioria da humanidade, oprimida por uma minoria prepotente, é o clamor do próprio Jesus que toma corpo na carne, na necessidade e na dor dos homens oprimidos.

Certamente, a opressão sociopolítica e econômica não é a única, nem todas as formas de opressão derivam exclusiva e imediatamente dela. Os cristãos errariam, portanto, se procurassem somente um tipo de libertação social. A libertação deve abranger tudo o que está oprimido pelo pecado e pelas raízes do pecado; deve conseguir que fiquem libertos tanto da objetivação do pecado como de seu princípio interior; deve abranger tanto as estruturas injustas, como as pessoas que fazem injustiças; deve abranger tanto o interior das pessoas como o que por elas é realizado. Sua meta é aquela liberdade plena, na qual é possível e factível a plena e correta relação dos homens entre si e dos homens com Deus. Seu caminho não pode ser outro que aquele seguido por Jesus, caminho que a Igreja deve prosseguir historicamente e em que deve crer e esperar como elemento essencial da salvação humana.

3. A Igreja dos pobres, sacramento histórico de libertação

Acabamos de afirmar que a Igreja deve ser sacramento de libertação assim como foi Jesus; cabem e são necessários ajustes históricos no modo e na forma de realizar sua tarefa de salvação, mas não cabem nem são necessários modos e formas que não sejam continuidade daqueles utilizados por Jesus. O caráter institucional da Igreja, derivado necessariamente de sua corporeidade social, possui exigências claras que só idealismos anarquizantes podem deixar de ver. Mas tal caráter institucional não tem por que ser configurado, como com frequência sucede e já sucedeu, conforme a institucionalidade que os poderes deste mundo necessitam para manterem-se em sua condição de poderosos. O caráter institucional da Igreja deve estar subordinado a seu caráter mais profundo como continuadora da obra de Jesus. A Igreja deve continuar crendo na especificidade do caminho de Jesus e não deve cair na armadilha das salvações genéricas e racionais.

Efetivamente, o modo que Jesus tem de lutar pela salvação e pela libertação dos homens é peculiar. E é peculiar não só pelo conteúdo dessa salvação e dessa libertação, ponto em que aqui não podemos entrar – é o tema de qual é a práxis cristã exigida por Jesus –, mas é peculiar pelo próprio modo de enfrentar a salvação e a libertação dos homens. Jesus não as aborda de modo genérico e abstrato, o que conduziria à promoção humana ou à defesa dos direitos humanos etc., mas de um modo peculiar. Confrontado com uma situação que evidencia uma sociedade contraposta, procura a promoção humana e os direitos humanos a partir da parte oprimida, em seu favor e em luta contra a parte opressora. Dito em outros termos, sua ação é histórica e concreta e está orientada às raízes da opressão. A Igreja deve repetir o mesmo esquema e situar-se em alternativa similar, o que corrigirá tanto uma falsa institucionalidade como uma institucionalidade alinhada com as estruturas opressoras.

Contra a exagerada institucionalização da Igreja, pretende-se avançar hoje mediante as chamadas "comunidades de base". Em uma breve alocução a um grupo alemão de tais comunidades, Rahner afirmava: "as comunidades de base são hoje necessárias para a Igreja. As igrejas do futuro serão igrejas construídas a partir de baixo, mediante comunidades de base de livre iniciativa e associação"[10].

Supostamente, nessas comunidades de base se encontrará mais ágil e viva a força do Espírito, de modo que as iniciativas surjam livremente da base à cabeça, com o que se evitará o excessivo peso das estruturas eclesiais, nas quais tanto a iniciativa pessoal como a inspiração cristã podem ser afogadas. A oposição está posta entre as comunidades de base (no sentido de pequenos grupos reunidos livremente para viver sua fé e empreen-

---

10. RAHNER, K., Ökumenische Basisgemeinden, *Aktion*, 365, Frankfurt a. M., 1975.

der ações consequentes) e as estruturas institucionais, que devem existir, mas não lhes corresponde ser as iniciadoras de qualquer atividade eclesial.

A teologia da libertação proporia o problema em outros termos. As comunidades de base podem servir de base para a Igreja do futuro por seu caráter de base. A linguagem pode soar um tanto marxista por causa do uso do termo "base", não obstante o termo seja usado por comunidades que não só não tem nada a ver com o marxismo, mas que se consideram "base" unicamente no sentido de que são os elementos básicos ou as células originárias do organismo eclesial. Por outro lado, a teologia da libertação fixa-se no fato de que a "base" evangélica do reino de Deus são os pobres e que só eles em comunidade podem fazer com que a Igreja evite tanto sua institucionalização excessiva como sua mundanização. A raiz do motivo pelo qual a Igreja institucional pode se converter em opressora de seus próprios filhos não está tanto em seu caráter institucional, mas na falta de dedicação aos mais necessitados no seguimento do que foi e do que fez Jesus. Consequentemente, só estando a serviço dos mais pobres e necessitados ela pode ser desmundanizada, e, uma vez desmundanizada, deixará de cair em todos os defeitos naturais da organização e do poder fechado em si mesmo.

A base da Igreja é a Igreja dos pobres, sendo diversa a forma em que ela acontece como algo derivado e sujeito a condições históricas. O que significa que a base da Igreja seja a Igreja dos pobres?

É claro que não é fácil nem simples conceituar o que são e quem são os pobres, sobretudo depois das suavizações e espiritualizações de algumas partes do Novo Testamento e, ainda mais, depois de tantas exegeses interessadas em conciliar o reino deste mundo[11]. Mas, por mais que se reclame a correção em favor dos pobres de espírito, do desapego dos bens deste mundo etc., não é possível esquecer que esses "espirituais" devem ser substantivamente pobres, o que não é impossível para Deus, porém do ponto de vista da pregação evangélica resulta extremamente improvável e difícil. A necessidade de ser pobre, de ser um com o pobre, é um mandato imprescindível para quem queira ser seguidor de Jesus.

Mesmo tendo sido aceitas essas correções, não deixa de ser indubitável que o que elas pretendem é não excluir nenhuma pessoa – todas estão chamadas à salvação, suposta a devida e real conversão –, mas de nenhum

---

11. A partir daqui sigo algumas reflexões que já publiquei em "Notas teológicas sobre religiosidade popular" (*Fomento Social* 127, 1977, 253-260); portanto, as páginas seguintes podem oferecer algumas ideias sobre o importante tema da religiosidade popular. [O texto seguinte da mesma seção, publicado em *Escritos teológicos*, recolhe precisamente o escrito citado. (N. do E.)]

modo negam qual era a preferência real de Jesus. O peso massivo da dedicação de Jesus aos pobres, seus ataques não escassos aos ricos e aos dominadores, a eleição de seus apóstolos, a condição de seus seguidores e a orientação de sua mensagem deixam poucas dúvidas sobre qual foi o sentir e a vontade preferente de Jesus. Tanto que é preciso tornar-se pobre como ele, mesmo com toda a historicidade que corresponde à pobreza, para entrar no reino. A partir da realidade histórica de Jesus está manifesto e sem rodeios o que ele quis que fosse o reino de Deus entre os homens.

Desde essa perspectiva, é como a Igreja dos pobres deve ser entendida. A Igreja, com efeito, deve configurar-se como seguidora e continuadora da pessoa e da obra de Jesus.

Consequentemente, a Igreja dos pobres não é aquela Igreja que, sendo rica e estabelecendo-se como tal, se preocupa com os pobres; não é aquela Igreja que, estando fora do mundo dos pobres, oferece a eles generosamente sua ajuda. Trata-se de uma Igreja na qual os pobres são seu principal sujeito e seu princípio de estruturação interna; a unidade de Deus com os homens, assim como acontece em Jesus Cristo, é historicamente a união de um Deus que se esvazia, em sua versão primária, para o mundo dos pobres. Assim, a Igreja, sendo ela mesma pobre e, sobretudo, dedicando-se fundamentalmente à salvação dos pobres, poderá ser o que é e poderá desenvolver cristãmente sua missão de salvação universal. Encarnando-se entre os pobres, dedicando ultimamente sua vida a eles e morrendo por eles, é como pode ser constituída cristãmente como sinal eficaz de salvação para todos os homens.

Quem serão esses pobres, na real situação do terceiro mundo, não é um problema cuja resolução exige complexas exegeses da Escritura, nem análises sociológicas ou teorias históricas. Certamente, falar dos "pobres" resulta perigoso diante de outras categorias mais politizadas. Mas, como fato primário, como situação real da maioria da humanidade, não há espaço para equívocos interesseiros. Com o agravante de que, em boa medida, esses pobres e sua pobreza são resultado de um pecado que a Igreja deve se esforçar para tirar do mundo. O que orienta a constituição histórica da Igreja, porque corresponde a seu destinatário primordial, não pode ser outro fato. Não se trata apenas de que os pobres representam a maior parte da humanidade e, nesse sentido, sejam lugar primário de universalidade; trata-se, principalmente, de que neles está, em especial, a presença de Jesus, uma presença escondida, mas não por isso menos real. Daí que os pobres sejam o corpo histórico de Cristo, o lugar histórico de sua presença e a "base" da comunidade eclesial. Em outros termos, a Igreja é corpo histórico de Cristo enquanto é Igreja dos pobres; também é sacramento de libertação enquanto é Igreja dos pobres. A razão disso está na célebre passagem do juízo final e na essência missionária da Igreja. Se a Igreja se configura realmente com Igreja dos pobres, deixará de ser uma Igreja instalada e mundanizada para se converter novamente em uma Igreja predominantemente missionária, isto é, aberta a uma realidade que a obrigará a extrair suas melhores reservas espirituais e, do mesmo modo, a se converter a Jesus Cristo presente de forma especial nos presos, nos sofredores, nos perseguidos etc.

A Igreja dos pobres faz referência, portanto, a um problema básico da história da salvação, porque "pobre", nesse contexto, não é um conceito absoluto e a-histórico nem tampouco um conceito "profano" ou neutro. Em primeiro lugar, quando se fala de pobre, fala-se propriamente da relação pobre-rico (em geral, dominado-opressor), na qual há ricos porque há pobres, e aqueles tornam estes pobres ou, pelo menos, despojam-nos da parte que deveria ser sua. Certamente, há outro sentido válido de "pobre": aquele que se sente ou se encontra marginalizado por causas "naturais", não históricas; mas o primeiro sentido é o fundamental, tanto em seu caráter dialético, como em seu caráter histórico. Em segundo lugar, a relação pobre-rico não é puramente profana, não só porque já negamos em geral a pergunta pela profanidade, mas, em particular, porque sua especial dialética lança raízes naquilo que é essencial para o cristianismo: o amor a Deus no amor aos homens; a justiça como lugar de realização do amor em um mundo de pecado. Daí a singular importância cristã e histórica de uma Igreja dos pobres, cuja missão é romper tal dialética em vista do amor para alcançar, assim, a salvação conjunta de ambas as partes da oposição, que atualmente estão unidas pelo pecado, não pela graça. Precisamente, a evasiva daqueles que acodem à sentença "sempre haverá pobres entre vós" se volta contra eles porque seu significado seria que, quando o Jesus visível desaparece, os pobres tomam seu lugar; neles ele torna-se presente, invisível aos olhos do mundo, mas visível aos olhos da fé.

Essa concepção da Igreja como Igreja dos pobres possui consequências práticas. Aqui são propostas apenas algumas e de modo sintético e programático.

a) A fé cristã deve significar algo real e palpável na vida dos pobres. Isso pode parecer óbvio e algo sempre pretendido pela Igreja, mesmo que nem sempre o tenha alcançado. Contudo, não é assim. Não é porque, em primeiro lugar, "pobre" não foi entendido na linha aqui proposta, isto é, como um conceito dialético e histórico. Não é, em segundo lugar, porque essa significação real e palpável não se refere somente a um problema de comportamento individual, mas se refere, de modo essencial – tão essencial como o anterior –, ao que é a vida real nas estruturas reais que formam parte da vida humana como totalidade; refere-se, portanto, ao aspecto sociopolítico de sua vida e àquelas realidades estruturais sociopolíticas que configuram decisivamente as vidas pessoais. Em termos mais gerais e mais teológicos, repetimos mais uma vez que a "história da salvação" deve ser também salvação da história, deve salvar historicamente, ser princípio de salvação integral também aqui e agora. Basta, para entender isso, voltar o olhar para o critério fundamental da teoria e da práxis cristã: o Jesus histórico. A predileção de Jesus pelos pobres não é uma predileção puramente afetiva, mas uma dedicação real pela qual eles alcançam a salvação, que não é só promessa ultraterrena, mas é vida eterna já presente; é impossível desconhecer toda a obra real e histórica de Jesus pelos pobres de seu tempo. É claro que essa historização da salvação, referida a um povo e a um povo oprimido, tem e deve ter características muito singulares, dependendo da natureza da opressão.

Isso não significa necessariamente que o pobre deva ser tratado como "classe" etc., desprezando seu caráter pessoal. A existência efetiva e pressionante de realidades sociais não nega a existência irredutível de realidades pessoais. Não se pode confundir uma coisa com outra, nem validar que a solução em uma das ordens seja a solução da outra. Por outro lado, mesmo que essa orientação permita dissociar até certo ponto a pessoa do personagem que representa – e, nesse sentido, sobrepassa ou pode sobrepassar a acepção de pessoa –, não anula a opção fundamental que continua sendo a libertação dos oprimidos, com toda a carga sociopolítica que o conceito contém em si.

b) Por isso, a fé cristã, longe de converter-se em ópio – não somente ópio social –, deve constituir-se no que é: princípio de libertação. Uma libertação que abarque tudo e o abarque unitariamente: não há libertação se o coração do homem não é liberto; mas o coração do homem não pode se libertar quando sua totalidade pessoal, que não é sem mais interioridade, está oprimida por estruturas e realidade coletivas que invadem tudo. Se, com relação a abordagens mais estruturais, a Igreja deve evitar converter-se em ópio dos problemas pessoais, também deve procurar que abordagens mais individualistas e espiritualistas não se convertam, por sua vez, em ópio dos problemas estruturais.

Isso situa a Igreja latino-americana em uma posição difícil. Por um lado, traz a ela perseguição, como trouxe perseguição até a morte de cruz para o próprio Jesus: a Igreja latino-americana – e, mais exatamente, a Igreja dos pobres – deve estar convencida de que em um mundo histórico, no qual ela não é perseguida pelos poderosos, não há pregação autêntica e completa da fé cristã, pois, embora nem toda perseguição seja sinal e milagre provatório da autenticidade da fé, a falta de perseguição da parte daqueles que detêm o poder em situação de injustiça é sinal, ao longo do tempo, de falta de coragem evangélica no anúncio de sua missão. Mas, por outro lado, o fato de a Igreja não poder nem dever se reduzir a uma força puramente sociopolítica, esgotando sua tarefa em lutar ideologicamente contra as estruturas injustas ou dando absoluta prioridade a tal tarefa, proporciona-lhe incompreensão e ataque daqueles que parcializaram sua vida e optaram pela parcialidade política, como se fosse a totalidade humana; eles não sabem o estrago que causam não só a um profundo e longo trabalho da Igreja, mas, o que é mais importante, às próprias pessoas que afirmam servir, quando, às vezes, se servem delas para alcançar um projeto político irrealizável, o qual sequer tem em consideração a totalidade das condições materiais em que deve acontecer.

c) Assim, a Igreja dos pobres não permite fazer uma separação taxativa entre fé e religião, pelo menos em determinados contextos sociais e nos primeiros momentos de um processo conscientizador. A distinção entre fé e religião, que é muito válida tanto na ordem teórica como na ordem prática em determinados meios sociais, deve ser utilizada com cautela em situações como as da América Latina. Com efeito, essa distinção, bem fundamentada teologicamente, é necessária para recuperar a peculiaridade do que é cristão; mas também é manipulável e nem sempre se ajusta à realidade da Igreja dos pobres. Pode servir para desprezar as necessidades autênticas de um estágio cultural e pode desencarnar a fé, "des-historizá-la", seja tornando-a algo puramente individual e puramente comunitário, mas não estrutural, seja amputando a necessidade de a fé encarnar-se "igualmente" em forma religiosa, assim como exige o caráter "corpóreo" da realidade social. O acento centro-europeu da fé diante da religião supõe, sem dúvidas, a recuperação de dimensões fundamentais, mas também tem o perigo da subjetivação e da idealização individualista e o perigo de tonar-se opção para elites. A autêntica Igreja dos pobres deve responder a esses perigos entendendo e praticando a fé como seguimento histórico da pessoa e da obra de Jesus e também como celebração, igualmente histórica, que responde como o próprio seguimento deve lidar com os problemas e com a situação histórica das maiorias oprimidas que lutam pela justiça.

É assim que poderia enfocar o problema da "religiosidade" popular, o problema das formas "religiosas" para cultivar a fé e celebrá-la. Com todas as suas deficiências, são uma necessidade histórica que responde, à sua maneira, à própria historicidade da fé e pode ser o grande corretivo para que a mediação histórica da fé não seja privada da própria fé histórica. Por exemplo, que os sacerdotes, em seu conjunto, abandonem ou deem pouca importância ao anúncio e à vivência das fontes da fé em prol de uma luta política é um erro; usar como pretexto que isso seria "fé" diante da "religião" supõe a secularização da fé, o que sobrepassa o que deve ser sua reta historização e politização. O anúncio e a vivência da fé cristã devem ser, isso sim, uma evangelização, antes de ser sacramentalização, precisamente porque a evangelização é parte essencial da sacramentalização. A evangelização pode e deve ser política e histórica, mas é primariamente anúncio da salvação que é oferecida e dada a nós em Jesus.

d) Consequentemente, essa Igreja dos pobres não deve converter-se em uma nova forma de elitismo. O próprio conceito de "Igreja dos pobres" não comporta o elitismo daqueles que apresentam o cristianismo como um modo requintado de ser que só pode agradar aos sofisticados ou que só pode ser posto em prática pelos perfeitos. A Igreja dos pobres não fecha suas portas a ninguém nem reduz a plenitude e a universalidade de sua missão. Deve sempre conservar a plenitude de sua força, mesmo que isso signifique loucura para uns e escândalo para outros.

Mas tampouco deve ceder espaço a outra forma de elitismo: aquela que passa de todo o povo para uma parte mais conscientizada dele, dessa parte mais conscientizada ao que pode estimar como sua vanguarda mais comprometida, e dessa vanguarda mais comprometida para os dirigentes verticais, que orientam desde cima com esquemas pré-estabelecidos e se tornam monopolizadores dogmáticos do que são as necessidades populares e de qual é o modo e o ritmo de resolvê-las. Prefere-se, então, o êxito chamativo e rápido da ação política ao lento crescimento da semente evangélica, semeada em sua própria terra e cuidada com esmero.

Perante essas formas de elitismo, a alternativa da Igreja dos pobres não constitui nem o ópio sonolento nem a droga estimulante. A fé cristã não tem por que ser ópio de eternidade, mas também não pode ser excitante apocalíptico ou milenarista; é uma semente pequena que, pouco a pouco, pode se converter em uma grande árvore capaz de abrigar todos os homens. As pressas revolucionárias e os escatologismos desesperados respeitam muito pouco a realidade popular, como a realidade eclesial. E não é justo nem evangélico confundir o passo do indivíduo seleto, elitista, com o passo do povo real. A pouca fé ou confiança no potencial salvífico da pregação de Jesus faz com que, facilmente, passemos do seguimento histórico de Jesus à ação puramente política. Ação que pode estar plenamente justificada, ação que deve ser moldada segundo posicionamentos técnicos muito rigorosos, mas que não é sem mais a fé cristã e que não pode ser substituto, embora às vezes possa ser sinal encarnatório em uma determinada situação.

Ficaria por analisar se no próprio Evangelho não aparece um certo elitismo: povo, seguidores, discípulos, apóstolos, os três, Pedro etc. Mas, independentemente de como esse difícil problema seja resolvido, podemos supor que o Evangelho nunca desconhece um respeito sem limites pelo que, em cada momento, cada um pode dar de si em determinado grupo social. Se a Igreja dos pobres deve ser configurada conforme a plenitude e a energia da fé cristã, cada um dos grupos humanos dentro dela e, sobretudo, cada uma das pessoas devem contar com o infinito respeito com que Jesus exerceu seu ministério de evangelização, sempre que não estava diante de uma positiva opressão do homem pelo homem.

Não quero concluir estas reflexões sobre a Igreja dos pobres como sacramento histórico de libertação sem recolher o que sentiam os camponeses evangelizados por um profeta da Igreja dos pobres, o padre Rutílio Grande, mártir da Igreja, que, por dar testemunho ativo da fé cristã, morreu pelas balas dos opressores. Eis aqui alguns testemunhos.

> Eu penso que Rutílio cumpriu sua missão sacerdotal [...] tendo compreendido o compromisso cristão que ordena que todos os homens cumpramos. Tal compromisso era realizado por ele servindo aos demais; relacionava-se com o povo humilde do campo e da cidade, ensinando qual é o verdadeiro caminho de um cristianismo que deve ser demonstrado aos demais.
>
> Começou a desenvolver uma linha, a colocá-la em prática com os representantes[12], e logo foi abrindo um caminho cristão, comprometendo-se

---

12. No texto original, o autor usa a palavra "delegado"; porém, para evitar confusões, foi feita a opção pela palavra "representante". (N. do T.)

com o povo até que, um dia, o vimos morrer pelas balas assassinas do inimigo, que não quis que ele seguisse trabalhando com seu povo [...], conduzindo-o para o caminho que Cristo queria indicar.

Relacionava-se com o povo humilde para ensiná-lo que o Evangelho se vivia na luta, para não deixá-lo no ar, mas para poder sair da injustiça, da exploração e da miséria. Por isso, os inimigos do povo decidiram matá-lo junto a seu povo.

Como o trabalho do padre Rutílio Grande e dos demais padres missionários foi o primeiro para erguer essa comunidade, por isso essas comunidades se sentem bem erguidas pelo espírito evangélico, o qual foi adquirido profundamente quando o padre Rutílio chegava para as missas. Por isso, essas comunidades cresceram em número. Quando ele formou essas comunidades, deixou uma quantidade de representantes que, sim, entenderam o que é ser seguidor de Cristo e que não se deve parar por qualquer coisa que seja inventada neste mundo oprimido.

O padre Grande, com seus missionários, também nos iluminou dizendo que era bom celebrarmos a festa dos produtos que colhemos, como o milho [...]. Nessa festa não existia distinção de terno, de bom calçado, ou se andassem descalços, ou se andassem com as rodas de pneus; lá todos éramos iguais, lá não existia diferença de classes.

O desafio que a morte de Rutilio nos traz é seguir adiante, não desanimar. Ver claramente a posição desse homem, um mártir e um profeta da Igreja. Devemos manter a posição que esse profeta manteve e, se é possível, dar a vida pelo serviço aos demais, porque para ver o fruto, o grão tem que morrer.

A meditação dessas palavras de fé viva daria para muitas reflexões. Mostram bem o que pode ser uma Igreja dos pobres como sacramento de libertação universal, da qual só ficam fora aqueles mesmos que ficaram fora quando Jesus morreu por todos os homens, a quem, com Jesus, Rutílio Grande também perdoou ao morrer porque não sabiam o que faziam.

Tradução: Matheus S. Bernardes

CAPÍTULO 9

Monsenhor Romero, um enviado de Deus para salvar seu povo

Para Ellacuría, monsenhor Romero é um momento chave da história da salvação em El Salvador. Com ele acontece uma real historização do Evangelho e se consegue recuperar o pulso profético da Igreja. É esse o tema tratado, a poucos meses de seu martírio, em *Sal Terrae* (81, 1980, 825-832), e reproduzido em *Diakonía* (17, 1981, 2-8) e na *Revista Latinoamericana de Teología* (19, 1990, 5-10). Traduzido de: *Escritos Teológicos III*, São Salvador: UCA, 2002, 93-100.

Há oito meses, num 24 de março, caía diante do altar monsenhor Romero. Bastou um tiro no coração para acabar com sua vida mortal. Estava ameaçado há meses e nunca buscou a menor proteção. Ele mesmo dirigia seu carro e vivia num pequeno apartamento, anexo à Igreja onde foi assassinado. Mataram-no os mesmos que matam o povo, os mesmos que neste ano de seu martírio exterminaram aproximadamente dez mil pessoas, a maior parte delas jovens camponeses, operários e estudantes, mas também anciãos, mulheres e crianças, que são arrancados de seus ranchos e aparecem pouco depois torturados, destroçados, muitas vezes irreconhecíveis. Não importa determinar quem foi que disparou. Foi o mal, foi o pecado, foi o anticristo, mas um mal, um pecado e um anticristo históricos, que se encarnaram em estruturas injustas e em homens que optaram pelo papel de Caim. Só teve três anos de vida pública como arcebispo de San Salvador. Foram suficientes para semear a palavra de Deus, para fazer presente em seu povo a figura de Jesus: foram demais para os que não podem tolerar a luz da verdade e o fogo do amor.

Qual foi o ministério e o testemunho desse homem que em três anos passou do anonimato e da inoperância à universalidade pública e ao máximo de eficácia social, sem deixar nunca de ser um cristão, um pastor, um profeta e um sacerdote?

1. A força histórica do Evangelho

A teologia da libertação se esforçou por demonstrar que o Evangelho é, ao mesmo tempo que uma força salvífica, uma força histórica. E o é mais autenticamente quando é mais autenticamente uma força cristã. Vê como uma exigência intrínseca do cristianismo o chegar a ser uma força histórica, não pelo desvio da cristandade ou por formas semelhantes de historização, mas enquanto puro Evangelho encarnado na realidade histórica dos homens.

Monsenhor Romero é um exemplo egrégio dessa força histórica do Evangelho. Não cabe dúvida, e ninguém se atreve a negá-lo, de que se converteu, nos três últimos anos de sua vida, numa figura poderosíssima dentro do processo social salvadorenho. Mas o importante é sublinhar que conseguiu isso não só sem sair de suas funções episcopais, mas por realizá-las plenamente. É claro que o mero fato de ser bispo, apesar do peso social que a figura episcopal ainda conserva em El Salvador, não explica seu tremendo impacto social, pois os outros bispos salvadorenhos não o têm. O que o explica é seu modo de ser bispo, de ser cristão, de ser sacerdote.

No entanto, tudo resulta bem mais claro se prestamos atenção à relativa inoperância de seus anos anteriores de sacerdócio e de episcopado. Não era, antes e depois de sua nomeação para arcebispo de San Salvador, a mesma pessoa, com as mesmas qualidades e com a mesma preparação? Não eram semelhantes as circunstâncias históricas de opressão e repressão? Então o que ocorreu de novo nesses três últimos anos de seu ministério?

O novo foi que conseguiu historizar devidamente a força do Evangelho. Seu mérito e sua grandeza, a causa última de seu influxo sem precedentes, não estiveram em que fosse um líder político, nem um intelectual, nem um grande orador. A causa última é que se pôs a anunciar e a realizar o Evangelho em toda sua plenitude e com plena encarnação. Em sua etapa anterior, monsenhor Romero foi um sacerdote e um bispo de boa vontade, um homem piedoso de oração, um pastor zeloso. Inclusive era considerado espiritualista e, consequentemente, avesso a imiscuir-se de modo direto em assuntos temporais. Tratava com os ricos e não desdenhava os pobres. Mas, com tudo isso, era mal e mal representante de algo na Igreja de El Salvador, e era antes considerado um opositor do novo movimento eclesial despertado em Medellín. Interessado, sobretudo, pela ortodoxia, desconfiava das novas formulações da teologia da libertação e inclusive tachava de contágio marxista quem denunciasse a injustiça estrutural do país.

Sua palavra pastoral dizia algo a umas pequenas elites, trabalhadas pelo *Opus Dei*, ou a grupos clássicos do Movimento Familiar Cristão. Mas a dor e a miséria do povo apenas mal lhe diziam algo, e ele não significava nada para o povo. Aqui estará a chave, como logo veremos, mas desde agora deve ficar claro que, antes de sua conversão, não soube historizar adequadamente o mais verdadeiro e vital do Evangelho.

2. A conversão de monsenhor Romero

Não foi sua nomeação para arcebispo de San Salvador o que fez mudar o monsenhor Romero. Na verdade, ele foi escolhido para que a incipiente opção preferencial pelos pobres na arquidiocese fosse contida e submetida a vias mais tradicionais. Aquela incipiente opção já tinha obrigado diversos setores da arquidiocese a novas orientações na pastoral e nos primeiros enfrentamentos proféticos com as autoridades do país e com a classe dominante. Para evitar isso, nomeou-se monsenhor Romero, em vez do candidato da parte mais comprometida da arquidiocese, que era monsenhor Rivera y Damas.

E, não obstante, monsenhor Romero se converteu no grande presente de Deus para a arquidiocese contra o arranjo que tinha sido conseguido pelo governo com as autoridades eclesiásticas. Não se escolheu monsenhor Romero para que fosse o que logo se tornou; foi escolhido quase para o contrário. Mas o Espírito Santo se apoderou dele e rompeu todos os esquemas e as perspectivas humanas, incluídos seus próprios esquemas e perspectivas. Converteu-se no grande presente de Deus, porque ele próprio converteu-se totalmente. Não ocorreu tudo de um golpe, embora a mudança inicial tenha sido, sim, súbita. O assassinato do padre Rutílio Grande, o primeiro dos sacerdotes mártires que lhe tocou entregar, sacudiu sua consciência. Romperam-se os véus que lhe ocultavam a verdade, e a nova verdade começou a apoderar-se de todo seu ser. Não foi inicialmente uma mudança subjetiva, mas uma transformação objetiva. Descobriu-se a seus olhos algo que antes não tinha visto, apesar de sua boa vontade e de sua pureza de intenção, apesar de suas horas de oração e de sua reiterada ortodoxia, de sua fidelidade ao magistério e à hierarquia vaticana. A luz se apoderou dele e isso o transformou. Não é que ele se transformasse e assim se lhe mostrasse algo que antes não via; antes, viu algo novo, algo objetivamente novo, e isso o transformou.

Esse novo foi, num primeiro momento, a verdade deslumbrante de um sacerdote que se tinha dedicado a evangelizar os pobres, que nessa evangelização tinha levado os pobres a historizar a salvação, a dar carne histórica à palavra eternamente nova de Deus. Por isso foi assassinado por aqueles que se sentiam interpelados pela palavra evangélica e por esse povo que o fizera carne própria e, até certo ponto, projeto político. Outros bispos e outros cristãos viram no martírio do Padre Rutílio um acontecimento político e inclusive deram a ele interpretações nascidas de cegueira e incríveis. Monsenhor Romero, não. Seus olhos limpos viram a verdade. E então se lhe revelou o que significava ser apóstolo em El Salvador de hoje; significava ser profeta e mártir. E, então, começou o percurso de profeta e de mártir, não porque ele o tivesse escolhido, mas porque Deus o cumulou com as vozes históricas do sofrimento de seu povo eleito e com a voz do sangue do primeiro justo que morria martirialmente no El Salvador atual para que todos tivessem mais vida e para que a Igreja inteira recuperasse seu pulso profético recuado.

3. A concreção histórica de sua conversão

Em sequência a essa conversão inicial, que não foi mais que o começo de algo que podia ter terminado aí, monsenhor Romero entra numa nova etapa, entra numa conversão profunda de sua missão, e é essa missão, a fidelidade a essa missão, o que acaba transformando sua vida e o que o converte em fator fundamental da história da salvação, em El Salvador. É a missão, o sentido novo de sua missão, o que o santifica mais e mais. Não acomoda sua missão ao que ele tinha sido, mas, ao invés, acomoda toda sua vida à nova missão.

Até então, tinha-se preocupado "também" com os pobres e oprimidos; a partir de agora, eles vão converter-se no centro orientador de sua pastoral. A opção preferencial pelo povo oprimido, feita não em virtude de considerações teóricas, mas em virtude de sua fidelidade ao Evangelho, e em razão de que começa a ver nesse povo oprimido o próprio Jesus historizado, que o interpela e lhe exige, é o que o salva e o que lhe põe em condição de salvar. Quando o povo mal e mal representava algo para ele, ele também não representava nada para o povo, dizíamos antes. Agora acrescentamos que, quando o povo não representava nada para ele, seu anúncio do Evangelho mal tinha força, mal era digno de ser acreditado.

Não tinha força alguma, nem força evangélica de salvação, nem força histórica de libertação.

Compreende de uma vez por todas que a missão da Igreja é o anúncio e a realização do reino de Deus, mas compreende ao mesmo tempo que o anúncio e a realização do reino de Deus passam inevitavelmente pelo anúncio da boa nova aos pobres e a libertação dos oprimidos. Mas tudo isso para que estes ocupem seu lugar próprio na Igreja – a Igreja dos pobres – e para que ocupem seu lugar próprio na tarefa da realização histórica do povo. Quis e procurou que sua palavra de salvação fosse operativa e, para isso, que fosse assumida com gozo e esperança pelos destinatários primeiros e principais dessa palavra de salvação. E levou essa convicção até suas últimas consequências quando viu no povo sem voz a voz mesma de Deus; no povo crucificado, o Deus Salvador; nas lutas de libertação, o caminho para a chegada da nova terra e do novo céu.

O Evangelho sempre se lê a partir de um lugar, sempre se lê situando-se: a fé se vive também numa situação determinada. Essa leitura e essa vitalização nunca serão suficientemente adequadas se esse lugar e essa situação não são, de modo preferencial, o lugar e a situação dos oprimidos. E nisso consistiu a conversão apostólica de monsenhor Romero. Mudou de lugar, mudou de situação, e o que era uma palavra opaca, amorfa e ineficaz se converteu numa torrente de vida, a que o povo se aproximava para apaziguar sua sede. O povo sem voz fez com que sua voz, a do bispo e a da Igreja, retumbasse não só no país, mas também internacionalmente; a crucifixão e a morte de todo um povo se convertiam em vida e ressurreição através de monsenhor Romero; as lutas pela libertação encontravam, através dele, um sentido transcendente, que servia de alento e crítica às dimensões imanentes da tarefa política.

E, por fazê-lo assim, correu a mesma sorte que seu povo. Viveu a calúnia, a difamação, a perseguição. Foi acusado de fazer política em vez de fazer Igreja; foi acusado de fomentar a luta de classes em vez de anunciar o amor; foi acusado de pregar a violência em vez de difundir o amor. Foi acusado, como Jesus, de agitar o povo e de proibir de pagar o tributo a César. Os sábios e prudentes deste mundo, eclesiásticos, civis e militares, os ricos e poderosos deste mundo assim sentiam e assim diziam. Mas o povo de Deus, os que têm fome e sede de justiça, os puros de coração, os pobres com espírito, sabiam que tudo isso era falso, sabiam e sentiam que a palavra de Monsenhor Romero era puro Evangelho. Nunca tinham sentido Deus tão próximo, o Espírito tão operante, o cristianismo tão verdadeiro, tão cheio de sentido, tão cheio de graça e de verdade. Por isso morreu, por isso foi assassinado e por isso é um mártir. Por isso vive tão fundo no coração de seu povo. E, se um dia o povo tomar realmente o poder e iniciar uma dolorosa marcha em busca da libertação total, a Igreja não será tida por estranha, já que, para esse povo, a Igreja seguirá sendo a Igreja de monsenhor Romero. Este nunca poderá ser estranho a um povo que o amou, que confiou nele, que esperava dele palavras de vida eterna.

4. A salvação do processo histórico

Monsenhor Romero nunca se cansou de repetir que os processos políticos, por mais puros e idealistas que sejam, não bastam para trazer aos homens a libertação integral. Entendia perfeitamente aquele dito de Santo Agostinho segundo o qual para ser homem é preciso ser "mais" que homem. Para ele, a história que só fosse humana, que só pretendesse ser humana, logo deixaria de sê-lo. Nem o homem nem a história se bastam a si mesmos.

Por isso, não deixava de apelar à transcendência. Em quase todas as suas homilias saía este tema: a palavra de Deus, a ação de Deus rompendo os limites do humano. Uma transcendência que nunca se apresentava como abandono do humano, como fuga do homem, mas como sua superação e aperfeiçoamento. Um além que não abandona o aqui, mas que o abre e o impulsiona para frente.

Por isso buscava uma autêntica salvação do processo histórico e a salvação de um processo que, como processo histórico, tem suas próprias leis autônomas. Dito em outros termos, não "des-historizava" o processo real com suas condições intramundanas concretas. O que fazia era tirar-lhe sua carga de pecado e abri-lo a suas melhores possibilidades transcendentes. E isso na perspectiva cristã, tanto na delimitação e condenação do que é pecado, como na delimitação do que são as melhores possibilidades transcendentes. Daí que se indignasse – embora em seu coração não houvesse fúria alguma – contra a injustiça, sobretudo contra a injustiça dos poderosos contra as maiorias oprimidas. Daí que lutasse contra qualquer absolutização do finito e do humano, sobretudo contra a absolutização do poder e da riqueza, mas também das próprias ideias – dogmatismo – e da própria organização – sectarismo. Daí que falasse a favor do povo para que ele mesmo constituísse criticamente um mundo novo, onde os valores predominantes fossem a justiça, o amor, a solidariedade, a liberdade. Daí que sempre de novo pusesse seus olhos em Jesus como princípio da fé cristã e da transcendência cristã.

E o povo se abria à transcendência cristã. A palavra, a vida e o exemplo de monsenhor Romero faziam crível a mensagem cristã a uma parte cada vez maior do povo salvadorenho, porque cada vez o abria a uma esperança sempre maior e mais pura. O povo recebia do monsenhor Romero força nova para esperar, para lutar cheio de esperança, para oferecer sua vida, enchendo de sentido seu sacrifício heroico. A Igreja, em contrapartida, recebia credibilidade e força desse povo, que cada vez se fiava mais em uma nova etapa, já não ingênua, mas crítica. Por isso se pode e deve falar que com ele se começou a realizar, de um modo surpreendentemente eficaz, a salvação do processo histórico, que se está cumprindo em El Salvador. Impulsionou esse processo em sua realidade histórica concreta, porque via nele mais luz que trevas, mais vida que violência, e tomou partido por esse processo, enquanto favorecia o povo oprimido. Mas não se identificou com ele sem mais, porque o Evangelho precisa de encarnação "em", mas não identificação "com" um determinado processo histórico. Essa encarnação evangélica lhe bastou para combater projetos políticos bem reais sem a fácil escapatória dos princípios, como se o profeta cristão só tivesse que anunciar generalidades abstratas. E essa encarnação lhe granjeou o amor do povo oprimido e o ódio do opressor. Granjeou-lhe a perseguição, a mesma perseguição que sofria seu povo. Assim morreu e por isso o mataram. Por isso, igualmente, se converteu em um exemplo excepcional de como a força do Evangelho pode converter-se em força histórica de transformação. Por isso continua a viver depois de sua morte, e isso não só porque são muitos os que o recordam, não só porque são muitos os que viram tirada a venda que lhes impedia de reconhecer a verdade do Evangelho, mas sobretudo porque são muitos os que estão dispostos a seguir seus passos, sabendo que monsenhor Romero, nos últimos três anos de sua vida, foi um seguidor exemplar de Jesus de Nazaré.

14 de novembro de 1980.

Tradução: Francisco Taborda, SJ

CAPÍTULO 10

Espiritualidade[1]

Partindo da historicidade da fé, Ellacuría aborda o problema da espiritualidade cristã desde a realidade latino-americana. Trata de buscar as formas e as práticas simbólicas adequadas que respondam às necessidades das maiorias populares e às exigências da realização do reino de Deus, em circunstâncias concretas. É isso o que se publica em FLORISTÁN, C.; TAMAYO, J. J. (eds.), *Conceptos fundamentales de pastoral*, Madrid, 1983, 300-309; reproduzido depois em *Diakonía* (30, 1984, 123-132). Traduzido de: *Escritos Teológicos IV*, San Salvador: UCA, 2002, 47-57.

---

1. Bibliografía: KAMLAH, E., Espíritu, in: COENEN, L.; BEYREUTHER, E.; BIELENHERD, H., *DTNT*, Salamanca, 1980, 136-147; GILLET, J., Espíritu de Dios, in: LÉON-DUFOUR, X., *VTB*, Barcelona, 1973, 296-304; LEGIDO LÓPEZ, M., *La Iglesia del Señor*, Salamanca, 1978; BOUYER, L., *Introducción a la vida espiritual*, Barcelona, 1974; JIMÉNEZ DUQUE, B. (ed.), *Historia de la espiritualidad cristiana*, Barcelona, 1969; BOUYER, L., La Spiritualité du Nouveau Testament et des Péres, *Histoire de la Spiritualité chrétienne I*, Paris, 1960; SUDBRAACK, J., Espiritualidad, in: RAHNER, K., *SM II*, Barcelona, 1972, 830-849; URS VON BALTHASAR, H., Espiritualidad, *Ensayos teológicos I*, Madrid, 1964, 269-290; El evangelio como criterio y norma de toda espiritualidad, *Concilium*, 9 (1965) 7-25; BESNARD, A. M., Tendencias dominantes en la espiritualidad contemporánea, ibid., 26-47; VANDENBROUCKE, F., Espiritualidad y espiritualidades, ibid., 48-64; SOBRINO, J., Espiritualidad de Jesús y de la liberación, *Christus*, 529-530 (1979) 59-63; BOFF, L., Contemplativus in liberatione, ibid., 69-72; GALILEA, S., El rostro latinoamericano de la espiri1ualitlad, ibid., 69-72; MORA, R. H.; CASTILLO, A.; DEL VALLE, L. G., Narrativa y liturgia cristiana, ibid., 74-84; HERNÁNDEZ PICO, J., La oración en los procesos latinoamericanos de liberación, ibid., 85-92; COBO, S., Pascua de una espiritualidad desde la experiencia popular, ibid., 93-95; ELLACURÍA, I., Fe y Justicia, *Christus* (1977) 26-33/19-34; RICHARD, P., La ética como espiritualidad liberadora en la realidad eclesial de América Latina, *Christus*, 69-70 (1981) 51-59.

1. O espiritual e o material: duas dimensões do homem

Uma correta pastoral da espiritualidade deve partir do suposto de que "o espiritual" não é senão uma dimensão do homem individual e socialmente considerado, assim como do cristão pessoal e institucionalmente entendido. Essa dimensão não tem uma autonomia absoluta, como pretendem os espiritualistas, de modo que possa e deva ser cultivada com absoluta independência e separação de outras dimensões do homem, mas tampouco pode ser reduzida a uma espécie de reflexo quase-mecânico de determinadas condições materiais, como pretendem os materialistas. Tem sua autonomia, mas apenas uma autonomia relativa, que necessita ser sustentada por condições "não espirituais", nas quais, além disso, deve se encarnar e se expressar necessariamente e às quais deve iluminar e transformar. Dito de outro modo, uma correta pastoral da espiritualidade deve evitar tanto perspectivas dualistas como monistas e deve situar-se em perspectivas estruturais, mais ou menos dialéticas, segundo os casos, de modo que uma dimensão não seja o que é, senão sendo co-determinante da outra e co-determinada por ela. Cada dimensão seria sempre "dimensão-de" todas as demais e orientada a constituir um todo, do qual recebe sua plena realidade e seu sentido.

Assim, o espiritual e o material, o individual e o social, o pessoal e o estrutural, o transcendente e o imanente, o cristão e o humano, o sobrenatural e o natural, a conversão e a transformação, a contemplação e a ação, o trabalho e a oração, a fé e a justiça etc., não se identificam entre si de tal modo que cultivando um dos extremos se cultiva *ipso facto* o outro, que não seria senão um reflexo ou acréscimo; porém, tampouco se separam entre si, de tal modo que possam cultivar-se sem uma intrínseca, essencial e eficaz determinação mútua. Quaisquer separações podem ser feitas em abstrato, na realidade histórica concreta, tal como foi feita por Deus; essas dimensões se dão em unidade e em mútua dependência.

Essa unidade diferenciada não é fácil de manter, nem na relativa e devida autonomia das distintas dimensões, nem em sua proporcionada e adequada conexão, porque não é qualquer condição histórica que é unificável em determinadas formas de espiritualidade. Requer-se, consequentemente, um permanente alerta e um comprometido discernimento dos cambiantes sinais dos tempos e das determinadas práticas históricas que sejam realmente uma resposta adequada.

2. Em direção a uma correta compreensão da espiritualidade inaciana

Homens espirituais, desde o ponto de vista cristão, são aqueles que estão cheios do Espírito de Cristo, e o estão de uma maneira viva e constatável, pois a força e a vida desse Espírito invadem toda sua pessoa e sua ação.

2.1. O Espírito e a Bíblia

No Antigo Testamento, o *pneuma* de Deus era sua força criadora e salvadora, que atuava tanto no ordenamento do universo natural como na marcha da história, apoderando-se de modo especial de alguns homens singulares. O Espírito de Deus se fazia presente historicamente, e era mais evidente essa presença do Espírito, sua eficácia, essa sua espiritualidade, que é a existência mesma do Espírito Santo como uma pessoa da Trindade. A promessa do Espírito era a promessa de corações novos, de um povo novo, de uma terra nova, de modo que se chegará a saber do Espírito porque a terra será cheia dessa espiritualidade histórica, palpável, transformadora, que já não pode ser atribuída ao homem pecador, mas ao Deus salvador.

No Novo Testamento sabemos mais do Espírito porque se fez mais intensa sua presença sobretudo em Jesus, mas também na comunidade primitiva, que se constitui e se distingue como comunidade nova precisamente pela riqueza e plenitude do Espírito comunicado e recebido. Podemos inclusive afirmar a pertença do Espírito Santo ao mistério trinitário, não tanto por uma revelação direta da Trindade, mas pela ressurreição de Jesus e pelo envio que ele nos fez de seu Espírito. Acontecem na nova comunidade fatos reais e palpáveis que obrigam a mudar inclusive o preconceito unitarista na concepção de Deus; descobre-se a realidade complexa da vida divina e de sua estrutura pessoal pela nova espiritualidade, que invadiu Jesus e se manifestou nele e que por sua mediação e através dele começa a receber seguidores.

Isso significa que a espiritualidade cristã não pode se entender primariamente como um conjunto de práticas espirituais (oração, exercícios ascéticos, regras e normas de comportamento etc.), mas como algo tão novo e tão inesperado, tão vigoroso e transformador, que leve à afirmação de que Deus está se fazendo presente de uma maneira singular entre os homens. É certo que essa espiritualidade não se explica sem a presença operativa do Espírito, que não é sem mais um Espírito abstrato, mas o Espírito de Cristo, que nos leva ao Espírito de Deus. Porém, esse Espírito não é percebido nem crido realmente senão desde uma espiritualidade viva, desde o que é sua presença operativa no coração do homem, na comunidade cristã e ainda na institucionalidade da Igreja e na marcha da história. São as palavras e os fatos novos, os comportamentos inesperados e anormais, os que levantam a pergunta de quem os impulsiona e como é que os inspira.

Não são, entretanto, dois espíritos diferentes o Espírito Santo e o Espírito de Cristo, embora sua apresentação no Novo Testamento tenha características distintas e permita e mesmo exija fazer distinções e diferenças importantes. Para um propósito pastoral o importante é sublinhar que o Espírito de Cristo, que é inicialmente o Espírito do Jesus histórico, é o que nos leva ao conhecimento e à possessão do Espírito Santo, em seu momento intratrinitário. Assim, o Espírito Santo como Espírito de Cristo é o que nos abre o caminho criador da história, ao nos ensinar com sua presença viva o que não está pré-fixado nem pela letra nem pela lei, o que ainda não está acabado na missão redentora e salvadora de Jesus; é o que faz novas todas as coisas, o que empurra em direção a novos céus e nova terra, o que ordena o caos da história como o Espírito de Deus ordenou o caos da natureza inicial. Vivificados por esse Espírito de Cristo, de que Jesus nos fez merecedores e que nos foi enviado, ficamos introduzidos na própria vida trinitária; experimentamos e cremos que o Espírito Santo de Deus é o Espírito do Filho, o Espírito de filiação: "Se o Espírito veio do Pai pelo Filho, com ele podemos ir ao Pai pelo Filho... Se no abaixamento o Pai nos amava no Filho amado, agora na ascensão nós o amamos com o Filho de seu amor... O espírito atualiza em nós o amor, que desde sempre o Pai nos tem em seu Filho" (Legido).

2.2. Presença histórica do Espírito

A espiritualidade cristã não é senão a presença real, consciente e refletidamente assumida do Espírito Santo, do Espírito de Cristo na vida real das pessoas, das comunidades e das instituições que querem ser cristãs. São, então, espirituais não os que fazem muitas práticas "espirituais", mas os que, cheios do Espírito, alcançam seu ímpeto criador e renovador, sua superação do pecado e da morte, sua força de ressurreição e de mais vida; os que alcançam a plenitude e a liberdade dos Filhos de Deus, os que inspiram e iluminam os demais e os fazem viver mais plena e livremente. Porém, tudo isso conforme o Espírito de Jesus, porque a espiritualidade cristã é essencialmente a espiritualidade de Jesus crucificado por nossos pecados e ressuscitado para nossa salvação – esse Jesus que nasceu de Maria por obra do Espírito Santo e cuja prolongação se perpetuará também por obra do Espírito Santo sobre quem hoje são os continuadores de Maria, a mulher pobre de Nazaré, a mulher do povo, cuja espiritualidade se reflete no *Magnificat*. O Espírito de Cristo está normatizado pelo que foi a vida histórica de Jesus, embora não se esgote nela, e por isso não se pode abandonar a normatividade histórica de Jesus em nome de um Espírito desencarnado e des-historizado. A espiritualidade cristã é necessariamente uma espiritualidade do seguimento de Jesus.

Isso não obsta para que possam se dar distintas "espiritualidades" dentro da única espiritualidade cristã, isto é, modos orgânicos e totalizantes de viver o Espírito de Cristo. Várias são as causas que permitem e exigem esse pluralismo de espiritualidades. Antes de tudo, porque não há uma só forma histórica de expressar e fazer presente a riqueza da vida de Deus em Jesus, nem o ímpeto renovador e criador do Espírito de Cristo; não há nome algum, nem comunidade, nem instituição, que possam presumir ter esgotado, em uma forma histórica, determinada, tudo o que é o dom do Espírito, que nos foi dado em Jesus. Em segundo lugar, pela intrínseca historicidade da espiritualidade cristã, que necessita se acomodar com mudanças muito profundas às profundas mudanças da história; é evidente o enriquecimento histórico da espiritualidade cristã em razão das mudanças históricas, das novas demandas dos tempos e da consequente aparição de homens cheios de Espírito, que lograram uma nova leitura e apropriação da pessoa e da mensagem de Jesus. Em terceiro lugar, pelo caráter eclesial da espiritualidade cristã, que faz que a Igreja, como povo e como corpo, exija sua pluralidade de funções e comportamentos.

Claro está que não qualquer espiritualidade pode se considerar cristã por muito que nela se aclame e se proclame o nome de Jesus. Há critérios de espiritualidade cristã. Alguns são puramente formais, mas significativos: assim, aquelas espiritualidades que, sendo parciais, querem se apresentar como totais e excludentes na teoria ou na prática de outros elementos essenciais ficam desqualificadas; é certo que no corpo de Cristo deve haver olhos e pés, mãos e cabeça, e que o olho não pode dizer ao pé que não o necessita; mas olhos que impedem de caminhar, autoridades que impedem de ensinar, pastores que confundem a administração com dar vida às ovelhas, espirituais que fazem facilmente os ricos passarem pelo buraco da agulha, profetas que rejeitam toda institucionalização e hierarquia etc. não cabem dentro da ampla margem da espiritualidade cristã. Outros critérios têm maior conteúdo e dizem respeito ao critério fundamental do seguimento de Jesus histórico, tal como se nos dá o Novo Testamento e tal como foi vivido pelos grandes seguidores de Jesus na tradição cristã.

2.3. A espiritualidade cristã como dom de Deus aos pobres

A espiritualidade cristã, assim entendida, é fundamentalmente um dom de Deus Pai, que continua o dom fundamental de si mesmo que foi o Filho encarnado. Porém, o dom mesmo de Deus Pai nos diz onde e como se recebe preferencialmente esse dom. Recebe-se no mundo dos pobres em uma práxis que responda eficazmente à grande tarefa de tirar o pecado do mundo, a morte do mundo, para que o mundo e o homem tenham mais vida. Que os pobres sejam lugar preferencial de revelação e de comunicação viva do Deus cristão é algo sobre o que cabem poucas dúvidas; o exemplo do próprio Filho, que sendo rico se fez pobre, e o empenho de todos os grandes reformadores da Igreja para retomar a pobreza como elemento desencadeante da reforma devem servir como prova. Que, por outro lado, requer-se uma práxis libertadora do pecado do mundo, pecado que é o grande obstáculo para que irrompa historicamente a vida de Deus entre os homens, o reino de Deus, é também algo essencial à fé cristã e é condição indispensável de espiritualidade, porque uma espiritualidade que não venha de uma práxis e não vá a uma práxis libertadora do pecado e de suas consequências não responderia à vida de Jesus. Essa é a grande prática espiritual, isto é, a vida inteira dedicada desde os pobres a que o pecado, negação do Espírito de vida, desapareça do mundo para que irrompa na história o reino de Deus, que é um Deus de vida.

Isso não obsta a que sejam necessárias práticas espirituais fundamentais como a oração em todas as suas formas e as celebrações sacramentais. Já foi dito no início que o espiritual não é um mero reflexo necessário e mecânico de uma práxis determinada. Nem tudo é pura exterioridade; há uma interioridade no homem e no cristão que deve ser cultivada muito expressamente. Não há comunicação plena sem solidão e retiro. Por isso não se pode desdenhar tampouco outras práticas ascéticas, nem o uso de métodos que facilitem aquele momento de retiro e autorreflexão que são essenciais na busca e na posse do Espírito. Exige-se especial cuidado na hora de buscar formas e práticas simbólicas adequadas que respondem ao estado cultural das grandes massas populares que necessitam autoexpressar, purificar e desenvolver seu grande potencial espiritual.

3. Características específicas da espiritualidade cristã

O problema dos conteúdos específicos da espiritualidade cristã não é fácil de dilucidar. Porém, sim, pode-se apontar algumas características que não podem faltar.

Como pressuposto fundamental dessa espiritualidade, deve-se sinalizar o que Jon Sobrino tipificou como honradez e fidelidade à verdade do real. O aprisionamento da verdade na injustiça (Rm 1,18) é o que dificulta a revelação e a comunicação de Deus e é o que se constitui fonte de condenação. É a injustiça o que aprisiona a verdade de Deus, tal como nos é dada na realidade do mundo e na realidade da história, e é, por sua vez, uma grande injustiça aprisionar essa verdade de Deus, impedir que nos fale e interpele. A partir desse pressuposto podemos concretizar três linhas fundamentais pelas quais deve discorrer a espiritualidade cristã.

(a) A espiritualidade cristã deve se centrar cristologicamente em torno da missão, que é o anúncio e a realização do reino de Deus na história.

Com esse princípio sublinha-se o caráter "missional" da espiritualidade cristã: é algo que se recebe e se cultiva para ser transmitido; é algo que se atualiza na práxis apostólica do anúncio e da realização do reino de Deus. Não se pode separar o momento espiritual do momento missional, não se pode separar o momento da contemplação do momento da ação, como se os primeiros fossem os verdadeiros espirituais e os segundos, mero resultado daqueles; como se os primeiros fossem o lugar de encontro com Deus e os segundos, o lugar de encontro com os homens. Isso não nega que possa se separar metodicamente o momento de recolhimento e discernimento do momento de realização, o momento de solidão interior e o momento de comunicação. Porém, não por isso se privilegia o momento de distanciamento ao momento de compromisso. A contemplação mesma deve ser ativa, isto é, orientada à conversão e à transformação, e a ação deve ser contemplativa, isto é, iluminada, discernida, refletida. As duas grandes fontes da espiritualidade encarnada, cada uma com suas respectivas ajudas, são a Palavra de Deus na Escritura e a tradição e a palavra de Deus na realidade da história e na vida dos homens cheios de Espírito.

Tudo isso vai dirigido a que o reino de Deus se instaure na história. O Deus anunciado por Jesus deve se historizar entre os homens, fazer-se presente e dominante no mundo dos homens, para que seja tudo em tudo e em todos, sem anular a peculiaridade das distintas estruturas e a identidade das pessoas. Não basta, pois, que a espiritualidade seja missional, mas essa missão deve estar orientada à implantação do reino de Deus.

A partir desse reino de Deus deve-se entender o caráter eclesial da espiritualidade cristã, entendida primariamente a Igreja como Povo de Deus, congregado no seguimento de Jesus. Uma Igreja que se configura conforme as exigências do reino de Deus anunciado por Jesus, reino que não pode substituir, com o qual não se identifica e ao qual deve subordinar-se. Essa eclesialidade fala também do caráter comunitário e exterior, não meramente individualista e interior, da espiritualidade cristã; as grandes celebrações e ações eclesiais não são individualistas, mas buscam a plenitude pessoal no encontro comunitário, não puramente institucional. A Igreja como instituição não deve sufocar essa espiritualidade do reino, impulsionada e propiciada pelo Espírito de Cristo cuja ação eficaz não passa necessariamente por canais institucionais; ao contrário, a Igreja institucional deve se deixar impregnar pelo Espírito para não se deixar levar pelas pressões sociais de sua própria institucionalidade e pelas pressões mundanas das outras instituições entre as quais se move. Querer substituir a espiritualidade do reino de Deus pela espiritualidade da Igreja institucional é uma traição ao reino de Deus e à Igreja. Querer, por outra parte, fazer uma espiritualidade do reino à margem total da Igreja institucional acaba em perigos manifestos para o próprio reino de Deus. É preciso manter a unidade estrutural, que pode assumir características dialéticas, embora a prioridade esteja no reino, e não na Igreja institucional.

(b) A espiritualidade cristã deve estar orientada segundo o espírito do sermão da montanha e especialmente pelo espírito das bem-aventuranças.

Certamente, o sermão da montanha e as bem-aventuranças não expressam toda a riqueza da vida e da mensagem de Jesus, mas dão pautas muito específicas, que não se podem ignorar, sob pena de abandonarmos algo essencial à espiritualidade cristã. E essa ignorância se dá com muita frequência, porque esses textos não se escreveram nem para poderes institucionais, nem para civilizações da riqueza; e hoje os cristãos, predominantes na marcha do mundo e da Igreja, têm demasiado a ver com os poderes institucionais e com a civilização da riqueza. Não é que se deva buscar uma leitura mecânica do sermão da montanha, como se a sua letra pudesse se substantivar e se converter em lei fixa; há que reviver essa leitura desde o Espírito e desde a própria situação histórica. Porém, o alento do Espírito de Cristo, renovador e criador, não suporta ruptura, esquecimento nem mistificação da palavra primigênia e fundante, porque não há dois espíritos nem dois Cristos.

É aqui que se há de estruturar esse caráter essencial da espiritualidade cristã que é a opção preferencial pelos pobres e a luta pela justiça (Medellín, Puebla). O cristão consternado pela angustiante presença de uma pobreza que é fruto da desigualdade e da opressão no conjunto do mundo; iluminado pela revelação de que a opressão, a exploração e a repressão do homem pelo homem, de umas classes por outras e da maioria dos povos por uma minoria deles, é o grande pecado do mundo; animado pela vida e pela palavra de Jesus, que vê no pobre o preferido do Pai; esse cristão vê como exigência que sua espiritualidade deve se configurar de modo que tenha como elemento essencial sua opção preferencial pelos pobres, o que, dado o contexto histórico universal, adquire características de uma práxis libertadora.

(c) A espiritualidade cristã deve pôr vigorosamente em marcha três virtudes, mas não entendidas só como virtudes, mas como virtudes estritamente teologais, isto é, virtudes que põem em estreita unidade dimensões profundas do homem com a plenitude do Deus trinitário, revelado em Jesus. Só em Jesus sabemos que Deus é Pai, é Filho e é Espírito, mas, ao mesmo tempo em Jesus soubemos que o homem é fé, é esperança e é amor. Fé como aceitação no visível do transcendente, e como aceitação agradecida do Deus que se nos dá em Jesus; esperança como lançamento e abertura ao homem em direção a um futuro por fazer-se, e como espera de uma promessa, feita definitiva em Jesus, de que o reino virá, porque de algum modo já está; amor como resposta ao Deus que nos amou primeiro e em cujo amor originário podemos nos dar totalmente aos outros, no esquema de uma entrega até a morte, que traz consigo a plenitude de uma nova vida ressuscitada. As três são virtudes teologais nas quais o Deus trinitário se faz presente no mais profundo do homem, de modo que essa presença abre o mais profundo do homem a algo que o engloba, supera-o na mediação dos outros homens.

De algum modo misterioso, mas ao mesmo tempo possível de ser experimentado, a vida trinitária de Deus se faz vida do cristão, nessa tríplice dimensão da fé, da esperança e do amor, porque as três dimensões se configuram de maneira distinta, segundo se refiram ao Pai, ao Filho ou ao Espírito e segundo se refiram aos homens e ao mundo, desde a perspectiva do Pai, do Filho e do Espírito. Essa vida trinitária assim assumida é, definitivamente, a espiritualidade cristã, uma espiritualidade trinitária e encarnada, porque, definitivamente, não há outra espiritualidade nem outra vida divina para o homem senão aquela que nos foi dada na vida, na morte e na ressurreição do Jesus histórico, cuja vida seguimos porque vivemos em seu Espírito.

Tradução: Jerfferson Amorim, SJ

CAPÍTULO 11
Utopia e profetismo a partir da América Latina:
um ensaio concreto de soteriologia histórica

Artigo publicado na *Revista Latinoamericana de Teología* (17, 1989, 141-184) e reimpresso em ELLACURÍA, I.; SOBRINO, J., *Mysterium Liberationis*, Tomo I, 393-442. Neste texto, Ellacuría ressalta a unidade entre utopia e profetismo. Isso, desde a realidade da América Latina como lugar histórico adequado, se traduz, por uma parte, em uma contundente denúncia contra a civilização do capital e, por outra, em um chamado para construir uma civilização alternativa. Trata-se de criar uma civilização da pobreza, em que surja uma nova forma de liberdade e de humanidade. Traduzido de: *Escritos Teológicos II*, São Salvador: UCA, 2002, 233-293.

Utopia e profetismo, se apresentadas de forma separada, tendem a perder sua efetividade histórica e propendem a se converter em escapismo idealista, com o que, em vez de se constituírem como forças renovadoras e libertadoras, ficam reduzidas, no melhor dos casos, a funcionar como consolo subjetivo dos indivíduos e dos povos.

Não é esse o caso nas manifestações clássicas do profetismo e das grandes preocupações utópicas. Certamente não é assim na Bíblia, mas também não é assim em outros acontecimentos significativos da história da salvação. Contudo, há de se reconhecer um perigo real, no qual se cai repetidamente, de separá-las, de desencarnar tanto a utopia como a profecia, seja por reducionismo subjetivista ou por reducionismo transcendentalista, lendo-as em chave atemporal de eternidade, quando a eternidade cristã está vinculada inexoravelmente à temporalidade, uma vez que o Verbo se fez história.

Mas, para conseguir a conjunção adequada de utopia e profecia, é necessário se situar em um lugar histórico adequado. Toda conjunção dessas duas dimensões humanas e históricas, para ser realista e fecunda, necessita "se situar" em coordenadas geossociotemporais precisas. Do contrário, desaparece o impulso inevitável do princípio de realidade, sem o qual ambas são jogo mental, mais formal que real. Mas existem alguns lugares históricos mais propícios para o surgimento de utopistas proféticos, de profetas utópicos. Diz-se que nas culturas envelhecidas já não há lugar para o profetismo e para a utopia, senão para o pragmatismo e para o egoísmo, para a verificação contável dos resultados, para o cálculo científico de insumos e resultados; no melhor dos casos, para a institucionalização, a legalização e a ritualização do espírito que renova todas as coisas. Seja ou não inevitável essa situação, permanecem, no entanto, lugares onde a esperança não é, sem mais, a somatória cínica de cálculos infinitesimais, mas o esperar e "esperançar" contra todo juízo dogmático que fecha o futuro do projeto e da luta.

Um desses lugares é a América Latina – para suspeitar previamente, já se voltará sobre isso, basta citar fatos como os movimentos revolucionários ou a teologia da libertação –, a partir de onde se pode historizar melhor não apenas as relações teóricas entre utopia e profecia, mas também trazer as características gerais de um futuro utópico de alcance universal, mediante o exercício concreto de um profetismo histórico.

Pensar que a utopia, em sua própria formalidade intrínseca, é algo fora de todo lugar e tempo histórico, supõe sublinhar uma das características da utopia com descuido do que é sua natureza real, tal como se deu naqueles que de uma ou de outra forma foram utopistas. Não há possibilidade de sair da historicidade de lugar e tempo, embora tampouco é inevitável ficar fechado nos limites deste lugar e deste tempo. Também não é certo que a melhor forma de universalizar a profecia e o utopismo seja tentar sair ou prescindir de todo condicionamento limitante. Profecia e utopia são, em si mesmas, dialéticas. A profecia é passado, presente e futuro; embora seja, sobretudo, presente de cara ao futuro, é futuro de cara ao presente. A utopia é história e meta-história, embora seja, sobretudo, meta-história, nascida, no entanto, da história e remetente inexoravelmente a ela, seja a modo de fuga ou a modo de realização. Daí a necessidade de colocar bem os pés em uma terra determinada para não perder força, como se passava com Anteu[1], quando o mantinham no ar.

---

1. De acordo com a mitologia grega e berbere, Anteu, filho do Poseidon e Gaia, era um personagem que se mantinha forte quando estava com os pés no chão. No entanto,

É o que se pretende fazer neste trabalho, mediante o que já se colocou em prática, desde o contexto histórico da América Latina, do profetismo como método e da utopia como horizonte. Tudo isso desde uma perspectiva explicitamente cristã, tanto no que se refere à profecia como no que se refere à utopia.

1. A utopia cristã só pode ser construída a partir do profetismo, e o profetismo cristão deve levar em conta a necessidade e as características da utopia cristã

Não se conhece de antemão, e menos ainda *a priori*, qual pode ser a concretização histórica da utopia cristã, e somente uma utopia cristã concreta é operativa para a historicização do reino de Deus. Essa afirmação global inclui um conjunto de afirmações, cuja discussão não iremos fazer previamente, pois será o desenvolvimento do trabalho que explicará seu sentido e justificação. Tais afirmações são: (a) há uma utopia cristã geral e indefinida; (b) essa utopia geral deve se concretizar em termos histórico-sociais; (c) essa utopia está em relação com o reino de Deus; (d) o reino de Deus se operacionaliza mediante o avançar de uma utopia concreta.

Certamente, a utopia cristã, nascida da revelação, da tradição e ainda do magistério, tem certas notas, sem as quais não se pode qualificar como cristã. Uma utopia que pretenda ser cristã não pode deixar de lado o profetismo do Antigo Testamento (profetas e não profetas), o sermão da montanha, o discurso da última ceia, o Apocalipse, a comunidade primitiva, os padres da Igreja, os grandes santos, alguns documentos conciliares e pontifícios, para citar algumas fontes como exemplo. Porém, a importância de umas ou outras notas, a conjunção delas para formar um todo, sua realização histórica em cada tempo e lugar, tudo isso não é apenas uma questão mutável, mas uma questão aberta, de modo que o seu fechamento deve ser feito por uma opção, em definitivo, do povo de Deus com seu caráter orgânico antes que hierárquico (Rm 12,4-8; 1Cor 12,4-31), no qual cabem muitos carismas, funções e atividades, umas mais pertinentes que outras na hora de definir o caracteres históricos verificáveis da utopia cristã.

Essa utopia, que pode se chamar geral e universal, porque contém alguns mínimos que não podem faltar, ao menos na intenção e no projeto, e porque aponta a um futuro universal, cuja culminação é escatológica, deve

---

quando estava longe da terra, perdia toda a sua força. Foi dessa maneira que Hércules conseguiu vencê-lo, mantendo-o no ar até a morte. (N. do T.)

se concretizar, precisamente, para conseguir que se vá aproximando o reino de Deus. Até certo ponto, utopia cristã e reino de Deus podem se equiparar, embora ao falar do primeiro se acentue o caráter utópico do segundo, e não suas outras notas. Contudo, a concretização da utopia é o que vai historicizando o reino de Deus, tanto no coração do ser humano[2] como nas estruturas, sem as quais esse coração não pode viver. Não é hora de desenvolver aqui a ideia, muito trabalhada pela teologia da libertação, de que se deve procurar uma historicização do reino, tanto no pessoal como no social e no político. Embora a teologia da libertação fez isso a seu modo, toda a tradição da Igreja procurou fazer isso sempre. Se se ler, por exemplo, a *Gaudium et spes* ou as distintas encíclicas papais do ensino social da Igreja, ver-se-á a necessidade de historicizar, senão o reino, ao menos a fé e a mensagem cristã. Que isso se faça com maior ou menor vigor profético e utópico, não impede que se deixe de ver a necessidade de se fazer isso.

A pergunta, então, é como melhor conseguir essa concretização, aceitando a suposição fundamental de que a utopia geral e universal já está anunciada e prometida, de modo que sua concretização não só não pode ser negada ou superada, mas que deve viver dela, ainda que criativamente, porque o mesmo Espírito que a foi animando em seus dinamismos anteriores e fundadores segue possibilitando novos dinamismos. A resposta aponta ao profetismo cristão. O profetismo, direta e complexamente compreendido, está na origem da utopia geral e universal; esse mesmo profetismo é o que se necessita para a concretização da utopia; um profetismo que necessitará de ajuda de outras instâncias – por exemplo, a do magistério –, mas que não pode ser substituído por elas. Sem profetismo não há possibilidade de fazer uma concretização cristã da utopia e, consequentemente, uma realização histórica do reino de Deus. Sem um exercício intenso e autêntico do profetismo cristão não se pode chegar teórica e muito menos praticamente à concretização da utopia cristã. Aqui também a lei não pode substituir a graça; a instituição, a vida; o que já foi tradicionalmente estabelecido, a novidade radical do Espírito.

Aqui se entende por profetismo o contraste crítico do anúncio da plenitude do reino de Deus com uma situação histórica determinada. É possível esse contraste? Não são duas coisas radicalmente distintas, que se movem em planos diferentes, o reino de Deus e as realidades históricas com

---

2. Nesta tradução, optamos por utilizar "ser humano" ou "pessoa" para a palavra "hombre", do original em espanhol, para proporcionar uma linguagem inclusiva, entendendo que a tradução não afeta o conteúdo e a intenção do autor. (N. do T.)

seus projetos mundanos? A resposta a essa objeção ou pergunta, não por ser complexa, deixa de ser clara: a plenitude do reino, sem se identificar com nenhum projeto pessoal ou estrutural, nem com qualquer processo determinado, está em relação necessária com eles. Basta ver nas abordagens do Antigo e do Novo Testamento. Poderá se dar, segundo os casos, maior importância ao transcendente do que ao imanente, ao interior do que ao exterior, ao intencional do que às realizações. Porém, nunca pode faltar um desses aspectos. O reino de Deus é, em definitivo, uma história transcendente ou uma transcendência histórica, em paralelo estrito com o que é a vida e a pessoa de Jesus, mas de tal forma que é a história que leva à transcendência, certamente porque a transcendência de Deus aconteceu na história, já desde o início da criação.

Essa plenitude do reino de Deus, a qual implica que se tenha em conta todo o reino de Deus e toda a projeção do reino de Deus, deve se contrastar com uma determinada situação histórica. Se o reino, por exemplo, anuncia a plenitude da vida e a rejeição da morte e da situação histórica das pessoas e das estruturas, é o reino da morte e da negação da vida – o contraste está manifestado. O contraste de um reino historicizado manifesta as limitações (falta de divinização ou de graça) e, sobretudo, os males (pecados pessoais, sociais e estruturais) de uma determinada situação histórica. É assim que o profetismo, que se inicia com esse contraste – suposta, isso sim, aquela visão geral de reino para a qual se aludia antes e que de distintos modos a revelação de Deus foi fazendo chegar à humanidade –, está em condições de prever o futuro e ir até ele. Desse modo, que se poderia chamar de dialético, superando os limites e os males do presente, que são limites históricos, se vai desenhando, a modo de superação, o futuro desejado, cada vez mais de acordo com as exigências e os dinamismos do reino. Por sua vez, o futuro anunciado e esperado, como superação do presente, ajuda a ir superando esses limites e esses males.

Concebido assim o profetismo, vê-se o quão necessário é para que a utopia não se converta em uma evasão abstrata do compromisso histórico: "A miséria religiosa é, por uma parte, a expressão da miséria real e, por outra, o protesto contra a miséria real. A religião é o suspiro da criatura oprimida, o coração de um mundo sem coração, assim como é o espírito de uma situação carente de espírito"[3]. No entanto, se é assim, não precisa se converter em ópio do povo, como continua dizendo

---

3. MARX, K., Contribución a la crítica de la filosofía del derecho de Hegel (1884), in: MARX, K.; ENGELS, F., Sobre la religión, Salamanca, 1974, 94.

o mesmo texto marxiano. Se é mais protesto que mera expressão, se é mais luta que mero alívio, se não fica em mero suspiro, se o protesto e o contraste se convertem em utopia histórica, que nega o presente e lança para o futuro, se, em definitivo, entra-se na ação profética, faz-se história na linha da negação e da superação, e não na linha da evasão. Pela via do profetismo, mesmo que a utopia não seja plenamente realizável na história, como é o caso da utopia cristã, nem por isso ela deixa de ser efetiva. Se não fosse de alguma forma realizável, correria o perigo quase que insuperável de se converter em ópio evasivo; porém, se ela deve alcançar um grau alto de realização e se está colocada em relação estreita com a contradição profética, pode ser animadora da ação correta. Uma utopia que não seja de algum modo animadora e ainda executora de realizações históricas não é uma utopia cristã, nem sequer é uma visão ideal do reino, mas é uma visão idealista e ideologizada desse mesmo reino. Se, por exemplo, não se tende que as armas se convertam em arados, mas que se sonhe evasivamente nisso, a utopia desvanece e, longe de lutar contra o armamentismo, se converte em alívio bucólico para consumo de horas livres e ociosas. Não é essa a intenção nem a realidade da utopia e do profetismo cristãos.

Porém, se a utopia não pode ser realmente utopia cristã sem o profetismo que a inspire, tampouco o profetismo será realmente cristão sem a animação da utopia. O profetismo cristão vive da utopia cristã, a qual, enquanto utopia, vive mais e se alimenta da interpelação que faz o Espírito através da história, mas, enquanto cristã, vive mais do anúncio e da promessa explícita e implicitamente expressados na revelação já dada. Um profetismo que não tivesse em conta o anúncio e a promessa já dados estaria mal preparado para a contradição do mal e, sobretudo, completamente despreparado para construir um projeto histórico de algo que pretendesse responder às exigências concretas do reino de Deus, tal como foi anunciado desde os tempos antigos, mas especialmente por parte do Jesus histórico.

A prioridade na plenitude da ação cristã deve ser atribuída à revelação e à promessa de Jesus, inclusive na fase destrutiva do profetismo. Isso é ainda mais válido quando o que se busca é realizar a vontade ou os desígnios de Deus para cujo discernimento são indispensáveis tanto o Espírito de Cristo como os vestígios históricos do percurso pela história de Jesus de Nazaré. Parece quase tautológico e desnecessário dizer que o caráter cristão da utopia não pode ser plenamente dado exceto pela fé cristã, explicitamente aceitada e vivida, embora sem ignorar também que o Espírito pode servir-se de cristãos que não o são explicitamente e até mesmo de anticristãos, como no caso de Caifás, para anunciar e concretizar traços fundamentais da utopia cristã.

Sucede, no entanto, que o dado necessita se atualizar (no sentido zubiriano do termo). Atualizá-lo não significa primariamente colocá-lo de uma forma atual, pelo menos no sentido que essa expressão pode ter para estar na moda dos tempos. Atualizá-lo significa, em vez disso, dar realidade atual ao que formalmente é uma possibilidade histórica e que, como tal, pode ser tomada ou deixada, lida de um modo ou de outro. O que deve ser atualizado é, então, o dado; no entanto, a leitura ou a interpretação do dado, a opção por uma parte ou outra do dado, depende de um presente histórico e de alguns sujeitos históricos. A atualização histórica da utopia já dada surge, antes de tudo, da interpretação (sinais dos tempos), que vai se dando pelo Espírito na história. Mas os sinais são históricos, embora o que é significado por eles transcenda o meramente histórico. Para essa transcendência o Espírito tem outra vez prioridade, mas em relação inseparável com as concretizações históricas. Isso que é válido para a interpretação é ainda mais válido para a realização.

Efetivamente, a utopia tem um certo caráter de ideal irrealizável de uma vez por todas; contudo, ao mesmo tempo, tem o caráter de algo realizável assintoticamente, em um processo permanente de aproximação, e, portanto, implica mediações teóricas e práticas tomadas mais da dimensão categórica da história. Certamente, trata-se de uma utopia cristã e, nesse sentido, mantém de uma forma muito explícita a dimensão transcendente do reino. No entanto, inclusive essa dimensão não pode ser formulada separadamente do categórico, mesmo nas formulações que são mais estritamente evangélicas. Não é apenas ou principalmente um problema de linguagem – o reino como um banquete, como campo de trabalho etc. –, mas de algo mais profundo, da necessidade inevitável de fazer histórica a transcendência do reino, o que é fácil de ver nas recomendações morais relacionadas com a vida cotidiana, mas que também se referem a objetivações políticas e sociais – casos de soldados, de autoridades, de leis, de costumes sociais etc. –, como ocorre não apenas em todo o Antigo, mas também no Novo Testamento.

Portanto, deve-se sustentar unitariamente que, para encontrar o caráter transcendente do categórico e para categorizar interpretativa e praticamente o transcendente, é necessária a interpelação do Espírito na história. Através do verdadeiro e do falso, do bom e do mal, do justo e do injusto etc., valorizados de uma maneira unitária desde o que é a fé como dom recebido e prática cotidiana, é como se capta a transcendência do histórico e, por sua vez, se projeta e realiza transcendentemente algo que é unitariamente histórico e supra-histórico. O que o profetismo recolhe e exprime é aquela interpelação histórico-transcendente do Espírito, que torna presente a utopia já oferecida e a contrasta com os sinais dos tempos. Assim, profecia e utopia, história e transcendência se alimentam mutuamente. Ambos são históricos e ambos são transcendentes, mas nenhum deles chega a ser o que deve ser senão em relação ao outro.

2. A América Latina é hoje um lugar privilegiado de profetismo e utopia, embora a atualização de sua potencialidade profética e utópica esteja longe de ser satisfatória

Não é uma afirmação voluntarista ou arbitrária assinalar a América Latina, no momento atual, como lugar privilegiado de utopia e profetismo, já que sua própria realidade e algumas de suas realizações assim o demonstram.

2.1. Realidade e realizações

Como realidade, trata-se de um continente com características peculiares, que se assemelham com as atribuídas ao servo de Yahweh. Nessa condição, coincide com outras regiões do mundo, quase com a maior parte das regiões do mundo. É uma região maltratada desde a conquista armada, realizada pela cristandade espanhola, a qual, sem perder seu coração humano, tem, no entanto, seu rosto desfigurado, quase irreconhecível como humano, senão no que tem de dor e trágico (Is 52,2-12); ademais, quase perdeu a sua própria condição de povo (Os 1,6-9; 1Pd 2,10). Contudo, essa condição, que em grande parte a configura como realidade objetiva, tem uma consciência muito ativa de protesto e, mais especificamente, uma consciência cristã de libertação muito viva que a coloca em uma excelente disposição para exercer um forte profetismo teórico e prático, o qual é confirmado pelo muito e significativo que já alcançou nesse campo com os seus mártires e profetas recentes, surgidos em todos os lugares e em todas as camadas do povo e da Igreja. A América Latina é uma região na qual se contrasta a sua grande potencialidade e riqueza de recursos com o estado de miséria, injustiça, opressão e exploração imposto a uma grande parte do povo, dando-se com isso uma base objetiva para o contraste da utopia, dada em sua rica potencialidade, com o profetismo, baseado na negação da utopia pela realidade cotidiana. Os incessantes movimentos revolucionários, no político, e os movimentos cristãos, no religioso, são formas distintas de como uma poderosa consciência coletiva utópica e profética se tornou reflexo e carga do que é a realidade objetiva.

Como realização, a América Latina se debate fora e dentro da Igreja, numa tentativa poderosa de quebrar as suas correntes e construir um futuro diferente, não só para ela, mas para toda a humanidade. A situação, padecida em sua própria carne, juntamente com seu protesto efetivo, é uma condenação confiável da ordem histórica mundial – e não apenas da ordem econômica e política internacional – e, por negação, um anúncio de uma ordem distinta. A verdade real do ordenamento histórico atual se reflete cruamente, não só ou principalmente nas faixas de miséria e, sobretudo, de degradação dos países ricos, mas na realidade do terceiro mundo, expressa conscientemente nos múltiplos protestos da América Latina.

Essa verdade demonstra a impossibilidade da reprodução e, sobretudo, da ampliação significativa da ordem histórica atual, e demonstra, mais radicalmente ainda, sua indesejabilidade, porque a sua universalização não é possível, mas traz consigo a perpetuação de uma distribuição injusta e predatória dos recursos mundiais e mesmo dos recursos próprios de cada nação, em benefício de algumas nações. Isso faz com que a América Latina profética e utópica não busque imitar aqueles que hoje vão à frente e se situam em cima, mas busque, no objetivo e no subjetivo, uma ordem distinta que permita uma vida humana não apenas para uns poucos, mas para a maior parte da humanidade. O mundo desenvolvido não é, de nenhuma maneira, a utopia desejada, inclusive como modo de superar a pobreza, quanto menos a injustiça, e sim o aviso do que não se deve ser e do que não se deve fazer.

Esse movimento histórico se reflete dentro da Igreja como algo qualitativamente novo. A opção preferencial pelos pobres, entendida de modo radical e efetivo, de forma que estes sejam aqueles que dinamicamente tomem a iniciativa, pode, antes de tudo, transformar a Igreja radicalmente e pode assim se constituir em chave e motor do que deve ser uma utopia cristã como projeto histórico libertador. Esse movimento já se reflete nas distintas formas teóricas e práticas da teologia da libertação, que é, em si mesma, um modo de profetismo eficaz para a animação de uma nova utopia histórica cristã. Por isso a temem, tanto dentro como fora da Igreja.

2.2. Pseudo-utopias

O lugar privilegiado que é a América Latina para o profetismo e a utopia não deve levar à ilusão de considerar que toda ela ou toda a Igreja latino-americana estejam exercendo atualmente a missão profético-utópica. A América Latina, em seu conjunto, está configurada pelo mesmo "pecado do mundo", que afeta o resto da humanidade, e nela predominam as "estruturas de pecado", não apenas como sujeito passivo que as padece, mas como sujeito ativo que as produz. As formas de realização da pseudo-utopia capitalista e, em grau muito menor, da pseudo-utopia socialista predominam na configuração da sociedade e dos povos latino-americanos. Tanto as formas econômicas como sociais, políticas e culturais do capitalismo se reproduzem e se agravam na América Latina, por sua condição de sociedade dependente, que mal tem para onde enviar os efeitos e resíduos da sua exploração, e por isso os deixa dentro das suas próprias fronteiras, algo que as nações mais poderosas tentam evitar. Não há reformas do capitalismo no subcontinente, embora se tenha começado a tentar reformas do socialismo. E em nenhuma parte se vive a opção preferencial pelos pobres, a superação do dinamismo do capital e das exigências da ordem internacional, nem, menos ainda, se encontrou a forma pela qual o sujeito primário dos processos seja o povo dominado e oprimido. Não é correto culpar os outros por todos os males da América Latina, porque tal desculpa legitima ou encobre comportamentos e ações completamente condenáveis, uma vez que os sistemas, os processos, os líderes, não porque sejam dependentes, deixam de assumir e até potencializam os males de sua dependência.

Nem toda a Igreja na América Latina, nem mesmo uma grande parte dela, está cumprindo a sua vocação de profetismo utópico. Por mais escandaloso que isso possa ser numa situação como a da América Latina – um subcontinente onde a injustiça e a fé convivem –, grande parte dos cristãos, incluindo religiosos, padres, bispos, cardeais e núncios, não só carece do carisma profético, mas o contradiz e constitui até mesmo um antissinal como perseguidores do profetismo e favorecedores das estruturas e forças de dominação, desde que estas não coloquem em perigo vantagens e privilégios institucionais. Embora a parte da Igreja que realiza uma tarefa antiprofética e antiutópica não constitua maioria na instituição eclesiástica, predomina o não-profetismo e até a desconfiança contra toda forma de profetismo, o que tende a ser confundido com o rótulo equivocado do magistério paralelo. Se a opção preferencial pelos pobres for escolhida como pedra de toque, pode-se apreciar, depois de longas lutas, um certo respeito verbal, mas pouca prática eficaz por parte da hierarquia. Se tomarmos como critério a posição em relação ao movimento da teologia da libertação, embora tenha havido alguma melhoria formal, a desconfiança continua, porém em formas mais sutis de ataque.

Embora existam esses traços negativos, não se pode ignorar que, como dito nos parágrafos anteriores, tem havido um florescimento da utopia e do profetismo na América Latina, o que coloca o seu povo e, de alguma forma, a sua Igreja em posição de vanguarda para definir qual deve ser a sua missão no mundo atual, algo que não pode ser visto a partir de um lugar abstrato, muito menos de um lugar encarnado nas estruturas do mundo dominante.

3. O profetismo utópico da América Latina aponta para uma nova forma de liberdade e humanidade mediante um processo histórico de libertação

3.1. Denúncia profética radical

A própria realidade da América Latina, especialmente vista a partir da fé cristã, constitui uma denúncia profética radical da ordem internacional, tanto no seu confronto Norte-Sul como no seu confronto Leste-Oeste[4], bem como da atitude, do comportamento e das expectativas promovidos pelas vanguardas culturais e pelos modelos propostos como ideais de liberdade e humanidade.

3.1.1 Relações Norte-Sul e Leste-Oeste

O choque de interesses nos conflitos Norte-Sul e Leste-Oeste torna a maioria dos países do mundo cada vez mais dependente e sistematicamente empobrecida e, acima de tudo, a introduz num processo de perda de identidade devido à tendência para uma imitação, que reforça a dependência e até a escravidão. Não se nega que nos países capitalistas e socialistas avançados existam princípios teóricos e práticos valiosos, que podem e devem ser assumidos crítica e criativamente pelos outros, de modo que um regresso puro a um suposto primitivismo é impossível e está sujeito a múltiplas formas de dependência; além disso, é impossível fugir da única história real de interdependência, na qual todos os povos devem necessariamente se desempenhar. Mas a forma imperialista das relações Norte-Sul e Leste-Oeste deve ser repudiada para o bem dos países que a sofrem e para o bem dos países que a impõem.

---

4. A data da publicação deste texto é de 1989, ano do assassinato do autor. O contexto histórico e geopolítico de sua redação ainda reflete o período da Guerra Fria, compreendendo o mundo entre Leste e Oeste, capitalismo e socialismo. (N. do T.)

Essa é uma denúncia muito claramente expressa pela teoria da dependência e, mais tarde, pela teologia da libertação, e foi retomada, finalmente, de forma profética por João Paulo II na *Solicitudo rei socialis*, no seguimento da *Populorum progressio* de Paulo VI e da *Gaudium et spes* do Vaticano II: "Cada um dos dois blocos esconde no seu âmago a tendência para o imperialismo, como se diz comumente, ou para formas de neocolonialismo: tentação fácil, na qual não raro se cai, como ensina a história, mesmo a história recente" (*SRS*, 22).

Um fenômeno tão dramático como o da dívida externa da América Latina, tanto na sua origem quanto na forma como é exigido o seu pagamento, é um dos sintomas mais claros da injustiça da relação e do dano mortal que é causado aos povos, aos quais se supõe que se quer ajudar[5]. Em geral, pode-se dizer que o tipo de relação entre os poderosos e os menos poderosos esteja levando a que alguns (países ou grupos sociais) sejam mais ricos, enquanto a maioria seja mais pobre, alargando e agravando o fosso entre uns e outros. Mas, no caso da dívida externa, podemos constatar, concretamente, como os empréstimos que a originaram foram frequentemente feitos de forma leonina e com a cumplicidade de governos e classes sociais não populares, sem qualquer benefício para a maioria. A exigência da dívida, por outro lado, pesa muito particularmente sobre os povos que estão privados da possibilidade de sair da pobreza através do desenvolvimento harmonioso, e olha muito mais para os juros do capital do que para as exigências do trabalho, contrariando, portanto, um princípio básico de humanidade (prioridade do trabalho sobre o capital) e um princípio básico da fé cristã (prioridade dos muitos pobres sobre os poucos ricos). Assim, surge o mundo governado pela falta de solidariedade e pela falta de misericórdia e de cuidado com os outro, que aparecem configuradas e moldadas de forma antievangélica pela injustiça que se apresenta como a negação óbvia e verificável do reino de Deus anunciado por Jesus.

3.1.2 O sistema capitalista

Em particular, a situação real na América Latina denuncia proféticamente a malícia intrínseca do sistema capitalista e a mentira ideológica da aparência da democracia que a acompanha, a legitima e a oculta.

---

5. SEBASTIÁN, L., *La deuda externa de América Latina y la banca internacional*, San Salvador, 1987.

Muitas vezes, pergunta-se por que o profetismo latino-americano não denuncia as formas político-econômicas socialistas e tende a conceber utopias anticapitalistas. A razão é que o profetismo é aplicado aos males presentes, e estes, na sua maior parte, são devidos a formas capitalistas de dominação. Os males dos sistemas socialistas, tanto econômica como politicamente, estão presentes em situações como a de Cuba, a da Nicarágua e em alguns movimentos revolucionários. Mas, excluindo casos extremos como o do Sendero Luminoso no Peru, os males dos sistemas socialistas não têm comparação com o prolongamento, a extensão e a severidade daqueles do sistema capitalista na América Latina, razão pela qual o profetismo histórico é mais comum na direção de rejeitar antes o capitalismo do que o socialismo.

A Igreja, anteriormente mais inclinada a condenar o socialismo do que o capitalismo e mais disposta a ver no capitalismo defeitos corrigíveis e no socialismo males intrínsecos, decorrentes da sua própria essência histórica, hoje tende a colocar ambos os sistemas pelo menos em pé de igualdade. "De fato, como é sabido, a tensão entre o Oriente e o Ocidente não reflete, *per se*, uma oposição entre diversos graus de desenvolvimento, mas sobretudo entre duas concepções do desenvolvimento humano, de tal modo imperfeitas que exigem uma correção radical [...]. A doutrina social da Igreja assume uma atitude crítica, tanto em relação ao capitalismo liberal, como em relação ao coletivismo marxista" (*SRS*, 21). Mas a profecia local deve se centrar, por sua própria natureza, na negação daquilo que é de fato a causa dos males que afetam uma determinada realidade.

Especialmente no que diz respeito ao capitalismo, a sua maldade intrínseca, uma vez ultrapassada a sua fase de exploração implacável nos países ocidentais, que permitiu a primeira acumulação, só é observada em toda a sua magnitude fora das fronteiras dos países ricos que exportam os males do capitalismo para a periferia, explorada de múltiplas maneiras. Não se trata apenas do problema da dívida externa, nem da exploração de matérias-primas ou da procura de locais do terceiro mundo para depositar resíduos de todo o tipo que os países mais desenvolvidos produzem, mas, sobretudo, de um arraste quase irresistível para uma profunda desumanização, intrinsecamente inserida nos dinamismos reais do sistema capitalista: formas abusivas e/ou superficiais e alienantes, de buscar a própria segurança e felicidade através da acumulação privada, do consumismo e do entretenimento; submissão às leis do mercado consumidor, promovido de forma propagandística em todos os tipos de atividades, inclusive no campo cultural; manifesta falta de solidariedade do indivíduo, da família, do Estado contra outros indivíduos, famílias ou Estados.

A dinâmica fundamental de vender aos outros o que é seu ao preço mais elevado possível e comprar o que é deles ao preço mais baixo possível, juntamente com a dinâmica de impor os próprios padrões culturais para manter os outros dependentes, mostra claramente a desumanidade do sistema, construído mais sobre princípio do homem lobo para o humano do que sobre o princípio de uma solidariedade universal possível e desejável. A ferocidade predatória se torna o dinamismo fundamental, e a solidariedade generosa é reduzida a curar incidental e superficialmente as feridas dos pobres, causadas pela predação.

O fato é que, dos cerca de 400 milhões de habitantes da América Latina, 170 milhões vivem na pobreza – os níveis de pobreza no terceiro mundo não são os mesmos que os do primeiro mundo, uma vez que o que neste é estimado como pobreza (10.000 dólares anuais por família nos Estados Unidos), naquele seria riqueza –, e, deles, 61 milhões em extrema pobreza. Seriam necessários 280 bilhões de dólares para superar esta situação, o que representa quarenta por cento do produto interno bruto da América Latina. Mas isso é dificultado quase ao ponto da impossibilidade, porque, devido ao serviço da dívida, há uma exportação líquida de capital, e isso sem contar com a fuga de capitais, que se estima ser, de longe, maior do que o total de investimentos e ajuda externa para toda a região. Essa realidade, promovida tanto pelo capitalismo internacional como pelo capitalismo de cada uma das nações, ao ser devida não à vontade das pessoas, mas à estrutura e aos dinamismos do sistema, é uma prova histórica contundente dos males que o capitalismo trouxe ou não conseguiu evitar na América Latina.

Por outro lado, a propaganda ideologizada da democracia capitalista como forma única e absoluta de organização política se torna um instrumento de ocultação e, por vezes, de opressão. Certamente, no pacote democrático há valores e direitos que vale muito a pena ter em conta, sobretudo se forem levados até as suas últimas consequências e se se criarem condições reais para que sejam usufruídos. Mas a gestão ideologizada do modelo democrático não procura a autodeterminação popular relativamente ao modelo político e econômico, mas sim o encobrimento da imposição do sistema capitalista e, sobretudo no caso da América Central, dos interesses norte-americanos, de modo que se apoia a democracia, enquanto se supõe que esses interesses serão favorecidos.

Por essa razão, a segurança nacional norte-americana é mais valorizada do que a autodeterminação dos povos, do que o direito internacional e mesmo do que o respeito pelos direitos humanos fundamentais, os quais são defendidos de forma derivada, desde que não coloquem em perigo as estruturas militares e policiais, nas quais se confia mais do que em qualquer estrutura democrática para a defesa dos interesses norte-americanos. Torna-se, assim, um ponto de honra e de decisões terríveis que afetam milhões de pessoas o problema das eleições e do gozo de alguns direitos civis, que só podem ser utilizados ativamente por aqueles que têm recursos materiais suficientes – os economicamente privilegiados –, enquanto se exige com muito menos vigor a superação de assassinatos, de desaparecimentos, de torturas etc.; até ações encobertas são empreendidas pela CIA, entre as quais há não apenas ilegalidades, mas também práticas terroristas estritas.

Mas o mais grave é que a oferta de humanização e de liberdade que os países ricos fazem aos países pobres não é universalizável e, consequentemente, não é humana, nem mesmo para quem a oferece. A abordagem incisiva de Kant poderia ser aplicada a esse problema: "aja de tal maneira que a máxima da sua vontade possa sempre ser válida, ao mesmo tempo, como o princípio de uma legislação universal"[6]. Se o comportamento e mesmo o ideal de alguns não podem se tornar o comportamento e a realidade da maioria da humanidade, não se pode dizer que esse comportamento e esse ideal sejam morais ou mesmo humanos; ainda mais se o prazer de alguns for feito às custas da privação dos demais. No nosso mundo, o ideal prático da civilização ocidental não é universalizável, nem mesmo materialmente, uma vez que não existem recursos materiais na terra para que todos os países alcancem o mesmo nível de produção e consumo, desfrutado hoje pelos chamados países ricos, cuja população não chega a vinte e cinco por cento da humanidade.

Essa universalização não é possível, mas tampouco é desejável. Porque o estilo de vida proposto na e pela mecânica do seu desenvolvimento não humaniza, não plenifica nem faz feliz, como demonstra, entre outros índices, o crescente consumo de drogas, que é um dos principais problemas do mundo desenvolvido. Esse estilo de vida é movido pelo medo e pela insegurança, pelo vazio interior, pela necessidade de dominar para não ser dominado, pela urgência de exibir o que se tem, uma vez que não se consegue comunicar o que se é. Tudo isso supõe um grau mínimo de liberdade e sustenta essa liberdade mínima mais na exterioridade do que na interioridade. Implica também um grau máximo de falta de solidarie-

---

6. KANT, I., *Crítica de la razón pura*, Madrid, 1975, 50.

dade com a maioria dos seres humanos e dos povos do mundo, especialmente com os mais necessitados.

E se esse tipo de lei histórica, que procura configurar o nosso tempo, quase não tem nada de humano e é fundamentalmente desumano, deve ser dito ainda mais claramente que é anticristã. O ideal cristão de encontrar a felicidade mais no dar do que no receber – muito menos no arrebatar – (At 20,35), mais na solidariedade e na comunidade do que no confronto e no individualismo, mais no desenvolvimento da pessoa do que no acúmulo de coisas, mais do ponto de vista dos pobres do que daquele dos ricos e poderosos, é contrariado e impedido por aquilo que é, na prática, para além da afirmação ideal que nada compromete, o real dinamismo dos modelos atuais.

3.1.3 A Igreja institucional

Há também uma denúncia profética da realidade da América Latina sobre a forma como a Igreja institucional se estrutura e se comporta. A Igreja latino-Americana tem sido demasiadamente tolerante com a situação de injustiça estrutural e de violência institucionalizada prevalecente na região; sobretudo, até recentemente, a própria Igreja universal tem estado cega e muda face à responsabilidade dos países desenvolvidos em relação a essa injustiça.

Certamente, desde o tempo da conquista houve exemplos excepcionais de profetismo tanto nas bases como na hierarquia da Igreja, mas junto disso houve de forma preponderante posições de conivência, de maior preocupação com os interesses pessoais e institucionais do que com as maiorias populares oprimidas e o reino de Deus. Nos nossos dias, Medellín e Puebla, apesar do seu grande mérito e valor, tiveram pouco efeito real nas estruturas e comportamentos eclesiais. Comportamentos martiriais como os dos bispos Romero, Valencia, Angelelli etc., embora não sejam de todo raros e excepcionais e tenham sido acompanhados por dezenas e até centenas de leigos, de religiosos e sacerdotes, de homens e mulheres, são muito significativos e encorajadores, mas estão longe de ser a norma e ainda são vistos como "perigosos", como pouco normais.

A Igreja universal, sempre pronta a condenar o marxismo, tem sido mais tolerante com os males do capitalismo, mesmo nas suas formas mais dilacerantes de imperialismo. Há avanços claros desde o Vaticano II e desde os últimos papas nesse sentido; também são muito apreciadas algumas posições do episcopado norte-americano relativamente à atitude do seu governo para com os povos latino-americanos. Mas, na prática, foi necessário chegar à *Sollicitudo rei socialis* para deixar as coisas definitivamente claras depois do grande impulso, nesse sentido, da *Gaudium et spes*. No entanto, o que foi alcançado em nível doutrinal mal transitou para a orientação pastoral e para uma atitude mais decididamente profética. A Igreja que vive nos países ricos não denuncia com suficiente vigor o comportamento explorador desses países em relação ao resto do mundo. Prega mais a misericórdia do que a justiça, e assim deixa de fora um dos eixos centrais do profetismo histórico. Continua-se temendo mais os males do imperialismo soviético do que os males do imperialismo norte-americano, e prefere-se tolerar os males atuais, gerados por este último, a tolerar os males potenciais, que poderiam advir do primeiro.

Por outro lado, a Igreja na América Latina não fez um esforço suficiente para se inculturar numa situação muito diferente daquela dos países do Atlântico Norte. Ainda se pensa que existe um *continuum* histórico entre os países ricos e os países pobres, e se dá maior atenção à unidade de língua ou de ciência do que à ruptura profunda do estado de desenvolvimento econômico e da posição que se ocupa na ordem econômica internacional. Trata-se aqui de duas inculturações diferentes ou duas fontes de profunda diversificação que a inculturação deveria ter em conta. Há, por um lado, a tremenda diferença de culturas, de modos fundamentais de ser, originada por uma série complexa de fatores (raciais, psicossociais, linguísticos, educacionais e de todos os tipos). Por outro lado, existe a indiferença igualmente fundamental do produto interno bruto e da renda per capita que impossibilita muitos dos modos culturais dos países ricos. Não se trata apenas de populações indígenas ou negras, mas de algo que afeta todo o continente, se definirmos o continente a partir das maiorias populares. Continua-se pensando institucionalmente que, no que diz respeito ao pensamento teológico, às formas de religiosidade, ao mundo dos rituais etc., a América Latina continua sendo um apêndice da Europa e uma extensão do catolicismo romano, quando é uma realidade nova e, além disso, a realidade majoritária da Igreja Católica.

Essa realidade em si mesma é o que se torna uma denúncia profética e exige uma transformação profunda na forma como a Igreja se vê e compreende a sua missão. Ignorar essa afirmação, amparando-se na presumida inalterabilidade e universalidade da fé e da institucionalidade cristã, é ignorar a voz renovadora do Espírito que sempre se apresenta com algum grau de profetismo; um profetismo que denuncia as limitações e os males que a Igreja vem recolhendo como lastre no seu percurso histórico, que fundamentalmente tem sido a história dos povos ricos, dominadores e conquistadores, e não a história dos povos pobres, que deveria ter sido sua matriz fundamental e que se perdeu já desde os tempos de Constantino – embora um importante resíduo evangélico que não caiu na armadilha da riqueza nem do poder sempre se manteve vivo das mais diversas formas e sempre foi mal tolerado.

3.2. Profetismo de denúncia e utopia

O profetismo da denúncia, no horizonte do reino de Deus, traça os caminhos que conduzem à utopia. O não do profetismo, a negação superadora do profetismo, vai gerando o sim da utopia, em virtude da promessa que é o reino de Deus já presente na humanidade, especialmente desde a vida, a morte e a ressurreição de Jesus, que enviou o seu Espírito para a renovação, através da morte, de todos e de todas as coisas.

3.2.1 Um projeto global universalizável

A negação do particularismo reducionista leva à afirmação de que apenas um projeto global que seja universalizável pode ser aceitável para a nova humanidade. Independentemente de qualquer consideração ética ou teológica, permanece válido o princípio básico de que não são aceitáveis nem uma ordem nem uma concepção do mundo que geram um número cada vez maior de pessoas numa pobreza cada vez maior, que só podem ser mantidas pela força e pela ameaça de destruição total, que constituem ecológica e nuclearmente um perigo crescente de aniquilação da humanidade, que não geram ideais de crescimento qualitativo, que estão presas em laços de todos os tipos. Por considerações puramente egoístas, em que o *ego* seja a humanidade inteira, e com ele os *egos* de cada um inviáveis a longo prazo sem a viabilidade daquele, são necessárias mudanças substanciais na concepção e no dinamismo do chamado progresso.

Mas, para além de todo realismo egoísta, de todo egoísmo realista, é claro que uma ordem favorável a poucos e desfavorável à maioria é algo que desumaniza e descristianiza cada pessoa e a humanidade. Do ponto de vista humano, as ações e projetos devem ser medidos pelo clássico "sou humano, e nada de humano me é estranho", significando com isso que qualquer alienação, qualquer ação ou omissão que "estranha" outra pessoa decompõe a própria humanidade de quem quer que se comporte assim. Do ponto de vista cristão, não é possível passar ao largo ante o ferido na estrada, porque então se nega o próximo – o oposto do "estranho" – e, com isso, o segundo e o primeiro dos mandamentos que o Pai renovou no Filho.

O princípio da universalização, certamente, não é um princípio de uniformização e, muito menos, de uniformização imposta de um centro poderoso a uma periferia amorfa e subordinada, que é o caminho de universalização pretendido por aqueles que desejam impor aquele modelo de existência que é mais favorável a eles no momento. Essa uniformização é regida hoje sobretudo pelas leis do mercado econômico, como a expressão mais contundente de que o materialismo, não histórico, mas econômico, é o que, em última análise, determina todo o resto. Diante disso, deve-se gerar um universalismo que não seja redutor, mas enriquecedor, para que toda a riqueza dos povos seja respeitada e valorizada e as diferenças sejam vistas como plenificação do conjunto, e não como contraposição das partes, de modo que todos os membros se complementem e, nessa complementação, o todo seja enriquecido e as partes potencializadas.

3.2.2 Opção preferencial pelos pobres

A universalização deve ser feita a partir da opção preferencial pelos pobres, pois a que foi feita até agora, a partir da opção preferencial pelos ricos e poderosos, trouxe mais males que bens à humanidade.

Até agora, a universalização da ordem histórica mundial e a institucionalização da Igreja foram feitas a partir de uma opção preferencial pelos ricos e poderosos. Na ordem secular isso tem sido feito pelos fortes e para os fortes, o que trouxe algumas vantagens em avanços científicos, tecnológicos e culturais, mas esses foram apoiados por grandes males para a maioria, por vezes esquecidos, mas outras vezes deliberadamente explorados. A Igreja também se tornou mundana, isto é, seguiu esse comportamento fundamental do "mundo" e configurou sua mensagem e mesmo sua institucionalização mais a partir do poder que domina e controla do que do ministério que serve. Ambas as instâncias têm vivido a partir do princípio tão pouco evangélico segundo o qual, dedicando-se especialmente aos mais ricos e seguindo os padrões de comportamento que favorecem os mais poderosos e a acumulação de poder, serve-se melhor às maiorias, à humanidade, e propaga-se melhor o Evangelho. A pompa eclesiástica, imitando a pompa real, o estabelecimento de um poder político estatal, a submissão às leis do mercado etc. por parte da Igreja mostram como ela se submeteu ao princípio mundano de que é a opção pelo poder e pelos poderosos o que mais assegura as instituições.

Mas esse não é o ponto de vista cristão. Do ponto de vista cristão, deve-se afirmar que os pobres devem ser não apenas o sujeito passivo preferencial daqueles que têm o poder, mas também o sujeito ativo preferencial da história, especialmente da história da Igreja. A fé cristã sustenta – e essa é uma questão dogmática, que não pode ser contrariada, sob pena de mutilar gravemente essa fé – que é neles que se encontra a maior presença real do Jesus histórico e, portanto, a maior capacidade de salvação (libertação). Os textos fundamentais das bem-aventuranças e do juízo final, entre outros, deixam muito claro esse ponto. Muitas outras coisas são consideradas dogmáticas com muito menos apoio bíblico. Como essa subjetividade histórica deve ser concretizada e como deve ser exercida é uma questão aberta a discussões teóricas e experimentações históricas. Mas nem por isso deixa de ser um princípio de discernimento operacional a contínua indagação sobre o que é mais exigido às maiorias populares para que possam realmente alcançar o que lhes é devido como homens e como membros do povo de Deus.

Na América Latina, o profetismo coloca mais ênfase no pobre ativo e organizado, no pobre com espírito, do que no pobre passivo, no pobre que sofre a sua miséria com resignação e com pouca consciência da injustiça que sofre. Não se nega a importância, mesmo profética, do pobre pelo simples fato de ser pobre, pois não há dúvida de que, já como tal, conta com uma predileção especial e uma presença muito particular de Jesus. Mas, quando esses pobres incorporam espiritualmente a sua pobreza, quando tomam consciência da injustiça de sua situação e das possibilidades e mesmo da obrigação real que têm face à miséria e à injustiça estrutural, convertem-se de sujeitos passivos em ativos, multiplicando e fortalecendo assim o valor histórico-salvífico que lhes é próprio.

Há mais um argumento para ir em busca do novo ideal universal do ser humano e do cristão, do novo ideal de mundo e de humanidade desde as maiorias populares (versão secular) e desde os pobres (versão cristã). Na verdade, eles representam a maioria da humanidade. Isso significa que, do ponto de vista negativo-profético, mais uma vez, as diferentes civilizações passadas não foram realmente humanas, mas antes classistas ou nacionalistas, e que, do ponto de vista profético-utópico, deve-se apontar ineludivelmente para o desenvolvimento-libertação de cada pessoa e de toda a humanidade, mas compreendendo-se que são "todos" os seres humanos que de alguma forma condicionam o "tudo" de cada pessoa, e que esses "todos" são, na sua maioria, os pobres. Até agora, o desenvolvimento-libertação não foi para todo ser humano, nem está em vias de sê-lo, o que é demonstrado pelo fato de que, longe de conduzir ao desenvolvimento-libertação de todas as pessoas, a maioria foi conduzida ao subdesenvolvimento-opressão. Trata-se, certamente, de um longo processo histórico, mas a questão é se estamos caminhando na direção certa ou se, pelo contrário, apesar de todas as aparências de maior civilização, estamos caminhando para a desumanização e a descristianização do ser humano.

3.2.3 O impulso da esperança

Na América Latina, essa marcha profética rumo à utopia é movida por uma grande esperança. Fora de toda retórica e apesar de todas as dificuldades, existem rios de esperança no continente. A esperança cristã torna-se assim um dos dinamismos mais eficazes para sair da terra da opressão e caminhar rumo à terra da promissão.

Essa marcha da opressão à promissão é sustentada pela esperança, que é recebida como graça – não pareceria que houvesse muitos motivos de esperança diante de enormes problemas e dificuldades para que a esperança fosse tomada como algo natural –, mas que vai se alimentando historicamente e crescendo na práxis da libertação. É um fato verificável como a esperança, que anima os pobres com espírito, os encoraja em processos longos e difíceis, que aos outros parecem inúteis e sem futuro. É uma esperança que se apresenta, portanto, com as características da esperança contra toda esperança – uma característica muito cristã –, embora, uma vez dada, alimenta-se dos resultados obtidos. Não se trata do cálculo fixo que leva a investir com a perspectiva calculada de resultados desejáveis a prazo determinado, nem se trata tampouco de um sonho idealista que se afasta da realidade, mas, sim, da aceitação da promessa libertadora de Deus, uma promessa fundamental que desencadeia um êxodo, no qual se conjugam propósitos e objetivos históricos com garantias transistóricas.

Diante do vazio da falta de sentido da vida, que se procura preencher com atividades e pretensões sem sentido profundo, os pobres com espírito da América Latina são um sinal real e operante de que há tarefas cheias de sentido no mundo de hoje. Na crítica real, isto é, a da realidade esperançosa à realidade sem esperança, à confusão que ocorre entre o estar entretido ou divertido e o ser feliz, entre o estar ocupado e o estar realizado, abre-se um espaço para outro modo de vida, completamente diferente daquele que hoje se impõe como ideal numa sociedade consumista, à qual se propõem conquistas sem consistência e sem maior significado. Esse espaço é o percorrido pelos pobres com espírito numa nova disposição cristã, que leva a dar a vida pelos outros, de modo que, nessa entrega, a encontrem quando encontrarem a si mesmos; que leva a poder desprezar o mundo inteiro, cuja conquista nada importa se envolve a perda de si mesmo, do próprio espírito (Marcos 8,34-38); que leva a se esvaziar para, depois do esvaziamento, reencontrar-se de novo na plenitude do que é e do que se pode ser (Fl 2,1-11).

A esperança dos pobres com espírito na América Latina – provavelmente também em outros lugares – é algo qualitativamente novo. Não é que a desesperança absoluta conduza a uma espécie de desespero ativo naqueles homens que, por não terem nada a perder, podem se lançar a perder tudo – o tudo-nada da sua própria vida que é invivível. Não há desesperança, mas esperança, e, por isso, a atitude e as ações não são desesperadas, mas atitudes e ações que surgem da vida e vão em busca de uma vida maior. Isso é um fato verificável em milhares de homens e mulheres nos campos de refugiados, entre as colônias marginais, entre os milhares de deslocados, que muitas vezes não são encorajados pelo "espírito político", mas são animados pelo "espírito cristão". Esse espírito terá de ser historicizado e politizado para não se evaporar em subjetivismos inoperantes, mas a politização não é principal nem fundamental.

Essa esperança que surge da vida, que surge ao lado da promessa e da negação da morte, é celebrada festivamente. O sentimento de festa, tal como ocorre nesses pobres com esperança, indica, por enquanto, que não caíram no fanatismo do desespero e na luta pela luta. Mas tampouco se cai na festa puramente diversionista que caracteriza o mundo ocidental carente de sentido e de esperança. A festa não é a substituição da falta de esperança, mas a celebração jubilosa de uma esperança em marcha. A procura mais ou menos explícita da felicidade se faz por outros caminhos, que não a confundem simplesmente com o esquecimento drogado pelo consumismo ou com o mero consumismo do entretenimento. Não é simplesmente no ócio que se busca a realização, mas no trabalho gratuito e gratificante de diversas tarefas libertadoras.

3.2.4 "Começar de novo"

Em busca de uma utopia historicamente universalizável, na qual os pobres ou as maiorias populares tenham um lugar determinante e desde a esperança que impulsiona para isso, vislumbra-se uma nova revolução com o lema profético "começar de novo". Começar uma nova ordem histórica, que transforme radicalmente a atual, fundamentada na potencialização e libertação da vida humana, é o apelo profético que pode dar lugar a uma nova utopia de inspiração cristã.

"Começar de novo" não significa a rejeição de todo o passado, o que nem é possível nem desejável, mas significa algo mais do que simplesmente começar a fazer coisas novas em desenvolvimento linear do fazer anterior. Significa um verdadeiro "começar de novo", já que o velho, como totalidade, não é aceitável, como tampouco é aceitável o dinamismo principal (Zubiri) que o move.

A rejeição total do passado não é possível nem mesmo na mais radical das revoluções e tampouco desejável, porque priva a humanidade de possibilidades sem as quais seria obrigada a começar do zero, o que é impossível. Além disso, nem tudo o que se conseguiu é mal nem está intrinsecamente contaminado de maldade. Existem elementos de toda espécie, científicos, culturais, tecnológicos, políticos etc., cuja malignidade não provém deles mesmos, mas da totalidade em que estão inscritos e da finalidade a que estão submetidos. Há certamente elementos inaceitáveis, mas isso não é suficiente para defender um niilismo impossível e estéril. Nesse sentido, o "começar de novo" não supõe nem aniquilação prévia nem criação de um novo mundo a partir do nada.

Mas tampouco se trata apenas de fazer coisas novas, mas sim de fazer novas todas as coisas, uma vez que o antigo não é aceitável. Isso pertence à essência do profetismo utópico. O "se não nascerem de novo" (Jo 3,3), a incorporação na morte que dá vida (Rm 6,3-5), a semente que precisa morrer para dar fruto (Jo 12,24), o desaparecimento e a destruição da cidade velha para que a nova possa surgir num mundo diferente (Ap 18,1 ss.; 21,1 ss.) e tantos outros anúncios do Antigo e do Novo Testamento oferecem e exigem uma transformação radical. E, na interpretação cristã da vida nova, a morte intercede sempre como mediação. Certamente, a boa notícia é uma mensagem de vida, mas uma mensagem de vida que assume não apenas a realidade da morte, mas a validade positiva da negação da morte. Morrer para o velho ser humano, para o mundo passado, para o antigo éon etc. é parte fundamental da mensagem bíblica. A profecia cristã pode ir contra este ou aquele fato específico, mas também, e sobretudo, vai contra a totalidade de qualquer ordem histórica, na qual o pecado predomina sobre a graça. Como negação e como afirmação, a profecia utópica cristã procura criar um ser humano radicalmente novo e um mundo radicalmente diferente.

O princípio fundamental sobre o qual assentar a nova ordem continua sendo que "todos tenham vida e a tenham em abundância" (Jo 10,10). Esse é o grito utópico, nascido da profecia histórica. A experiência histórica da morte – e não apenas da dor –, morte por fome e miséria ou morte por repressão e diferentes formas de violência, tão viva e massiva na América Latina, mostra a enorme necessidade e o valor insubstituível da vida material, antes de tudo, como dom primário e fundamental no qual devem estar enraizados todos os outros valores que, em última análise, são um desenvolvimento desse dom primário. Essa vida deve se expandir e se realizar através do crescimento interno e na relação com a vida dos outros, sempre em busca de mais vida e de vida melhor.

Não é que seja evidente aquilo em que consiste a plenitude da vida, e menos ainda como essa plenitude deve ser alcançada, mas não é tão difícil ver aquilo em que ela não consiste e como não será alcançada. E isso não tanto por deduções lógicas, baseadas em princípios universais, mas por verificação histórica, baseada na experiência das maiorias populares. Buscar a vida tirando-a dos outros ou não se importando com a forma como os outros a estão perdendo certamente é a negação do Espírito como o doador da vida. Nessa perspectiva, a mensagem cristã básica de amar o outro como a si mesmo, e não apenas não querer para si o que não se quer para os outros – que é pragmaticamente formulada na *Declaração dos Direitos do Homem e do Cidadão* (1973)[7], em seu artigo sexto –, o propiciar mais o dar do que o receber e o propor dar todos os bens aos mais pobres são ideais utópicos, cuja historicização profética pode ir gerando essa novidade radical nas pessoas e nas instituições. Com isso, não só se encoraja a procurar algo radicalmente novo, mas também se traçam algumas linhas para tentar recomeçar, porque o que foi feito até agora não está no caminho certo para o benefício da maioria da humanidade, constituída de maiorias com quase nenhum acesso à vida.

3.2.5 Profetismo da libertação

O profetismo histórico latino-americano é apresentado em nossos dias como libertação. A utopia da liberdade pretende ser alcançada com o profetismo da libertação. O ideal utópico de uma liberdade plena para todas as pessoas só é possível através de um processo de libertação, de modo que não é primariamente a liberdade que gera libertação, mas é a liberta-

---

7. O autor cita a edição de 1973, que é a segunda versão, reformulada. A primeira versão é de 1789. Este documento serviu de base para a Declaração dos Direitos Humanos, promulgada pelas nações Unidas, em 1948. (N. do T.)

ção que gera liberdade, embora ocorra entre ambas um processo de mútua potenciação e enriquecimento.

Tem sido assim historicamente. As famosas *liberties* inglesas da *Charta Magna* ou da *Bill of Rights* são conquistas concretas – menos impostos, julgamentos justos, proteção contra a dominação arbitrária dos reis etc. – obtidas através de um processo de luta libertadora, através do qual se alcançam determinados direitos formalizados em pactos, leis ou constituições. Trata-se, no fundo, de um processo de libertação da injustiça, da dominação, do abuso institucionalizado e pseudojustificado. Só mais tarde o liberalismo se tornou o modelo de liberdade e o caminho para preservar, mais que para alcançar, essa liberdade. Mas a liberdade real é obtida fundamentalmente por um processo de libertação. Isso é assim em nível pessoal, em nível comunitário, em nível social e, também, em nível político. Por outro lado, o liberalismo, contrariado pela profecia histórica da América Latina, é a cobertura jurídica e formal daqueles que já foram libertados de certas opressões e dominações e buscam, por sua vez, que outros não o consigam por sucessivos e mais complexos processos de libertação.

Tanto a liberdade pessoal como a liberdade social e política só são efetivamente liberdades quando se "pode" ser e fazer o que se quer – deve-se ou é permitido – ser e fazer. A liberdade sem condições reais que a tornem realmente possível pode ser um ideal, mas não é uma realidade, pois sem condições adequadas e suficientes não se pode ser ou fazer o que se quer. Mas, se além de não haver condições reais para exercer a liberdade, as liberdades e os direitos formais, há uma dominação e uma opressão positivas que impedem ainda mais aquele exercício, não só é irreal, mas positivamente ideologizado e hipócrita falar de liberdade. Não há liberdade pessoal quando, por exemplo, alguém é dominado internamente por pré-condicionamentos muito fortes ou externamente por uma pressão propagandista que não é devidamente combatida; não há liberdade pessoal, por exemplo, na criança, quando não há desenvolvimento intelectual e conhecimentos mínimos para poder discernir e contrastar o peso das motivações internas e externas; se, além disso, os pais ou educadores impõem suas ideias, atitudes ou padrões de comportamento das mais diversas formas, é quase sarcástico falar de liberdade.

O mesmo deve ser dito das liberdades econômicas e sociopolíticas. Só podem ser usufruídas por quem tem acesso efetivo a elas e por quem não está positivamente impedido de acessá-las pelos mais diversos meios, ora disfarçados, ora descobertos. Que liberdade de movimento tem quem não tem estradas, meios de transporte e até forças para caminhar? Que liberdade de escolha de trabalho ou estudo se dá quando só há emprego ou estudos para cinquenta por cento da população? Que liberdade de expressão ocorre quando o acesso ativo aos meios de comunicação só é alcançado por um por cento, e o acesso passivo – por falta de alfabetização, falta de dispositivos, falta de recursos etc. – por sessenta por cento? Que liberdade econômica existe quando o acesso ao crédito é uma questão para muito poucos? Que liberdade política existe quando não se tem recursos para formar um partido político e quando os aparelhos estatais ou sindicais mantêm um clima de terror ou, pelo menos, de temor generalizado? Poder-se-ia dizer que o liberalismo idealmente não quer nada disso, mas procura oferecer oportunidades iguais para todos os indivíduos e todas as tendências. Mas, de fato, não é assim, e o menor exercício de historicização mostra que as liberdades e as suas condições não são doadas, mas conquistadas num processo histórico de libertação.

Uma coisa é a liberalização. Outra coisa muito distinta é a libertação. Os processos de liberalização só são possíveis se forem antecedidos pelos processos de libertação. A liberalização é um problema das elites e para as elites, enquanto a libertação é um processo das maiorias populares e para as maiorias populares, que começa com a libertação das necessidades básicas e depois constrói condições positivas para o exercício cada vez mais adulto da liberdade e para o desfrutar razoável das liberdades. Que certos processos de libertação tendem a se tornar novos processos de dominação de muitos por poucos é algo que deve ser levado em conta, mas não invalida a prioridade axiológica da libertação sobre a liberalização quando se trata de alcançar a liberdade.

Querer levantar o problema da liberdade à margem da libertação é querer fugir ao verdadeiro problema da liberdade para todos. Já em nível pessoal, a liberdade não se atualiza plenamente, mas por laboriosos processos de libertação de todo o tipo de necessidades, mais ou menos determinantes. Existe uma base interna para a liberdade e um ideal de liberdade que, em certa medida e de forma genérica, são dados "naturalmente" ao ser humano. Mas se trata fundamentalmente de capacidades e liberdades que precisam ser atualizadas para se tornarem realidades plenas, para cuja atualização são necessárias condições muito precisas. Com as devidas distinções, algo semelhante deve ser dito da liberdade social e política. Esta supõe uma libertação das estruturas opressivas, e contra elas lutaram os liberais clássicos, supondo que só o Estado limitava ou oprimia o indivíduo, sem perceber que existiam grupos sociais que oprimiam e exploravam outros grupos sociais. Supõe também a criação de condições para que a capacidade e o ideal de liberdade política e social possam ser partilhados de forma equitativa.

A libertação é entendida, portanto, como "libertação-de" toda forma de opressão e como "libertação-para" uma liberdade partilhada que não possibilite ou permita formas de dominação. Tem pouco sentido falar de liberdade quando o espaço de sua realização está reduzido pelas necessidades básicas insatisfeitas, por limitações drásticas de possibilidades reais de escolha e por imposições de todos os tipos, especialmente aquelas apoiadas pela força e pelo terror. Mas uma mera "libertação-de" não é suficiente, uma vez que é necessária uma "libertação-para" ou uma "libertação-rumo" à liberdade, que só pode ser liberdade plena quando for liberdade para todos. Não é aceitável a liberdade de alguns, apoiada pela escravidão de outros, nem a liberdade sustentada pela não-liberdade da maioria. Por isso, também aqui a liberdade deve ser vista a partir da sua historicização nas maiorias populares dentro de cada país e dos povos oprimidos no mundo como um todo. É a humanidade que deve ser livre, e não alguns privilegiados da humanidade, sejam eles indivíduos, classes sociais ou nações.

Dessa perspectiva, o problema da prioridade da justiça sobre a liberdade ou da liberdade sobre a justiça é resolvido pela unidade de ambas na libertação. Não pode haver justiça sem liberdade, nem liberdade sem justiça; embora, na ordem social e política, haja uma prioridade da justiça sobre a liberdade, uma vez que não se pode ser livre injustamente, enquanto a justiça, ao dar a cada pessoa o que lhe é devido, não só torna possível a liberdade, mas também a moraliza e a justifica. A libertação de todas as formas de opressão, quaisquer que sejam, é, como verdadeiro processo de "justi-ficação"[8], o verdadeiro meio de potenciar a liberdade e as condições que a tornam possível. Nesse sentido, a libertação é um processo de "ajuste" consigo mesmo, enquanto busca se livrar das cadeias internas e externas; é um processo "justo", enquanto tenta superar uma injustiça manifesta; e é um processo "justificador", enquanto busca criar condições adequadas para o pleno desenvolvimento de todos e um uso equitativa delas.

Em termos mais explicitamente cristãos, trata-se de uma marcha rumo à utopia da liberdade, através de um verdadeiro processo de libertação profética que implicaria a libertação do pecado, da lei e da morte (Rm 6-8) e cujo objetivo consiste em que se revele efetivamente o que significa ser filho de Deus, o que é a liberdade e a glória dos filhos de Deus, algo

---

8. Esta forma de redação é trazida pelo autor no original, com a intenção de dar ênfase à justiça, implicada no radical "justi". (N. do T.)

só possível através de um processo permanente de conversão e libertação (Rm 8,18-26), no seguimento de Jesus, através da reprodução pessoal "dos traços de seu Filho, para que fosse o maior de uma multidão de irmãos" (Rm 8,29). Um desenvolvimento pleno do que é a libertação do pecado, da lei e da sua morte tornaria mais claro teológica e historicamente como a liberdade é fruto da libertação e como é perigoso levantar o problema da liberdade fora de tarefas precisas de libertação. Isso exigiria um tratamento mais extenso desse problema, mas a sua própria insinuação aponta para a necessidade imperiosa de processos de libertação profética para que a utopia da liberdade possa realmente ser historicizada.

4. A utopia cristã proclama de forma histórica a criação do novo ser humano, da nova terra e do novo céu

4.1. O novo ser humano

O novo ser humano é delineado a partir do ideal cristão, mas de um ideal historicizado que pretende substituir o velho ser humano, que tem sido o ideal mundano e mesmo cristão-mundano, proposto como tal ou, pelo menos, como um foco de atração praticamente irresistível.

Para isso, parte-se da convicção, alimentada tanto a partir da fé como a partir da experiência histórica, de que o ideal e/ou foco dominante do ser humano mantido na América Latina é anticristão e não responde aos desafios da realidade. Nem tudo nesse ideal é importado a ponto de se poder falar de uma inculturação desse ideal que transmite características próprias da sua historicização. Prescindindo agora de quais traços são importados e quais são autóctones, pode-se fazer um certo catálogo de suas características.

Com respeito ao velho ser humano dominante como um ideal na chamada civilização cristã, Norte-atlântica e Ocidental, rejeita-se a sua insegurança radical que o leva a tomar medidas loucas e irracionais de autodefesa; a sua falta de solidariedade com o que acontece ao resto da humanidade; seu etnocentrismo, juntamente com a absolutização e idolatria do Estado-nação como pátria; sua exploração e dominação direta ou indireta de outros povos e dos recursos desses povos; a banal superficialidade de sua existência e dos critérios com que são escolhidas as formas de trabalho; a imaturidade na busca da felicidade, através do prazer, do entretenimento disperso e da diversão; a pretensão autossuficiente de se tornar a vanguarda elitista da humanidade; a agressão permanente ao ambiente compartilhado por outros.

Sentir os efeitos multitudinários, opressivos por um lado e dissolventes por outro, desse ser humano do norte ocidental sobre o ser humano latino-americano faz com que seu falso idealismo seja profeticamente rejeitado e, sobre essa negação, um ser humano diferente seja desenhado. Mas, antes disso, rejeita-se que a América Latina pertença sem mais ao mundo ocidental e ao mundo cristão ocidentalizado, porque, através dessa ideologização, falsificou-se Cristo, a quem se converte em isca para uma civilização que não pode ser universalizada humanamente, mas que pretende ser exportada como modelo ideal de humanidade e de cristianismo. Quando Hobbes, em 1651, escreveu no *Leviatã* que existem três causas de conflito entre os seres humanos e que todas as três estão inscritas na natureza humana – a insegurança, a competição e o desejo de glória –, estava descrevendo mais a experiência do ser humano ocidental emergente do que algo necessariamente inerente à natureza humana. Quando o cristianismo oficial converte o que deveria ser a negação real das atitudes e dos fatos anticristãos em virtudes opcionais e intencionais, ele também está fazendo uma leitura da fé que anula a verdade real e a sua eficácia.

O regresso ao realismo histórico do anúncio evangélico, realismo histórico que não é de modo algum fundamentalista, precisamente porque é histórico, obriga a regressar ao tema evangélico fundamental da riqueza-pobreza. A leitura interessada da fé permitiu conciliar a riqueza material com a pobreza espiritual, quando a verdadeira leitura, atestada pelos maiores santos da Igreja, é a oposta: conciliação da pobreza material com a riqueza espiritual. Pois bem, a verificação histórica da relação dialética entre riqueza e pobreza recupera a profundidade da mensagem evangélica, fazendo da pobreza não um conselho puramente opcional, mas uma necessidade histórica; correlativamente, tornando a riqueza não algo indiferente e facilmente conciliável com o seguimento de Jesus, mas um dos impedimentos fundamentais da constituição do reino. Fala-se aqui não de pobreza e riqueza separadamente, mas da sua relação dialética: pobreza como correlato da riqueza e riqueza como correlato da pobreza.

Não só do ponto de vista da fé, mas também do ponto de vista da história, a riqueza e a concupiscência, ou desejo de riqueza, são vistas como a força motriz de uma cultura sem alma e desumana e a maior resistência à construção histórica do reino de Deus. O caminho do enriquecimento rápido e desigual levou à ruptura "caínica"[9] da humanidade e à formação de um ser humano explorador, repressivo e violento. A relação entre o ser

---

9. Relacionado a Caim. (N. do T.)

humano e a riqueza, tão essencial no Evangelho, torna-se mais uma vez um ponto central na definição do novo ser humano. O novo ser humano não surgirá até que se consiga uma relação totalmente nova com o fenômeno da riqueza, com o problema da acumulação desigual. Esse problema, que se tentou resolver através da ascese e da espiritualidade individual ou grupal, deve ser retomado, porque se tornou uma necessidade histórica para frear a desumanização de ricos e pobres confrontados dialeticamente.

Por trás da atração da riqueza dos seres humanos e dos povos ricos, perdem-se os sinais da própria identidade. O buscar a própria identidade na apropriação distorcida de modelos estrangeiros leva a dependências e mimetismos frenadores da própria autocriação. A cultura da riqueza propõe modelos e estabelece meios para os alcançar, e faz isso de tal forma que impede a possibilidade de procurar outros modelos de plenitude e felicidade e sujeita todos aqueles que se dedicam ao culto do bezerro de ouro a dinâmicas alienantes. O bezerro de ouro torna-se o ídolo central de uma nova cultura, a qual, por sua vez, reforça o papel central que nela desempenha: onde está o seu tesouro está o seu coração, que se configura com as características próprias do tesouro. Daí a importância na escolha do tesouro. Quando este se confunde com a acumulação da riqueza, o tipo de coração e de pessoa humana que daí resulta fica sujeito a uma dupla alienação: a de submeter a própria liberdade aos dinamismos carentes e "coisificadores" do dinheiro, e a de submeter a própria identidade a um modelo criado não para a libertação, mas para a submissão. Certamente, a riqueza tem algumas possibilidades de libertação, mas à custa de outras possibilidades de escravidão próprias e alheias.

Todos esses males, em grande parte induzidos desde fora, são acompanhados e refletidos por outros que surgem mais de dentro. Tendências machistas e violentas, que degradam tanto homens como mulheres, refletidas em desvios profundos da vida sexual e familiar, ou todo um conjunto interdependente de submissão, fatalismo e inércia são exemplos disso. O quanto é ancestral e até natural, e o quanto é reflexo de estímulos externos, é uma questão de investigação em cada caso. Mas não seria um bom caminho para recuperar a própria identidade colocar a origem de todos os males em agentes externos, porque isso dificultaria a tarefa de construir o novo ser humano a partir de dentro.

A ideologização correspondente a esse conjunto de fatos e tendências reais revela-se como negativa e anuladora da própria consciência individual e coletiva. Essa ideologização é apresentada como religiosa, econômica ou política, e o que faz, no fundo, é reforçar os interesses fundamentais latentes ou explícitos. O fatalismo religioso, a competição econômica da livre iniciativa e o desejo de lucro, o sistema democrático oferecido como uma participação controlada e regulada das maiorias populares, são exemplos dessa ideologização, apoiada em alguns bens e valores, mas transmitindo males maiores.

O que foi dito acima, em sua negatividade, aponta para quais deveriam ser positivamente os traços da utopia. Essa negatividade à luz da inspiração cristã indica o que o novo ser humano deve ser, em oposição ao velho. Como não se trata primordialmente de um exercício intencional, mas de uma práxis já em curso, algumas dessas características são perceptíveis naquilo que já está acontecendo.

O ponto central tem a ver com a opção preferencial pelos pobres como forma fundamental de combater a prioridade da riqueza na configuração do ser humano. Caminha-se para uma maior solidariedade com a causa dos oprimidos, para uma incorporação crescente no seu mundo como lugar privilegiado de humanização e divinização cristã, não para se regozijar numa pobreza miserável, mas para acompanhar os pobres no seu desejo de libertação. A libertação não pode consistir numa passagem da pobreza para a riqueza, enriquecendo-se com a pobreza dos outros, mas antes na superação da pobreza através da solidariedade. Trata-se, isso sim, dos pobres com espírito, dos pobres que assumem a sua situação como fundamento na construção do ser humano novo. Da materialidade da pobreza, ela é ativamente elevada pelos pobres com ânimo para um processo de libertação solidária, que não deixa nenhuma pessoa de fora. Dito de outro modo, trata-se de pobres ativos, a quem a própria necessidade atormenta para sair de uma situação injusta.

Assim, esse novo ser humano é definido, em parte, pelo protesto ativo e pela luta permanente que procuram superar a injustiça estrutural dominante, considerada um mal e um pecado, uma vez que mantém a maioria da população em condições de vida desumanas. O negativo é essa situação que na sua negatividade se lança como uma mola para sair dela; mas o positivo é a dinâmica de superação, em que o Espírito encoraja de múltiplas maneiras, sendo a maior de todas a disponibilidade para dar a vida pelos outros, seja na dedicação diária incansável ou no sacrifício até a morte, sofrida violentamente.

Típico, porém, desse novo ser humano, movido pelo Espírito, é que a sua força motriz não é o ódio, mas a misericórdia e o amor, porque vê a todos como filhos de Deus e não inimigos a serem destruídos. O ódio pode ser lúcido e eficaz a curto prazo, mas não é capaz de construir um ser humano realmente novo. O amor cristão não é exatamente suave, mas procura com muita determinação não ser apanhado pelo egoísmo ou pelo ódio, e tem uma vocação muito clara ao serviço. São os senhores deste mundo que procuram dominar e ser servidos, enquanto o Filho do Homem, o novo humano, não veio para ser servido, mas para servir e dar a vida pelos outros, por muitos (Mt 20,25-28).

Junto com o amor, a esperança. O ser humano novo, para ser realmente novo, deve ser um ser humano de esperança e de alegria na construção de um mundo mais justo. Ele não é movido pelo desespero, mas pela esperança, porque o primeiro tende ao suicídio e à morte, e o segundo, à vida e à doação. Às vezes, será uma esperança contra toda esperança, mas nisso mesmo é perceptível a alegria e a segurança de alguém acima do ser humano e de seus pensamentos, o impulso de uma vocação para construir o reino que, fundamentalmente, é o reino de Deus, porque é Deus seu objetivo final e sua força motriz constante. A América Latina, que tantas vezes foi chamada de continente da esperança, o é em multidões de pessoas cheias de esperança, e não apenas como uma simples potencialidade natural ainda não desenvolvida.

É uma esperança aberta e incansável. O ser humano novo é um ser humano aberto, que não absolutiza nenhuma conquista, no engano de transformar algo limitado em algo infinito. O horizonte é necessário como limite que orienta, mas é mais necessário como abertura permanente para quem avança. A absolutização da riqueza, do poder, da organização, da instituição etc. transformados em ídolos faz do idólatra uma pessoa fechada e subjugada, completamente oposta a um ser humano aberto a um Deus sempre maior e a um reino que deve ser historicizado de forma permanente numa aproximação cada vez maior, mas que, por múltiplas razões, supera cada conquista parcial e a supera qualitativamente pela decifração de novidades lógicas e conceitualmente imprevisíveis.

Chega-se assim não só a uma nova relação entre as pessoas, mas também a uma nova relação com a natureza. Quando os habitantes primitivos da América Latina sustentavam que a terra não pode ser possuída por ninguém, não pode ser propriedade particular de ninguém, porque é uma deusa mãe, que dá vida a tantas pessoas, mantinham uma relação respeitosa e venerada com a natureza. A natureza não pode ser vista apenas como matéria-prima ou lugar de investimento, mas como manifestação e dom de Deus, que devem ser desfrutados com veneração, e não maltratados com desprezo e exploração.

Para que tudo isso seja possível, desenha-se um novo ser humano, ao mesmo tempo contemplativo e ativo, um ser humano que supera o ócio como também os negócios. Nem a atividade é suficiente, nem a contemplação é suficiente. Contra a tentação da preguiça, escondida no lazer da contemplação, a urgência da tarefa impulsiona a ação eficaz, pois a gravidade dos problemas não permite esperar. Contra a tentação do ativismo, disfarçado de criação constante de novas oportunidades, o vazio e a destrutividade das suas promessas exigem a riqueza da contemplação. A ação sem contemplação é vazia e destrutiva, enquanto a contemplação sem ação é paralisante e ocultadora. O ser humano novo é ouvinte e cumpridor da Palavra, examinador dos sinais dos tempos e realizador daquilo que lhe é oferecido como promessa.

Outros traços históricos da vida de Jesus também deveriam ser projetados nesse novo ser humano, que já aponta concretamente para o horizonte latino-americano dos pobres e dos que lançaram sua sorte com eles. Mas aqueles aqui mencionados, especialmente quando fazem referência explícita a um Deus sempre presente, no qual confiar e ao qual confiar o sentido último da semente lançada, são aqueles que unificam e qualificam esses outros traços históricos da vida de Jesus, que são assumidos com diferentes nuances e, sobretudo, com diferentes concreções, de acordo com a vocação particular de cada pessoa.

Entre a negação superadora do velho ser humano e a realização afirmativa do novo ser humano, entre o profetismo que nega afirmando e a utopia que afirma negando, a práxis latino-americana da fé cristã vai abrindo novos caminhos, em última análise, bons para todas as pessoas, bons para a construção de uma nova terra e de um novo mundo.

4.2. A terra nova

A criação da nova terra implica a utopia de uma nova ordem econômica, uma nova ordem social, uma nova ordem política e uma nova ordem cultural. O chamado novo mundo, longe de ser realmente novo, tornou-se, especialmente no subcontinente latino-americano, um remédio empobrecido para o velho, e só agora estaria em condições, uma vez tendo falhado o modelo anterior, de construir, sobre sua negação, um mundo realmente novo.

Não se trata de permanecer em idealismos voluntaristas. Há uma inércia histórica, algumas leis quase necessárias e um peso da tradição, que não podem ser abolidos, mas que devem ser contrastados e, na medida do possível, transformados pela força do ideal utópico, decorrente da necessidade objetiva, e não meramente intencional, para superar os males gravíssimos e universais do presente. Não se pode desconhecer a existência de dinamismos típicos da evolução histórica, nunca dominados completamente por nenhum sujeito histórico. Mas isso não significa que devamos aceitar um determinismo histórico absoluto que levaria ao fatalismo ou que apenas permitiria, no melhor dos casos, a tentativa de melhorar o todo estrutural, pela superação de cada indivíduo ou de alguns dos grupos sociais. A proposta alternativa de "salve-se quem puder" nesta desordem mundial pode supor a solução momentânea para alguns, mas supõe a ruína da maioria. Por isso é necessária a utopia, o recurso ao ideal utópico, constituído como uma força efetiva assimilada por muitos para contrariar e até dirigir o que de outra forma constitui o curso cego e mecânico da história. Não é verdade que a liberdade de cada um levará à liberdade de todos, quando a recíproca é muito mais real: a liberdade geral é o que possibilitará a liberdade de cada um. E esse ideal de tornar a utopia real pode se constituir em princípio de liberdade e de espiritualidade que se incorpore, através da subjetividade das pessoas, no determinismo e na materialidade dos processos históricos. Nessa perspectiva, a famosa passagem de Marx na *Contribuição à crítica da filosofia do Direito de Hegel* (1844) poderia ser lida de uma forma radicalmente nova: "é verdade que a arma da crítica não pode substituir a crítica das armas, que a força material deve ser derrubada pela força material, mas também a teoria se converte em poder material assim que se apodera das massas". O ideal utópico, quando historicamente apresentado como gradualmente alcançável e assumido pelas maiorias populares, torna-se uma força maior que a força das armas, é ao mesmo tempo uma força material e espiritual, presente e futura, portanto capaz de superar a complexidade material-espiritual com que se apresenta o curso da história.

4.2.1 Uma nova ordem econômica

Na ordem econômica, a utopia cristã, vista desde a América Latina, que surge do profetismo real historicizado numa situação determinada, propõe uma civilização da pobreza que substitua a atual civilização da riqueza. Numa perspectiva mais sociológica que humanista, essa mesma utopia pode ser expressa através da proposta de uma civilização do trabalho que substitua a civilização dominante do capital.

Se o mundo como um todo vem se configurando sobretudo como uma civilização do capital e da riqueza, em que aquele mais objetivamente e esta mais subjetivamente têm sido os principais elementos impulsionadores, modeladores e orientadores da civilização atual, e se isso tem dado por si só tudo de positivo que teve e que atualmente traz males maiores e mais graves, deve-se propiciar não a sua correção, mas a sua suplantação superadora pelo seu oposto, ou seja, por uma civilização da pobreza. Desde os tempos de Jesus, sempre que a pobreza se sobrepõe à riqueza para entrar no reino, surge uma grande rejeição, principalmente por parte daqueles que já são ricos ou que colocaram a riqueza como fundamento indispensável da sua vida. Mas o que Jesus propôs como ideal pessoal pode e deve ser estendido à realidade sócio-histórica, com a devida adaptação.

A civilização da riqueza e do capital é aquela que, em última análise, propõe a acumulação privada do maior capital possível por indivíduos, grupos, multinacionais, estados ou grupos de estados, como base fundamental do desenvolvimento e da acumulação possessiva, individual ou familiar, da maior riqueza possível como base fundamental da própria segurança e da possibilidade de um consumismo cada vez maior como base da própria felicidade. Não se nega que esse tipo de civilização, corrente tanto no Oriente como no Ocidente e que deve ser chamada de civilização capitalista – seja pelo capitalismo de Estado ou pelo capitalismo privado –, trouxe bens à humanidade, que, como tais, devem ser preservados e propiciados (desenvolvimento científico e técnico, novos modos de consciência coletiva etc.). Mas trouxeram males maiores, e os seus processos de autocorreção não são suficientes para reverter o seu curso destrutivo.

Consequentemente, olhando para o problema mundial como um todo, na perspectiva das reais necessidades e expectativas da maioria da população mundial, essa civilização da riqueza e do capital deve ser radicalmente superada. Nesse ponto, a doutrina social da Igreja juntou-se de forma muito significativa às já antigas reivindicações da teologia da libertação, especialmente na sua nova formulação da *Laborem exercens* de João Paulo II. O economicismo materialista, que configura a civilização da riqueza, não é eticamente aceitável no seu próprio dinamismo interno e, muito menos, nos seus resultados reais. Em vez do economicismo materialista, deveria ser proposto um humanismo materialista que, reconhecendo a condição complexamente material do ser humano e, portanto, apoiando-se nela, evita qualquer tipo de solução idealista para os problemas humanos reais. Esse humanismo materialista tenta superar o economicismo materialista, já que não seria a matéria econômica que determinaria em última instância todo o resto, o que ocorre em qualquer tipo de civilização do capital e da riqueza, mas sim a matéria humana, complexa e aberta, que concebe o ser humano como um sujeito limitado, mas real, de sua própria história.

A civilização da pobreza, ao contrário, fundada num humanismo materialista, transformada pela luz e inspiração cristãs, rejeita a acumulação de capital como motor da história e a posse-desfrute da riqueza como princípio de humanização, e faz da satisfação universal das necessidades básicas o princípio do desenvolvimento e do aumento da solidariedade partilhada no fundamento da humanização.

A civilização da pobreza é chamada assim em contraste com a civilização da riqueza, e não porque busca o empobrecimento universal como ideal de vida. Certamente, a tradição cristã, estritamente evangélica, tem uma enorme desconfiança com a riqueza, seguindo nisso o ensinamento de Jesus, muito mais claro e contundente do que podem ser outros que se apresentam como tais. Da mesma forma, os grandes santos da história da Igreja, muitas vezes em clara luta reformista contra as autoridades eclesiásticas, pregaram incessantemente as vantagens cristãs e humanas da pobreza material. São duas linhas que não podem ser esquecidas, porque, no caso dos grandes fundadores religiosos – veja-se, por exemplo, o caso de Santo Inácio de Loyola nas suas deliberações sobre a pobreza –, faz-se referência explícita não só ao individual-pessoal, mas também ao institucional. Mas, mesmo admitindo e tendo em conta tais considerações, que põem em causa a riqueza em si, o que queremos aqui sublinhar é a relação dialética riqueza-pobreza, e não a pobreza em si mesma. Num mundo pecaminosamente configurado pelo dinamismo capital-riqueza, é necessário suscitar um dinamismo diferente que o supere salvificamente.

Isso se alcança, primeiramente, através de uma ordem econômica, apoiada e dirigida direta e imediatamente para a satisfação das necessidades básicas de todas as pessoas. Só essa orientação responde a um direito fundamental do ser humano, sem cujo cumprimento não se respeita a sua dignidade, a sua realidade é violada e a paz mundial fica ameaçada.

Sobre quais sejam as necessidades básicas, mesmo tendo em conta as diferenças culturais e individuais que levam a diferentes subjetivações dessas necessidades, não cabe grande discussão, se considerarmos a situação de extrema pobreza ou miséria de mais da metade do gênero humano. Como tais, deve-se considerar, acima de tudo, alimentação adequada, habitação mínima, cuidados básicos de saúde, educação primária, ocupação profissional suficiente etc. Não se trata de propor que isso esgote o horizonte do desenvolvimento econômico, mas sim que constitua um ponto de partida e uma referência fundamental, uma condição *sine qua non* de qualquer tipo de desenvolvimento. A grande tarefa pendente é fazer com que todos os homens possam acessar com dignidade a satisfação dessas necessidades, não como migalhas caídas da mesa dos ricos, mas como parte principal da mesa da humanidade. Uma vez assegurada institucionalmente a satisfação das necessidades básicas como fase primária de um processo de libertação, o ser humano seria livre para o que deseja ser, desde que o que deseja não se torne um novo mecanismo de dominação.

A civilização da pobreza propõe como princípio motriz, face à acumulação de capital, a dignidade através do trabalho, um trabalho que não tem como objetivo principal a produção de capital, mas sim o aperfeiçoamento do homem. O trabalho, visto tanto como um meio pessoal e coletivo para garantir a satisfação de necessidades básicas como uma forma de autorrealização, superaria diferentes formas de auto e heteroexploração, e também superaria desigualdades que não apenas ferem, mas causam dominações e antagonismos.

Não se trata apenas de que o ser humano novo deixe de fazer da riqueza o seu ídolo fundamental, ao qual oferece tudo o que possui: capacidade de trabalho, princípios morais, saúde, lazer, relações familiares etc. Trata-se, sobretudo, de criar uma sociedade que, negativamente, não nos obrigue a fazer da riqueza o valor supremo, porque sem ela tudo se perde – de que adianta ao ser humano salvar a sua alma, que não é vista nem apreciada, se perde o mundo que se vê e que mais se valoriza? – e que, positivamente, está estruturada de tal forma que não seja necessário procurar riquezas para ter tudo o que é preciso para a libertação e a realização do ser humano. É claro que uma sociedade não estruturada pelas leis do capital e que dê a primazia ao dinamismo do trabalho humanizador estaria configurada de um modo muito distinto da atual, porque seu princípio configurador é totalmente distinto. O fracasso humanístico e moral da sociedade atual, da terra atual, configurada segundo os ditames do capital, já está impulsionando, de diferentes maneiras, as vanguardas mais ou menos marginais a configurar uma sociedade diferente, ainda que, por enquanto, deixando as estruturas e dinamismos da sociedade atualmente dominante. A solução definitiva, porém, não pode consistir em sair deste mundo e enfrentá-lo com um sinal profético de protesto, mas em entrar nele para renová-lo e transformá-lo rumo à utopia da nova terra.

Em parte, isso será alcançado se uma característica fundamental da civilização da pobreza, a solidariedade partilhada, for positivamente reforçada, em oposição ao individualismo fechado e competitivo da civilização da riqueza. Ver os outros não como parte de si mesmo, mas ver-se em unidade e comunhão com os outros combina bem com a mais profunda inspiração cristã e aparece em sintonia com uma das melhores tendências dos setores populares latino-americanos que se abre contra tendências individualistas dissociativas. Essa solidariedade torna-se possível no desfrute comum dos bens comuns.

A apropriação privada de bens comuns não se faz necessária para que se possa cuidar deles e desfrutá-los. Quando a doutrina social da Igreja, seguindo São Tomás, afirma que a apropriação privada dos bens é a melhor forma prática de cumprir ordenadamente o seu destino comum primordial, está fazendo uma concessão "à dureza dos seus corações", mas "no princípio não era assim". Somente por causa da ganância e do egoísmo, inerentes ao pecado de origem, se pode dizer que a propriedade privada dos bens é a melhor garantia do progresso produtivo e da ordem social. Mas, se o "onde abundou o pecado, superabundou a graça" quiser ter verificação histórica, é necessário anunciar utopicamente que uma nova terra com uma nova humanidade deve ser configurada com princípios mais altruístas e solidários. Os grandes bens da natureza (o ar, os mares e as praias, as montanhas e as florestas, os rios e os lagos, em geral, o conjunto dos recursos naturais para produção, uso e desfrute) não precisam ser apropriados de forma privada por nenhuma pessoa individual, grupo ou nação, e, de fato, são o grande meio de comunicação e convivência.

Se fosse alcançada uma ordem social em que as necessidades básicas fossem satisfeitas de forma estável e garantida e fossem possibilitadas fontes comuns de desenvolvimento pessoal, de modo que a segurança e as possibilidades de personalização fossem garantidas, a fase baseada na acumulação de capital privado e de riqueza material poderia ser estimada como um estágio pré-histórico e pré-humano. O objetivo utópico não é que todos tenham muito através da apropriação privada e exclusivista, mas que todos tenham o que é necessário, e que o uso e o desfrutar não-acumulativo e exclusivista do que é principalmente comum esteja aberto a todos. Não se pode confundir o indispensável dinamismo da iniciativa pessoal com o dinamismo natural-original da iniciativa privada e privatizante; nem a única maneira de trabalhar para si mesmo ou de ser você mesmo é excluir os outros como concorrentes de sua mesmidade.

Essa ordem econômica, que se orienta por esses princípios e que favorece o desenvolvimento do novo ser humano, deve ser a nova ordem utópica de uma economia a serviço da humanidade que, certamente, conduziria a uma nova terra. Hoje, é uma afirmação partilhada a de que, na atualidade, a pessoa humana se submete à economia, e não a economia à pessoa. Embora esse fenômeno indique, entre outras coisas, o predomínio do comum e estrutural sobre o individual e conjuntural, a forma como o fenômeno se apresenta – o domínio do econômico sobre o humano – não é aceitável como um ideal utópico e muito menos é compatível com o ideal cristão.

Qual dos dois grandes sistemas econômicos disponíveis hoje, o capitalista e o socialista, melhor se adapta à realização desse ideal utópico?

Na América Latina, o fracasso dos modelos capitalistas, que têm sido claramente dominantes durante décadas, é bastante claro. Dir-se-á que não foram suficientemente capitalistas, mas, se foi esse o caso, não foi por causa da oposição ao capitalismo, mas por causa da incapacidade objetiva de se impor um sistema capitalista numa situação como a latino-americana. Os sistemas capitalistas na América Latina têm sido incapazes de satisfazer as necessidades básicas da maioria da população, criaram desigualdades prejudiciais entre os poucos que têm muito e os muitos que têm pouco, conduziram a uma gigantesca dívida externa imposta às pessoas que não desfrutaram ou tiraram partido dos empréstimos, produziram frequentemente crises econômicas muito profundas e promoveram uma cultura imoral de consumismo e lucro fácil. Infelizmente, tudo isso foi feito por pessoas e classes que se consideram católicas e que não veem contradição entre sua práxis econômica e sua práxis cristã. Dessa realidade, o mínimo que se pode dizer é que só uma transformação radical da ordem econômica capitalista seria minimamente conciliável com o que é a utopia cristã. O marxismo, por ser o grande contraditório dessa ordem, por atacar profundamente o espírito do capitalismo e analisar os mecanismos que o sustentam e por anunciar utopicamente a libertação do ser humano através da libertação do trabalho, desempenha na América Latina um papel profético e utópico de grande alcance e oferece um método científico para desvendar os profundos dinamismos do sistema capitalista.

Por outro lado, os resultados econômicos – mais tarde voltaremos aos políticos – dos sistemas socialistas também não são satisfatórios, pelo menos para entrar na competição mundial. As recentes tentativas das maiores nações socialistas de corrigir os seus sistemas econômicos com procedimentos mais típicos do sistema oposto, sem implicar o abandono da parte principal do seu próprio, apontam para algumas limitações que vale muito a pena ter em conta. Por outro lado, seria prematuro condenar antecipadamente os modelos socialistas reformados ao fracasso devido ao que está acontecendo atualmente na Nicarágua, embora fosse um erro ignorar as dificuldades reais que esse sistema tem na forma concreta de como é implementado, atendidos os locais e os tempos. Inclusive o modelo cubano, ainda que tenha alcançado num tempo relativamente curto a melhor satisfação das necessidades básicas de todo o continente latino-americano, não está isento de dificuldades intrínsecas, que só podem ser superadas com apoio externo massivo[10]. Portanto, existem também sérios problemas na concretização do modelo socialista como o instrumento mais eficaz para historicizar a utopia cristã.

Contudo, pode-se argumentar que o ideal socialista está mais próximo, economicamente, das exigências utópicas do reino. O ideal econômico socialista baseia-se em valores humanos profundos e não prospera economicamente precisamente por causa do seu idealismo moral que não leva em conta o estado empírico da natureza humana. O ideal econômico capitalista baseia-se, pelo menos parcialmente, nos vícios egoístas da natureza humana e é, nesse sentido, não mais realista, mas mais pragmático do que o seu oponente, razão pela qual tem sucessos econômicos superiores. Dir-se-ia, portanto, que, se o novo ser humano fosse alcançado, a ordem socialista funcionaria melhor, enquanto que, sob o domínio do velho ser humano, as estruturas que, fundamentalmente, são injustas para a maioria da população mundial funcionariam melhor. Portanto, embora não se possa ser ingênuo ao recomendar uma ou outra mediação do reino, a utopia cristã que trabalha para o ser humano novo numa nova terra não pode deixar de inclinar-se, economicamente, para formulações mais próximas do socialismo do que do capitalismo, no que diz respeito à América Latina e, de forma mais geral, ao terceiro mundo. Vale lembrar que a doutrina social da Igreja se aproxima dessa forma de ver as coisas.

Pode-se objetar que nos países capitalistas a satisfação das necessidades básicas é mais bem assegurada do que nos países socialistas. Mas a objeção não é tão forte se tivermos em conta, em primeiro lugar, que os países capitalistas servem uma parte muito menor da população mundial; em segundo lugar, que isso é conseguido com custos muito elevados para uma grande parte dessa população, e, em terceiro lugar, que esse sistema não é universalizável, dados os recursos mundiais limitados e a apropriação privada deles por alguns países privilegiados.

Em ambos os casos, embora de forma desigual, dependendo das situações, o profetismo e a utopia cristã precisam ser críticos em relação à teoria e à prática dos sistemas econômicos dominantes. Por vezes, o ensino social da Igreja tem sido demasiado ingênuo e tolerante com a teoria e, sobretudo, com a prática do capitalismo, devido ao medo de perder benefícios e ao medo dos regimes marxistas. Mas a teologia da libertação

---

10. A data deste texto é de 1989, portanto é anterior ao fim da União Soviética (1991), que trouxe o fim das ajudas materiais e financeiras a Cuba. (N. do T.)

também tem sido por vezes ingênua e tolerante com a teoria e a prática do marxismo, devido a um certo complexo de inferioridade em relação ao compromisso dos revolucionários. Sem esquecer a difícil relação do profetismo e da utopia com as mediações históricas, que não devem ser anatematizadas por um purismo irreal, o que importa finalmente sublinhar é que, em qualquer caso, a civilização do trabalho e da pobreza deve substituir a civilização do capital e da riqueza. E pareceria – o que ainda representa um problema muito sério – que a civilização do capital e da riqueza está sendo imposta em todo o mundo, tanto nos casos do capitalismo privado como nos casos do capitalismo de Estado. Consequentemente, o profetismo e a utopia cristãos ficam com uma tarefa fermentadora permanente.

4.2.2 Uma nova ordem social

Correspondente a essa nova ordem econômica, deve emergir uma nova ordem social vigorosa e pluripolar, na qual se possibilite que o povo seja cada vez mais sujeito do seu próprio destino e tenha maiores possibilidades de liberdade criativa e participação. Visto que o povo de Deus é quem deve ter prioridade no reino de Deus, e não um conjunto de superestruturas institucionais que tomam o seu lugar, também na história deste mundo os grupos sociais devem ser os que carregam o peso da história, e que o carreguem desde si mesmos. Por outras palavras, deve-se dar mais peso ao social do que ao político, sem implicar que o individualismo seja a forma suprema de humanização. A dimensão social deve predominar sobre a dimensão política, embora não a substitua.

Entre o individualismo e o estatismo, deve ser estabelecido um tipo de sociedade forte que supere o desenfreamento do primeiro e a imposição dominante do segundo. Não se trata de encontrar meios-termos entre dois extremos já existentes, mas sim de procurar novas formas que, ao negá-los, superem os modelos existentes. É claro que a desestatização não deve ser entendida como uma exigência neoliberal de um menor peso do Estado face às exigências da chamada iniciativa privada e das leis do mercado. A desestatização é, antes, uma socialização que promove uma iniciativa comunitária e social, não delegada ao Estado, nem aos partidos, nem às vanguardas, nem aos líderes. Trata-se de superar a apatia social na condução dos processos históricos sem cair em agremiações ou corporativismos. O que se pretende fazer com isso, em última análise, é, positivamente, dar mais vida e decisão às instâncias sociais e, negativamente, superar os dinamismos perturbadores do poder político. Procurar o bem comunitário a partir da pressão comunitária e através de meios comunitários, sem delegar essa força a órgãos políticos que se tornam autônomos e nunca podem representar adequadamente o social, seria a principal característica dessa socialização.

A instância pública não deve ser confundida com a instância política, e não deve ser aceita a reserva de toda a esfera pública ao Estado e aos partidos políticos em detrimento dos órgãos sociais, pois, no fundo, isso representa uma estatização da vida social. O social representa não um meio, mas uma mediação entre o individual e o político, de modo que a essencial dimensão comunal do indivíduo é realizada principalmente não na dimensão política do Estado, mas na dimensão pública do social. Em diferentes momentos da luta política latino-americana houve um certo desprezo pelos partidos em benefício das organizações populares. Mas essa tendência não conseguiu fazer com que assumissem o poder político do Estado, com o que caíram mais uma vez nos males da mediação política para defender os seus reais interesses. Da mesma forma, a Igreja abdicou frequentemente do seu carácter de entidade social para se tornar um apêndice do poder político, distorcendo assim a sua missão e enfraquecendo assim o seu potencial histórico de serviço das maiorias populares.

Por aquilo que toca ao permanente problema da liberdade e da igualdade-justiça, a questão não reside em dar primazia ao indivíduo sobre o Estado ou a este último sobre o primeiro. A unidade liberdade-justiça-igualdade é melhor alcançada na mediação do social, que não é nem estatal nem individual. A mediação do social torna possível aquela liberdade individual-pessoal que não é individualista, ao mesmo tempo que torna possível a liberdade política, ou seja, a liberdade dos indivíduos e grupos ante poder do Estado. O que gera condições reais para a liberdade pessoal é, sobretudo, a liberdade social, e, por sua vez, não é tanto o indivíduo como o grupo que constitui a melhor garantia real e eficaz contra a dominação e a opressão das estruturas político-estatais.

Isso implica que no âmbito real do social desapareçam as desigualdades excessivas e conflituosas, sem cair em igualdades mecânicas, que não respondem às diferentes preferências de valores e à diversidade das contribuições dos indivíduos e dos grupos para o bem-estar social. Uma igualdade forçada não responde à realidade, nem é exigida por considerações éticas ou religiosas. O que deve ser excluído, por agora, é a atual diferença insultuosa entre aqueles que desperdiçam e aqueles que não têm o suficiente para sobreviver, e isso mesmo que não houvesse nenhuma relação causal ou funcional entre pobreza e riqueza. O que é uma obrigação imperativa é que todos tenham a garantia da satisfação das suas necessidades básicas; mas, superado esse nível, devem ser respeitadas opções particulares de trabalho ou rendimento maior, desde que a igualdade de oportunidades seja respeitada e sejam evitados processos que conduzam a desigualdades marcantes e provoquem conflitos.

Essas abordagens seriam normais e razoáveis para possibilitar uma liberdade-justiça-igualdade adequada. Mas o ideal utópico de Jesus vai muito além. Paradoxalmente, o seguidor de Jesus procura ocupar o último lugar como forma mais segura de chegar primeiro, de modo que nesse lugar não seja dominador, mas servidor; não busque a sua própria honra, mas a dos outros. Em geral, o que a mensagem de Jesus defende é substituir os dinamismos reais deste velho mundo, desta velha terra, pelos dinamismos do reino como ideal utópico da nova terra, constituída como negação – morte e ressurreição – da velha. As tremendas reservas do Novo Testamento sobre a riqueza, o poder e a honra mundanas e a sua proclamação decidida da pobreza, do serviço e da humilhação da cruz podem e devem ser transferidas para o domínio do visível e do social. Eles não representam apenas um ideal possível para o indivíduo, mas um modelo para a sociedade. O fato de os resultados alcançados, por exemplo, no caso das ordens religiosas – grupos sociais que reúnem os indivíduos sem os deixar à mercê de instituições mais globalizantes –, não terem sido inteiramente satisfatórios não impede que sirvam de questionamento sobre a necessidade de dar carne histórico-social ao convite que Jesus faz para seu seguimento. As instituições sociais, diferente das políticas, podem estar impregnadas daquele espírito que pareceria reservado apenas aos indivíduos, e foi isso que pretenderam os grandes fundadores das ordens religiosas.

4.2.3 Uma nova ordem política

A nova ordem política, que se desenha profeticamente no horizonte utópico, baseia-se na tentativa de superação dos modelos políticos que são fruto e, ao mesmo tempo, sustentação do capitalismo liberal e do coletivismo marxista.

Não se propõe uma "terceira via" cristã entre o liberalismo e o coletivismo na esfera econômica, nem entre a democracia liberal e a social-democracia na esfera política. Tal "terceira via" não existe, nem sequer como solução ideal nos últimos documentos da Igreja (ver *Sollicitudo rei socialis*, 41). Nesta fase histórica, o que pode ocorrer são diferentes formas de uma ou de outra via, tanto no âmbito econômico como no político, umas melhores que outras, na sua aplicação a uma determinada realidade. Não seria difícil verificar que algumas formas políticas socialistas são muito melhores do que algumas formas políticas capitalistas, e, inversamente, que algumas formas capitalistas são melhores do que outras formas socialistas. Essa graduação não deixa de ser interessante e pode ser apresentada como uma abertura de um sistema ao outro, o que, na prática, os aproxima, apesar das suas diferenças fundamentais. Em particular, são interessantes os esforços recentes e bastante difundidos para democratizar o socialismo que mal têm correspondência numa tão necessária socialização das democracias, talvez porque as mais avançadas já o tenham feito de alguma forma.

Esse duplo movimento de abertura em cada um dos sistemas pode estar mostrando não só a insuficiência de cada um deles, mas um possível salto em direção a um novo sistema político até agora pouco reconhecível. É um dos poucos pontos em que se pode apreciar um dinamismo positivo da história que contraria o dinamismo cego das exigências do capital, sujeito a constantes correções pelo que se poderia chamar de dinamismo da humanização-divinização. Sinais como a valorização cada vez mais natural dos direitos humanos, uma maior abertura democrática e uma solidariedade global mais eficaz são, entre outros, manifestações da luta entre o bem e o mal, entre o fechamento dos sistemas e a abertura da humanidade. São sinais positivos e esperançosos que mal conseguem esconder o peso e a inércia dos seus opostos, mas que, no entanto, apontam para possibilidades de mudança através de um caminho reformista.

Desde a América Latina, no entanto, tem-se buscado uma e outra vez, e ainda se segue buscando, uma mudança revolucionária, em vez de uma mudança reformista, para a qual se procurou, por vezes, tirar partido do dinamismo subversivo da fé cristã, bem como os sistemas dominantes têm aproveitado os dinamismos conservadores dessa mesma fé. A razão é óbvia. Existe um tal grau de injustiça estrutural, isto é, que afeta a própria estrutura da sociedade, que parece indispensável exigir uma mudança rápida e profunda nas estruturas, isto é, uma revolução. Por outro lado, o dinamismo imperante não leva de fato a um reformismo que, por acumulação, pudesse se converter, a longo prazo, em uma mudança revolucionária, mas a um aprofundamento e uma extensão da injustiça estrutural, e isso sob o disfarce de reformismo, de caminho para o desenvolvimento.

Desse ponto de vista pode-se afirmar, tanto pela teoria como pela verificação da realidade histórica e, claro, pelo profetismo utópico, que é necessária uma revolução dos dinamismos e das estruturas atuais, uma revolução anticapitalista – contra o capitalismo que ocorre em países subdesenvolvidos e oprimidos – e uma revolução anti-imperialista – contra qualquer tipo de império estrangeiro que tente impor os seus interesses. O problema não é, então, se uma revolução é necessária ou não, mas, qual é a revolução necessária e como deve ser realizada. A revolução de que se necessita, a revolução necessária, será aquela que pretenda a liberdade desde e para a justiça, e a justiça desde e para a liberdade, a liberdade desde libertação, e não apenas desde a liberalização, seja ela econômica ou política, para superar assim o "mal comum" dominante e construir um "bem comum", entendido em contraposição com o anterior e perseguido a partir de uma opção preferencial pelas maiorias populares.

A imposição dogmática de que a democracia liberal é a melhor forma de combinar liberdade e justiça, em qualquer momento e circunstância, não deixa de ser uma presunção, muitas vezes escondendo interesses ocasionais e elitistas. Da mesma forma, a imposição dogmática das chamadas democracias sociais ou populares como a melhor e única forma de combinar adequadamente liberdade e justiça não é compatível com algumas das formas reais como têm ocorrido. Seria necessário aderir ao princípio mais radical de que é a realidade – tal como é sentida pelas maiorias populares, e não princípios dogmáticos ou mesmo modelos históricos – que se impõe como critério de seleção, em consonância com uma autêntica autodeterminação. Antes dos critérios formais de um ou outro tipo de democracia, está a medida real de um sistema de direitos humanos, devidamente hierarquizado e quantificado.

Nessa perspectiva, nos países da América Central e na maior parte do terceiro mundo, a libertação social é apresentada com maior necessidade e urgência do que a libertação política, o que pode não ser o caso em outras situações no primeiro e no segundo mundo. É claro que não são mutuamente exclusivos e, muito menos, contraditórios; mas a libertação social, com o seu apoio à satisfação das necessidades básicas da maioria e ao exercício autônomo da vida social, está acima da liberdade política, que procura a igualdade de oportunidades para alcançar o poder político e as chamadas liberdades estritamente políticas, distintas das liberdades fundamentais. É que as liberdades políticas, para serem desfrutadas pela maioria, exigem a libertação das necessidades básicas e da liberdade social, embora estas, por sua vez, exijam âmbitos de liberdade política.

Com isso surge uma maior conaturalidade, no atual estágio de realização do reino em situações em que a maioria da população vive em extrema pobreza e opressão, do ideal socialista, mais do que do ideal capitalista, com a profunda inspiração da mensagem cristã, embora nenhum deles se identifique com o ideal utópico cristão. Outra coisa diferente é a possibilidade de realização real de cada um desses dois ideais.

Já houve muitos testes e tentativas de correção cristã do capitalismo, e os resultados não foram bons, nem mesmo em termos de satisfação de necessidades básicas, muito menos no campo ético da construção de um novo ser humano e de uma nova terra, em conformidade com os ideais utópicos do reino. Embora, na doutrina social da Igreja, se tenha formulado correções interessantes ao capitalismo, tem-se cometido frequentemente o erro de pensar que o capitalismo é fundamentalmente bom e é o sistema que está mais de acordo com os valores cristãos. Por outro lado, a influência da fé cristã e mesmo das formas históricas de cristandade na correção do capitalismo, como ocorreu na América Latina, onde a fé oficial é a cristã desde os tempos da conquista, sem ser completamente inoperante, mostra fraquezas notáveis, que mais mundanizaram – capitalizaram – a Igreja do que cristianizaram – evangelizaram – as estruturas e comportamentos mundanos.

A tentativa de fazer da fé cristã o fermento das abordagens marxistas está muito menos comprovada. Algo já foi feito nesse sentido e foi reconhecido pelos revolucionários latino-americanos, desde Fidel Castro aos líderes sandinistas e da salvadorenha FMLN. A teologia da libertação tem procurado, de diferentes maneiras, trazer correções importantes ao marxismo, como a doutrina social da Igreja tinha procurado alcançar até pouco tempo atrás com o capitalismo. Não é que a teologia da libertação pretenda que a Igreja abandone a sua função social e política nas mãos dos movimentos, partidos ou vanguardas que a representam; pelo contrário, exige um compromisso direto e autônomo da Igreja na defesa dos direitos humanos e na promoção de maior justiça e liberdade, especialmente para os mais necessitados. Mas pretende que as formas marxistas de revolução sejam profundamente transformadas – e não apenas as pessoas que as realizam –, porque, na sua teoria e, sobretudo, na sua prática, tendem para reducionismos e eficácias pouco concordes com o ideal utópico cristão. Ao mesmo tempo, a experiência do melhor do marxismo serviu de incentivo à Igreja e obrigou-a a voltar-se – a converter-se – para pontos radicais da mensagem cristã, que a passagem dos anos e a inculturação nas formas capitalistas deixaram meramente ritualizados e ideologizados sem peso histórico nos indivíduos e nos povos.

4.2.4 Uma nova ordem cultural

A nova ordem cultural deveria livrar-se dos modelos ocidentais, uma vez que estes deixam muito a desejar quando se trata de alcançar a perfeição do ser humano e a felicidade de todas as pessoas. Somente libertando-se do engano de que a cultura ocidental já encontrou pelo menos o caminho para o verdadeiro progresso humano é que se pode começar a procurar outro tipo de cultura.

A ordem cultural consumista é um produto da ordem econômica consumista, razão pela qual não é adequada para lançar uma civilização da pobreza, que deve ter o seu correspondente desenvolvimento cultural. Não é pelo caminho da mudança permanente do entretenimento que o patrimônio cultural será engrandecido. Confundir ser feliz com estar entretido favorece e promove o produto de consumo, através das necessidades induzidas pelo mercado, mas, ao mesmo tempo, descobre e estimula o maior dos vazios interiores. A civilização da pobreza, longe de ser consumista e culturalmente ativista, tende a ser naturalista e a potenciar atitudes contemplativas e comunicativas mais do que as atitudes consumistas ativas, em alguns casos, e as puramente passivo-receptivas, em outros.

A enorme riqueza cultural acumulada ao longo de milhares de anos de vida humana, diferenciada em múltiplas formas, tempos e lugares diferentes, não pode permitir que fique inundada por modas culturais que procuram no novo a afirmação e a consolidação de pessoas que não são seres humanos novos e que pretendem apenas vender novidades. É preciso recuperar essa riqueza secular não para permanecer nela de forma conservadora, mas para nos capacitarmos para novidades que não sejam substitutas, mas que as superem. Muitos dos modelos tecnológicos e consumistas estão perdendo de vista e de uso, quando não matando, a realidade e o significado profundo das grandes conquistas culturais, nascidas de uma verdadeira identidade cultural. É a partir da própria identidade que podem ser assimilados valores de outras culturas sem se perder nelas. O caso, por exemplo, da assimilação inculturada da fé cristã, levada a cabo pelo movimento da teologia da libertação, é um bom exemplo de como uma realidade universalizável pode ser historicizada e particularizada, ao mesmo tempo que enriquecedora.

A cultura deve ser, acima de tudo, libertadora. Libertadora de ignorância, de medos, de pressões internas e externas, em busca da apropriação de uma verdade cada vez mais plena e de uma realidade cada vez mais plenificadora. Nesse processo de libertação, a cultura irá sendo geradora de liberdade real, não reduzida a selecionar – mais do que escolher – entre diferentes ofertas condicionadas e condicionantes, mas orientada para a construção do próprio ser como pessoas, como comunidades, como povos e como nações, num esforço de criação, e não apenas de aceitação. Há uma tremenda imposição cultural em todo o mundo, que universaliza a partir de centros poderosos a visão e avaliação do mundo com os mais diferentes meios de comunicação. Essa imposição cultural mantém as grandes maiorias da América Latina e de outras partes em formas alienadas de compreenderem a si mesmas e de compreenderem e valorizarem o mundo. O que deveria ser favorável a uma unidade plural torna-se uma uniformidade empobrecedora. A facilidade dos meios de comunicação, por outro lado, leva a um salto alienado de um estado primitivo, por vezes muito rico e saudável, da cultura para estágios sofisticados e decadentes de uma cultura imposta mais pelo meio e pela embalagem com que é apresentada do que por causa do pano de fundo que a compõe.

Também aqui a abordagem é procurar uma cultura para a maioria, e não uma cultura elitista com muita forma e pouca vida. Que não poucos tenham vida e a tenham em abundância, mas, se possível, todos – esse deveria ser o lema da nova cultura na nova terra. É uma tarefa verdadeiramente utópica, mas que é impulsionada – e esse impulso é visto em muitos lugares – pelo profetismo real que repudia e supera os flagelos de uma cultura alienante e, em última análise, desumanizadora.

4.3. O novo céu

A criação de um novo céu significa alcançar uma nova presença de Deus entre as pessoas que permitiria transformar a velha Babilônia na nova Jerusalém.

Certamente, tudo o que foi dito acima, expresso sob os títulos do novo ser humano e da nova terra, é uma presença muito especial do Espírito de Cristo no mundo, enviado pelo crucificado e ressuscitado. Mas exige maior explicação e visibilidade, que se expressa no novo céu não como algo sobreposto ao ser humano e à terra, mas como algo integrado e estruturado com eles.

4.3.1 Um novo céu cristológico

Assim, por "novo céu" devemos entender aqui aquela presença de Deus na nova terra, que vá possibilitando e animando que Deus seja tudo em todos e em tudo (1Cor 15,28), porque Cristo é tudo para todos (Cl 3,11). É, portanto, um novo céu cristológico, e não simplesmente o céu de um Deus abstrato, unívoco na sua abstração. Também não se trata do céu como lugar final dos ressuscitados na graça, mas do céu presente na história, da presença histórica e cada vez mais operante e visível de Deus entre os seres humanos e nas estruturas humanas públicas. O Jesus histórico deve constituir-se não só no Cristo da fé, mas também no Cristo histórico, isto é, na historicização visível e eficaz da afirmação paulina de que ele é tudo em todos e para todos, de que a vida real de pessoas e instituições – com a diferença essencial que esta vida deve assumir em uns e em outros – já não seja a vida que surge dos seus princípios imanentes limitados e pecaminosos, mas seja a vida que surge dos princípios que fazem novas todas as coisas, que criam, que regeneram e transformam o que é insuficiente e até pecaminoso na velha criatura.

Visto dessa forma, o novo céu vai além do que normalmente é entendido pela Igreja, embora não do que deveria ser entendido pela cidade de Deus e, claro, pelo reino de Deus. Não obstante, a referência à Igreja é imprescindível para descrever adequadamente o novo céu sob o qual e no qual viver historicamente, enquanto a história de Deus continua em peregrinação, ou Deus continua em peregrinação através da história como Cristo histórico.

4.3.2 A Igreja de Cristo

Efetivamente, uma das principais formas pelas quais esse novo céu deve ser historicizado é a Igreja de Cristo como o corpo histórico de Jesus crucificado e ressuscitado.

Não basta afirmar que a Igreja torna presente a vida divina, transmitida sacramentalmente. Isso é importante, mas não é suficiente. De imediato, essa presença sacramental da Igreja como um todo e dos diferentes sacramentos, em que se atualiza essa sacramentalidade fundamental (Rahner), deve ser revitalizada para além do ritual e do formal, até que se recupere a eficácia da Palavra e da correspondência ativa de quem recebe a graça do sacramento. Confundir o mistério, que é o sacramento, com um processo dado na interioridade da pessoa é desvalorizar o mistério da eficácia, numa afirmação puramente inverificável e inoperante. Mesmo desse ponto de vista, é indispensável uma renovação profunda, profética e utópica, sem a qual não é concebível revitalizar a vida sacramental.

Mas a Igreja deve ir além do âmbito sacramental, ou, pelo menos, a sua sacramentalidade deve ser compreendida de forma mais ampla; para isso, precisa estar permanentemente aberta e atenta à novidade e à universalidade do Espírito, que rompe a rotina esclerotizada do passado e os limites de uma autoconcepção restrita. Só uma Igreja que se deixa invadir pelo Espírito renovador de todas as coisas e está atenta aos sinais dos tempos pode tornar-se o novo céu de que o novo ser humano e a nova terra têm necessidade.

A Igreja, como instituição, tende a ser mais conservadora do passado do que renovadora do presente e criadora do futuro. Certamente, há coisas a conservar, mas nada de vital e humano, nada de histórico se conserva se não for mantido em permanente renovação. O medo do novo, daquilo que não pode ser controlado pelos meios institucionais já estabelecidos, foi e continua sendo uma das características permanentes da Igreja. Quando se recolhem as posições das diferentes autoridades eclesiásticas relativamente aos movimentos religiosos renovadores, que mais tarde se mostraram fundamentais para o progresso da Igreja (por exemplo, as fundações das grandes ordens religiosas, as novas formas de pensamento, os novos métodos e mesmo os dados e a investigação bíblica etc.), e muito menos face aos avanços científicos e políticos, é difícil sustentar que a autoridade da Igreja e dos seus órgãos institucionais tenha estado aberta à novidade da história e ao sopro criador do Espírito.

É, no entanto, absolutamente indispensável essa abertura ao Espírito de Cristo desde a vida terrena, que implica o seguimento do Jesus histórico. Não há instância eclesiástica que substitua essa necessidade, pois o Espírito de Cristo não delegou a totalidade da sua presença e da sua eficácia em nenhuma das instâncias institucionais, embora a sua corporeidade histórica seja também uma exigência do Espírito. O que acontece frequentemente é que essa institucionalidade se configura mais a partir da lei do que da graça, como se a institucionalidade eclesial devesse configurar-se mais segundo leis sociológicas e políticas de carácter totalitário, disfarçadas de vontade de Deus e da sua correspondente obediência, do que segundo o ditame e a força do Espírito. Por outro lado, não se trata de um Espírito qualquer, inventado por qualquer carismático, mas do Espírito de Jesus, aquele que animou a sua concepção, que esteve presente no seu batismo, que esteve presente em toda a sua pessoa e vida e que, finalmente, prometeu enviar, quando ele faltasse.

É nesse contexto que estão presentes os sinais dos tempos, uns numa determinada época e outros em outra, uns em certas regiões do mundo e outros em outra. São precisamente os sinais dos tempos que fornecem o elemento do futuro, e sem os quais nos falta um elemento essencial para a interpretação da Palavra de Deus e uma das maiores forças de renovação; mas alguns sinais dos tempos são enquadrados na dialética utopia-profecia, sem os quais voltaríamos a cair no idealismo ineficaz.

Desde a situação atual da América Latina, a renovação da Igreja e a sua projeção ao futuro, se quisermos que se tornem o novo céu, devem seguir as linhas da Igreja dos pobres. Uma Igreja que tenha efetivamente feito uma opção preferencial pelos pobres será, por um lado, prova e manifestação do Espírito renovador nela presente e, por outro, garantia de que possa se tornar no novo céu da nova terra e do novo ser humano. O exercício utópico da profecia pode levar a uma Igreja configurada, em grande parte, pelos dinamismos do capitalismo ocidental como uma Igreja dos ricos e poderosos, que, no melhor dos casos, dirige as migalhas desprendidas da abundância aos mais pobres, para tornar-se gradualmente – numa verdadeira "conversão" – uma Igreja dos pobres, que pode ser verdadeiramente o céu de uma terra, na qual domina uma civilização da pobreza e na qual as pessoas não são apenas pobres intencionalmente e espiritualmente, mas o são real e materialmente, isto é, são desligadas do supérfluo e da dinâmica restritiva da acumulação individual e da acumulação coletiva. O dinheiro pode ser para as pessoas e para os Estados um incentivo ao desenvolvimento material, mas sempre foi, e continua a ser cada vez mais, um veneno letal para um autêntico humanismo e, claro, para um autêntico cristianismo. Que isso suscite um poderoso rechaço mundano, que isso seja um escândalo e mesmo um insulto para a civilização da riqueza, é mais uma prova da continuidade dessas ideias e dessa prática com a mais plena linha evangélica, sempre atacada com as mesmas censuras.

É nesse sentido que a Igreja se constitui no novo céu, que como tal é necessário para superar a civilização da riqueza e construir a civilização da pobreza, nova terra em que vive, como numa casa acolhedora e não degradada, o novo ser humano. É aqui que se dá uma grande confluência da mensagem cristã sem glosas desfigurantes com a situação atual da maior parte do mundo e, certamente, da América Latina, ainda depositária majoritariamente da fé cristã, a qual, no entanto, até agora pouco serviu para fazer desta região uma nova terra, apesar de inicialmente se ter apresentado como o novo mundo. A negação profética de uma Igreja como o velho céu de uma civilização da riqueza e do império e a afirmação utópica de uma Igreja como o novo céu de uma civilização da pobreza são uma reivindicação irrecusável dos sinais dos tempos e da dinâmica soteriológica da fé cristã, historicizada em seres humanos novos, que continuam a anunciar com firmeza, embora sempre na obscuridade, um futuro sempre maior, porque além dos sucessivos futuros históricos se vê o Deus salvador, o Deus libertador.

Tradução: Cesar Kuzma

CAPÍTULO 12
A teologia da libertação face à mudança sócio-histórica na América Latina

Neste artigo, publicado na *Revista Latinoamericana de Teología* (4, 1987, 241-263) e reproduzido em *Diakonía* (46, 1988, 131-166), Ellacuría define a mudança na América Latina em termos de libertação. Essa libertação deve se realizar a partir de uma opção preferencial pelos pobres e numa perspectiva realista, sem absolutizá-los. A partir dessa perspectiva das maiorias, dá-se o surgimento da teologia da libertação, como experiência do desastre humano e dos custos sociais do sistema capitalista. Daí a necessidade estabelecer um diálogo crítico com o marxismo, que busca explicar o sistema capitalista cientificamente. Traduzido de: *Escritos Teológicos I*, São Salvador: UCA, 2002, 313-345.

    A teologia da libertação visa a uma mudança não só nas pessoas e na sociedade, mas também nas estruturas sócio-históricas da América Latina e, por extensão, de outras partes do mundo, em cada caso de acordo com as suas circunstâncias. Essa mudança é nomeada e interpretada em termos de libertação. Essa libertação, que, em termos teológicos, pode ser expressa paulatinamente como libertação do pecado, da lei e da morte, pode ser expressa, em termos históricos, como libertação de tudo aquilo que oprime o homem e o impede de gozar de sua vocação de filho livre de Deus.
    Essa teologia parte de uma experiência fundante, que a acompanha ao longo do seu desenvolvimento teórico, consistindo na verificação física e na experiência de que a maior parte da população latino-americana vive em condições de pobreza e/ou miséria e de opressão social e política, fruto de uma injustiça estrutural histórica, pela qual são responsáveis, por co-

missão/ação ou omissão, diferentes sujeitos sociais (classes, nações, impérios) e distintos dinamismos econômicos e políticos. Perante essa situação, a teologia da libertação, primeiro como movimento de fé mais ou menos reflexiva, e depois como reflexão racional explícita, pergunta o que diz a fé cristã, tanto quanto às causas como quanto às soluções, e pergunta, da mesma forma, o que deve ser feito a partir dessa fé para garantir que os povos oprimidos consigam, através de processos de libertação, converter-se em povos livres que, como tais, possam realizar e desfrutar o que é historicamente possível da presença do reino de Deus entre os homens.

Isso se propõe de forma distinta, caso se destaque a libertação da teologia (Segundo) ou se destaque a teologia da libertação (Gutiérrez). No primeiro caso, o que se pretende mais imediatamente é que a fé e a teologia se libertem daquilo que elas mesmas tiveram de contribuição ideológica e social para que a religião e/ou a fé cristãs tenham sido parte da opressão, ficando assim dispostas a desempenhar sua própria função de acompanhar devidamente os processos pessoais e sociais de libertação. No segundo caso, o que se pretende mais imediatamente é utilizar a força social da fé e da Igreja na libertação sócio-histórica dos povos. Dizem-nos que o que mais importa na teologia da libertação é a libertação, mas, no primeiro caso, o objetivo imediato é a libertação da teologia, enquanto, no segundo caso, é a libertação da injustiça estrutural, que necessariamente forçará uma libertação da teologia. Mas, em ambos os casos, o que se pretende é criar uma teologia autêntica e total e, antes disso, um processo cristão autêntico e total, que abranja todas as exigências do reino de Deus.

É importante ressaltar que, mesmo no segundo caso, e com maior razão no primeiro, a teologia da libertação pretende ser, em primeiro lugar, algo estritamente teológico e, em segundo lugar, algo que possa ser considerado uma teologia total. O primeiro significa que a teologia da libertação pretende situar-se na tradição teológica e almeja colocar-se naquele modo de racionalidade que a teologia pretende ser, sem desconhecer o fato de que a teologia se entendeu a si mesma como saber a partir de diferentes formas de racionalidade. A teologia da libertação não é, portanto, uma sociologia ou uma ciência política, mas antes um modo específico de saber, cujas fontes ou princípios são a revelação, a tradição e o magistério, e a serviço do qual são postas certas mediações. Se, dentre essas mediações, têm certa importância as ciências sociais, econômicas, históricas e políticas, disso não decorre necessariamente que seja transformada em uma dessas ciências com linguagem teológica, assim como a preferência clássica pela mediação da filosofia não fazia necessariamente da teologia anterior uma forma de filosofia. Na intenção, na metodologia, nos fatos, a teologia da libertação se mostra cada vez mais como uma teologia.

O segundo aspecto que deve ser destacado, em consonância com o primeiro, é que a teologia da libertação não é uma teologia regional, mas uma teologia total; não é uma teologia do político, e sim uma teologia do reino de Deus. Certamente tem uma clara vocação política, pois político é pretender a libertação não só dos indivíduos, mas dos povos; não apenas das opressões psicológicas, mas também das sócio-históricas. Essa pretensão precisa ser levada em conta, pois faz com que, ao menos em parte, a teologia seja uma teologia política, mas não de tal modo que só importe seu significado e sua eficácia políticos, já que ela tem sua estrita consistência teológica. E essa consistência faz com que, forçosamente, tome como objeto (distinga-se o objeto tratado do objetivo pretendido) o que se julga ser o objeto de uma teologia total. Compreender esse objeto como o reino ou reinado de Deus significa, por um lado, que nada da mensagem revelada fica de fora, e, por outro lado, permite aproximar-se conaturalmente das coisas deste mundo, porque, em última análise, o reino de Deus, ponto central da mensagem de Jesus, alude à presença reinante de Deus neste mundo, ao Deus que se faz história para que a história suba até Deus, à humanização e mundanidade de Deus para que o homem e o mundo sejam divinizados. Tudo isso na crença de que o homem somente quando é mais que homem, pelo dom de Deus, poderá chegar a ser homem, segundo o pensamento tradicional que em Santo Agostinho tem expressões tão felizes. E o mesmo que vale para o homem vale também para o mundo e para a história.

Mas insistir no caráter teológico total da teologia da libertação não deve impedir a sua eficácia política, porque a fé e a teologia têm ou deveriam ter uma clara vocação libertadora do pecado em todas as suas formas, não excluindo as suas objetivações; da lei em todos os seus modos, pelos quais o poder se impõe sobre quem não o possui, tanto dentro como fora da esfera religiosa; da morte em todos aqueles processos que anulam a vida ou mesmo a tiram antes do tempo.

A teologia da libertação, como forma plena de compreender a fé cristã e de levá-la à prática, não é, no entanto, suficiente por si só para trazer a libertação integral aos indivíduos e aos povos. Por outro lado, encontra-se com outras forças que também se deram conta do estado de opressão em que vivem as maiorias populares e se comoveram por elas e, assim, como forças sócio-históricas, propuseram-se, a partir da sua própria especificidade, a lutar por essa libertação. Isso levanta a questão de qual deve ser a relação da teologia da libertação com essas outras forças, sem as quais não se pode obter a libertação que diz pretender como objetivo para que efetivamente Deus reine no mundo, para que Deus seja tudo em todos. A questão surge, sobretudo, tanto prática como teoricamente, em relação aos chamados movimentos revolucionários que levantaram a bandeira da libertação popular, mas também em relação a qualquer outro movimento histórico que realmente vise o mesmo objetivo.

Hipoteticamente, pode-se supor que a teologia da libertação não é suficiente, por si só, para levar aos povos uma libertação efetiva, e que os movimentos de libertação não são suficientes, por si mesmos, para dar aos povos uma libertação integral. Tal hipótese parte do pressuposto crente de que sem Deus, tal como nos foi dado e revelado em Jesus, não há salvação (libertação), mas é uma hipótese que, por outro lado, é apoiada na constatação de que a salvação de Jesus, longe de se separar dos processos históricos de libertação, reivindica-os em função da unidade transcendental da história da salvação. Não há duas histórias, e sim uma só história, na qual se articulam a presença do Deus libertador e a presença do homem liberto e libertador. As antigas formulações de como unir na esfera interpretativa a fé a razão e, naquilo que é realizável, a graça e a natureza são apresentadas de forma nova na teologia da libertação, que se pergunta como interpretar unitariamente o mundo a partir da teologia que é uma fé em busca de compreensão, e como realizar historicamente o reino de Deus, que não deixa fora de si nada do que existe, nada do que foi criado.

1. Tipologia de algumas atitudes face ao desafio político da teologia da libertação

A teologia da libertação tem a ver com o político, e isso faz com que tenha a ver com a política. Tem um claro propósito de libertação e de libertação efetiva, especialmente no modelo da teologia da libertação. Esse é o modelo que apresenta os problemas mais difíceis, pois o modelo da libertação da teologia, mais do que entrar em relação com processos estritamente políticos e revolucionários, entra em relação com problemas de desideologização, que permitem uma certa separação da práxis política. As dificuldades surgem do tipo de atitude com que se enfrenta o problema, entendendo por atitude a posição e a disposição fundamental que são adotadas ao se querer fazer efetiva na história a teologia da libertação, a libertação que essa teologia propõe, que deve se aliar, de algum modo, com aquelas forças que também lutam pela libertação das maiorias populares, pela libertação integral a partir da libertação dos pobres.

O moralismo ingênuo não é uma atitude comum entre aqueles que trabalham no campo da teologia da libertação, mas, no que pode ter de verdade, está presente de uma forma ou de outra. O moralismo ingênuo, por um lado, supõe que a fé cristã deve limitar-se ao domínio da moral, tanto pessoal como social e política, e, ademais, que a fé cristã, no seu propósito de libertação, não deve sujar as mãos com as práticas pouco morais da política ou com os males mais ou menos necessários dos movimentos políticos. Tende a se tornar um moralismo abstratizante, geral e universal, que foge do confronto com os fatos concretos sob o pretexto de que estes têm sempre algo de política (má ou ambígua), e evita, muito mais, apontar para objetivos políticos determinados historicamente, pois nenhum deles se adequa às exigências do reino. No caso mais extremo, quer reduzir a função de libertação estritamente cristã à mudança dos corações e à proclamação de ideias abstratas, e procura não ser tachada de partidária, como se todas as forças sociais e políticas fossem igualmente boas ou igualmente más e como se não se pudesse discernir a partir da fé qual delas contribui mais para a libertação iluminada pela luz do Evangelho. Essa atitude destaca bem a diferença entre o modo de buscar a libertação através da fé e através da ação política – correspondente à especificidade da fé e da ação política –, mas não consegue a devida articulação. Trata-se de duas coisas distintas, duas coisas que estão relacionadas, mas essa relação se estabelece mais em termos de paralelismo do que de determinação mútua e, em alguns casos, de interação.

O fanatismo fundamentalista e o simplismo messiânico são atitudes que esperam toda a libertação somente pela fé. Supõem que existe uma solução especificamente cristã para os problemas políticos, econômicos e sociais, embora talvez não para os problemas tecnológicos. Não são necessárias outras mediações teóricas para se descobrirem as causas e se proporem soluções, nem tampouco mediações práticas para colocá-las em prática. Basta viver o cristianismo para encontrar por conaturalidade o que realmente libertará os pobres. Não se trata de espiritualismo, mas, pelo contrário, trata-se de estender conaturalmente a mensagem libertadora do Evangelho a cada problema humano que surge. Não existe nenhum problema real para o qual não se possa encontrar uma solução através da fé.

Isso conduz frequentemente a um radicalismo indiferenciado nas denúncias e a um idealismo utópico nas propostas de solução propostas. Trata-se de um Evangelho sem glosa, não só para a vida pessoal, mas para a vida social. Basta a vontade e o compromisso para acabar com a opressão. Sobretudo para a negação há total facilidade, embora seja sempre um pouco mais difícil delinear o conteúdo da afirmação. Tudo que não seja o ideal evangélico de colocar os pobres no trono e derrubar os poderosos do seu assento são soluções provisórias, e não são aceitáveis. No melhor dos casos, basta um mínimo de esquemas interpretativos e organizacionais para alcançar o poder e transformar a realidade. A práxis libertadora ditará o que deve ser destruído e o que deve ser construído. Essa radicalidade, que mais se assemelha a radicalismo, leva facilmente a medir a bondade ou a maldade, a eficácia ou a ineficácia, pelo grau de radicalismo, sem medir muito as consequências ou calcular os tempos. Há uma fé cega na bondade da própria atitude e posição, e uma certeza messiânica de triunfo. O importante é que não se apague o fogo, que não se extinga nem a esperança nem a paixão. A demora na vitória ou os cadáveres deixados pelo caminho não importam. Deus acabará triunfando com seu povo. Aqui também se pode gritar "revolução ou morte", tudo ou nada. Essa atitude aponta claramente para a força da fé e para a sua historicidade, para a sua capacidade de fazer história por si mesma e de alcançar, de alguma forma, a libertação, mas não leva em conta a teimosia e a opacidade da realidade opressora, a possível lentidão dos tempos históricos, a totalidade da complexidade histórica, que não pode ser denominada nem teórica nem praticamente pelos conteúdos da fé, nem sequer pela luz da fé em busca de novos conteúdos.

O reducionismo assume uma dupla forma. Por um lado, está interessado apenas nos aspectos da fé cristã que têm relevância política imediata, deixando outros aspectos e mesmo a dimensão transcendente da ação histórica na penumbra ou em suspenso. Por outro lado, faz da fé, pelo menos na sua relação com o político, uma pura instância prévia ou, no melhor dos casos, atual, mas subordinada às exigências da ação política. A fé torna-se propedêutica da ação política e, quando muito, conserva-se como motor acessório do compromisso, mas não como iluminação e crítica dos próprios fatos históricos, tarefa confiada às ciências sociais e, em particular, à análise marxista. Supõe-se que as análises científicas e as propostas delas derivadas são suficientes para empreender ações corretas e inclusive para formar os homens que as vão realizar. A fé talvez tenha despertado a consciência e tenha preparado o salto para a ação política, mas corre o risco de interferir na lógica política, e, portanto, é melhor deixá-la suspensa ou mesmo suprimi-la. O compromisso da fé e a vivência da fé são abandonados no pressuposto implícito de que basta amar os homens para amar a Deus, basta promover a justiça para cumprir o serviço que a fé exige, basta encarnar-se politicamente entre os pobres para servir ao Jesus do Reino, escondido neles. Ante a pressão da ação política, ou não há tempo para o cultivo da fé ou considera-se que a própria ação levará ao aprofundamento da fé no compromisso. Em qualquer caso, o cultivo da fé será permitido e até encorajado, tanto quanto se promova a ação política revolucionária, mesmo quando coloque nela certos limites, seja na ordem dos sentimentos (troca do ódio pelo amor) seja também em relação às ações (redução da violência ao mínimo necessário).

Em suma, pensa-se que a essência da confluência entre a mensagem libertadora da fé e o compromisso político revolucionário está na luta pela libertação dos pobres, mas de tal forma que a mensagem deve estar subordinada à eficácia da luta e ao triunfo. Se isso for alcançado, a fé terá alcançado o seu objetivo, e assim deve ser, porque a esperança e a fé são transitórias, enquanto o amor é definitivo e mais valioso.

O realismo supõe e representa uma atitude equilibrada, que tem em conta tanto os aspectos positivos da contribuição evangélica à própria ação política como os limites dessa contribuição, precisamente devido à específica relatividade e à autonomia dos dois âmbitos; também leva em conta os aspectos positivos da ação política para a realização do reino de Deus, bem como os limites que lhe são próprios. Por isso, considera também o que há de relativamente específico da ação e de seus resultados políticos (abertos ou fechados à transcendência) e a realização do reino de Deus, não obstante a sua referência a determinadas situações históricas que podem estar em conformidade ou não com esse reino. Essa atitude de realismo crente sustenta que a mensagem evangélica é essencial para que haja uma libertação total dos homens, dos povos e das estruturas; de modo que, se esta desaparecer, também se desvanecem as possibilidades reais de essa libertação total se tornar histórica. Mas também afirma que não basta a mensagem evangélica, porque não tem armas próprias nem para discernir as causas da opressão e as propostas de libertação nem para realizá-las. O realismo também leva à convicção de que nenhuma forma política se acomoda perfeitamente às exigências do reino, mas nem por isso se iguala a todas ou prescinde de todas elas por purismo, que não faz sentido em um mundo histórico.

Isso faz com que, em primeiro lugar, não seja indiferente e possa, por exemplo, rejeitar, na América Latina, as diferentes formas de capitalismo que têm sido as principais responsáveis pela situação em que vive a maioria da população; isso faz, em segundo lugar, com que favoreça os movimentos políticos que não só mais trabalham a favor dos pobres e das maiorias populares, mas que também garantem que essas maiorias populares se tornem sujeitos sociais e políticos mais ativos.

Tudo isso supõe, antes de tudo, que se deve de potencializar a força libertadora da fé, a qual, negativamente, exige a erradicação de tudo o que, na sua pregação, regulação e vivência, impeça o seu potencial libertador; e, positivamente, exige potencializar entre os fiéis, tanto das bases como da hierarquia, o que a própria fé tem como exigência intrínseca de compromisso com a promoção da justiça. Supõe, posteriormente, a superação de atitudes ingênuas, o que exige um conhecimento cada vez mais objetivo e fundamentado das mediações teóricas e práticas, através das quais o mundo é interpretado e transformado em uma ou outra direção. Ao mesmo tempo, pede um discernimento permanente dos sinais dos tempos que, para ser correto, deve incluir na contribuição da fé a análise correspondente. Supõe, por fim, a criação de formas de colaboração nos processos de libertação, que podem ser diversas para a Igreja como instituição e para os fiéis, especialmente para os leigos, que desejam se comprometer diretamente com certas linhas políticas e ainda com partidos e organizações concretas. A opção preferencial pelos pobres, entendida de forma realista, é o que deve reger essas opções, mas tendo o cuidado de buscar aqueles processos que mais conduzam à libertação total, não se deixando enganar pelas mil formas de encobrimento que podem assumir os sistemas de dominação e ainda as próprias debilidades pessoais, grupais ou institucionais.

Essa breve tipologia de atitudes não pretende ser exaustiva, nem como tipologia geral nem como descrição de cada um dos tipos. Serve, sobretudo, ao propósito de mostrar a quarta dessas tipologias como a mais apropriada para ir encontrando o modo concreto mais eficaz de conciliar a autonomia da fé com a exigência inescusável de que essa fé promova efetivamente a justiça e a libertação. A quarta atitude é a mais apropriada porque cumpre melhor uma série de princípios que devem ser considerados essenciais neste problema. São eles:

(a) a salvação (libertação) deve ser entendida desde seu princípio na criação como uma ação de Deus, que deve ser conhecida e aceita conscientemente e ainda tematicamente;

(b) essa conscientização e aceitação supõem o máximo exercício possível da fé, que, quanto mais seja cultivada, estará em melhores condições para promover esse processo de salvação (libertação);

(c) essa fé deve ser operativa e deve ser em termos de libertação, que não pode ser reduzida a uma libertação do pecado como culpa, mas deve ser uma libertação do pecado e do mal como objetivações dominantes, em busca de uma liberdade que se reflita no engrandecimento pessoal e na constituição de um mundo novo, em que se favoreça a existência do homem novo;

(d) a operatividade da fé exige entrar numa relação articulada com aqueles processos e mesmo com os grupos sociais e políticos que mais favoreçam a libertação, suposto que esta é sempre um processo querido por Deus;

(e) nessa articulação, a fé deve contribuir com o que tem de mais específico como força de libertação e de esperança e também como critério operativo do que não deve ser, e critério iluminativo utópico do que deveria ser;

(f) nessa linha, o trabalho com as pessoas e as comunidades assume um significado especial sempre que se revitalize uma fé que vem de Deus, uma fé que está na pessoa, mas que deve se abrir à ação no mundo, tudo isso com o propósito de tornar realidade nas pessoas e no mundo a visão e os valores evangélicos como fermento na transformação deste;

(g) a opção preferencial pelos pobres implica um critério concreto de discernimento, na medida em que o bem maior das maiorias populares pobres se torna a pedra de toque de qualquer processo e grupo político.

2. Modelos de relação com os movimentos sociais e políticos

O predomínio de uma ou de outra atitude desenvolvida na seção anterior leva à adoção de um modelo nas relações práticas com os movimentos sociais e políticos que lutam efetivamente pela libertação das maiorias populares e dos pobres. Existem muitos modelos de relacionamento. Tendo em conta o que tem acontecido até agora, podem-se estilizar e esquematizar os fatos convertidos em modelos-tipo. Evidentemente, não se trata de que todos eles sejam exemplares ou que todos tenham o mesmo valor cristão; são antes modelos no sentido de que delineiam toda uma série de comportamentos.

O modelo de substituição ou anulação supõe que o realmente importante no que pretende a teologia da libertação é a libertação e, fundamentalmente, a libertação sócio-econômica-política. A pregação e a realização do reino vão dirigidas a essa libertação que, uma vez alcançada, pode se abrir a outros valores. O mais necessário agora, e, consequentemente, o mais valioso, é a conquista do triunfo revolucionário. Quando se trata de sobrevivência, outras coisas, até mesmo questões de fé, podem esperar. Se em algum caso faz sentido tornar-se anátema para os irmãos, é precisamente nesse caso que se deve trabalhar pela sua libertação, à qual tudo deve estar subordinado. Se quisermos defender o sentido teológico dessa posição, teremos que dizer que ninguém tem mais amor do que aquele que dá a vida pelos outros, e que se pode servir a Jesus ainda que não se saiba que ele está no faminto, no preso, no perseguido e, ultimamente, no pobre. Nessa perspectiva, poderá chegar o momento em que seja necessário não só romper com a Igreja institucional e, com muito mais razões, desobedecer às suas prescrições, mas também abandonar o cultivo da fé, na medida em que esta possa impedir ou frear a luta revolucionária. Na formulação extrema, se são excludentes ser revolucionário e ser cristão, deve-se escolher ser revolucionário, já que essa é a exigência ética fundamental e esse é o mandato mais imperativo num mundo em que predominam a injustiça, a exploração e a dominação.

A teologia da libertação já faz o bastante em introduzir a luta política. O que a pastoral da libertação deve preparar é que os seus melhores quadros abandonem o ministério da palavra e se tornem promotores da libertação, executores eficazes daquelas ações que verdadeiramente libertam o povo, objetivo último tanto da ação religiosa como da ação política. Isso supõe, desde logo, uma plena subordinação da organização eclesial, especificamente das comunidades de base ou de outras estruturas eclesiásticas, à organização política, e a subordinação de fidelidade à instituição eclesial à fidelidade ao movimento revolucionário, e pode chegar a supor a substituição da vivência e dos valores cristãos pela vivência e pelos valores políticos.

A esse extremo se pode chegar por dois caminhos: um, através da pressão partidária que, a longo prazo, vê a fé cristã como um freio à revolução; outro, pela pressão prática da luta de classes revolucionárias, que, leninisticamente, é considerada o melhor antídoto teórico e prático contra os delírios da religião. No fundo de todo esse processo está uma secularização revolucionária dos princípios e valores subversivos do Evangelho. A fé pode ser a pedagoga inicial que desperta do sonho dogmático e da imobilidade popular, mas é, no melhor dos casos, um estado transitório, que idealmente deveria desaparecer, sendo tolerada enquanto não entrar em conflito com a ditadura do partido. Na interpretação mais positiva, a luta revolucionária é a superação dialética da fé, que é subsumida ao estudo superior do processo revolucionário, uma vez negadas as suas limitações e aproveitados os seus dinamismos. O que acontece com a antítese na síntese é o que acontece com a fé no processo revolucionário.

O modelo de prestação e apoio mantém a autonomia da fé, procura que essa fé se dinamize e potencialize, mas faz todo o possível para que essa fé dinamizada e potencializada seja colocada eficazmente a serviço dos movimentos revolucionários ou, em termos mais gerais, do processo socialista. Esse modelo não sustenta explicitamente que a fé libertadora seja para o processo histórico revolucionário de modo que nesse "para" esgote sua razão de ser, porém pensa que uma das missões importantes da fé é a de promover a luta pela justiça, e que isso não pode ser feito de forma efetiva senão optando por algum dos movimentos políticos, aos quais se deve ajudar religiosa e politicamente e frente aos quais se limita à eventual crítica que a fé pode ter.

Nesse modelo, não basta colocar-se autonomamente a serviço dos pobres e dos oprimidos, nem sequer colocar-se a serviço do processo revolucionário a partir de uma posição independente, mas antes procura colocar-se a serviço daquela organização concreta que em cada caso resulte ser a vanguarda do processo revolucionário. Não se estima muito o que a fé e mesmo a instituição eclesial possam fazer autonomamente em favor dos pobres e da revolução. Prefere-se fortalecer as forças que possam realmente tomar o poder ou mantê-lo, perdoando-lhes aquelas debilidades que a luta política pelo poder necessariamente acarreta. Isso não implica uma manipulação da fé, pelo menos em princípio e idealmente. A promoção da justiça através de uma opção política não tem por que se separar da fé e muito menos implicar sua diminuição; ao contrário, sempre em princípio e idealmente, quanto mais vigorosa e encarnada for a fé, maior será sua contribuição para a causa da justiça. Mais ainda, a escolha partidária é feita a partir da fé.

Efetivamente, a fé impulsiona o compromisso político; impulsiona, em segundo lugar, o compromisso político revolucionário naquelas situações em que a injustiça estrutural é o seu carácter definidor; impulsiona, finalmente, a afetividade e, portanto, o apoio às entidades capazes de combater a injustiça e de estabelecer uma nova ordem social. É a fé que exclui a pertença a partidos que, de uma forma ou de outra, apoiam o *status quo*, e é a fé que leva a se colocar a serviço dos partidos que combatam esse *status quo* e que procuram substituí-lo por outro que favoreça as causas populares. Isso pode ser feito a partir de uma opção pessoal, integrando-se plenamente num partido político ou num movimento revolucionário, o qual tratará de impulsionar, no seu esforço transformador, sem dar atenção prioritária, para garantir que nos meios e nos objetivos imediatos estejam presentes os valores evangélicos. Também pode ser feito a partir de uma opção de grupo, quando uma comunidade de base ou um conjunto delas se coloca a serviço de determinada organização política sem abdicar de sua vocação cristã, mas dedicando toda a sua ação temporal ao apoio da mesma, naquilo que ela determine como prioritário. Também pode ser feito a partir de uma opção institucional, quando uma parte da Igreja institucional ou toda ela se enfrenta contra uma determinada opção política e se põe a favor de outra opção social ou política, como no caso da hierarquia polaca quando enfrentou, mais ou menos abertamente, o regime comunista e apoiou o sindicalismo do Solidariedade, mostrando que algo assim é possível na direção oposta à qual a Igreja polaca se moveu. Não se trata, em todos esses casos, de criar uma tendência crítica dissidente dos cristãos dentro do partido ou do movimento revolucionário, porque se estaria mais por aqueles aspectos que lhes são comuns do que para o que lhes diferencia, mais para somar do que para subtrair.

O modelo de colaboração social se fundamenta na convicção daquilo que é específico da fé e da instituição eclesial e do que é sua limitação. O específico da fé e da Igreja não é a promoção daqueles aspectos políticos e técnicos, necessários para a realização do reino de Deus na história, mas que não esgotam a constituição do reino nem são possibilidade imediata para o crente enquanto crente ou para a Igreja enquanto Igreja.

Os aspectos políticos e técnicos do reino de Deus, bem como os aspectos científicos, culturais, recreativos etc., não são objeto específico da fé enquanto são formalmente tais, mas na medida em que favoreçam ou desfavoreçam o anúncio do reino de Deus. Dito de uma forma imprecisa em sua exclusividade, mas acertada na sua direcionalidade, poderia se dizer que, na unidade do reino de Deus, o objetivo da salvação (libertação) é que "Deus reine", que o reino seja de Deus; mas como o reino deve ser configurado como uma realidade sócio-histórica é o objetivo da história. Na história da salvação se conjugam para o bem e para o mal os dinamismos da história e os dinamismos da salvação; há entre eles uma unidade estrutural, de modo que se codeterminam mutuamente, a tal ponto que essa unidade, mais do que os elementos que a constituem, é o reino de Deus, é a história da salvação. Mas isso não obsta que esses elementos sejam diferentes e que necessitem permanecer diferentes para que a unidade tenha a riqueza e a autenticidade que lhe correspondem. No que diz respeito apenas ao elemento político – mas o mesmo se aplicaria, em graus diferentes, a outros elementos, como o científico, o tecnológico, o cultural etc. –, pode-se dizer que determina e é determinado pelo elemento cristão, independentemente do modo como é determinado, mas nem por isso se confunde com ele, nem se sustenta, nem muito menos se realiza pelas características e pelos dinamismos do elemento cristão. O político sendo político determina e é determinado pelo cristão sendo cristão, não numa forma de paralelismo nem necessariamente numa forma de causalidade, embora, para simplificar a questão, se poderia aceitar que ocorre uma certa interação.

Aceitando esse esquema explicativo, fundamentado na unidade estrutural e na codeterminação de vários elementos, que não são simplesmente "elementos", mas "elementos-da" unidade estrutural, mas que tampouco são a pura unidade do "da", e sim algo que tem suas próprias notas por ser tal elemento, podemos entender por que o modelo de colaboração social, sem romper a unidade com o político, não se confunde com ele nem se situa no mesmo plano.

Isso é mais óbvio na medida em que a salvação (libertação) se refere às pessoas, e não há problema especial nisso. A pessoa deve ser libertada do pecado, da concupiscência nas suas múltiplas formas (da carne, do dinheiro, do poder), e deve, tanto na sua interioridade como na sua comunicação pessoal com os outros, tornar-se uma nova criatura, um novo homem, concretamente um outro Cristo, de modo que, na nova vida, não seja mais o velho eu, mas Cristo o princípio da vida, dos modos de ser e de agir. Já desse ponto de vista a diferença entre a contribuição do cristão e a contribuição do político é mensurável. Mas isso também é verificável na dimensão coletiva da fé, libertada para além da dimensão pessoal ou interpessoal. Os homens cristãmente libertados podem fazer muito pela revolução ou pela mudança social, mas a missão social da fé e da instituição eclesial não se reduz a isso. Vejamos.

Não se pode negar que a instituição eclesial é uma força social. Prescindindo agora de toda consideração de fé, é uma instituição composta por milhões de homens ligados entre si dentro de uma ordem hierárquica que tem uma doutrina própria e múltiplos canais de ação frente a outras forças sociais. Essa força social tem levado com frequência à tentação de se tornar uma força política. Se, para entendermos, fizermos um corte entre o que é próprio da sociedade e o que é próprio do Estado – passamos por alto a precisão e a atualidade dessa situação, e poderíamos falar também de sociedade civil e de sociedade política –, devemos dizer que a instituição eclesial deve se situar formalmente no âmbito do social, no âmbito da sociedade civil. Se, por outro lado, fizermos também um corte entre o que é poder político e o que é poder social, isto é, entre o poder que vem de, e vai para, e que está na complexa estrutura social, devemos dizer que a instituição eclesial deve estar formalmente situada na esfera do poder social. Pois bem, o modelo de colaboração social, através do qual a fé e a instituição eclesial querem contribuir para a realização do reino de Deus e, em concreto, para a mudança social exigida devido à injustiça das estruturas, atém-se ao fato de que a instituição eclesial é e deve ser uma força que se move direta e formalmente na esfera do social, e não do Estado, e que utiliza o poder social, e não o poder político, para cumprir a sua missão.

Há ou pode haver uma eficácia autônoma da Igreja e da fé na configuração do social. Não se trata apenas de que Igreja seja em si seja uma força social que, exercida evangelicamente, não é outra coisa que o desdobramento de sua missão; mas, se pretende ser uma força política, quer dominando outras forças políticas, quer colocando-se ao seu serviço, é como o sal que perde o seu sabor. Sem nos aprofundarmos nem nos estendermos nas razões pelas quais isso ocorre – e o fato de sempre ter ocorrido já deveria ser um bom aviso para averiguar –, podemos apelar para aquela sentença essencial do Evangelho que assegura que o Filho do Homem não veio para ser servido, mas para servir; que, portanto, o Filho do Homem e seus discípulos não deverão atuar como os senhores deste mundo que procuram dominar. Nessas sentenças se destaca a profunda diferença entre o poder político e a força social, entre a dinâmica da dominação e a dinâmica da libertação, entre a ambição do comando e a submissão do serviço.

Nem por isso deve-se renunciar à eficácia, mas a eficácia nesse caso advém da pressão social, através da palavra e do gesto, e não do manejo do poder político. Quando essa pressão social for colocada inteiramente a favor das maiorias populares e do movimento popular, com o consequente choque com as classes e com as estruturas que os dominam, entrará sem dúvida em conflito, mas não num conflito para ir contra alguém, e sim por estar a favor das maiorias populares oprimidas. É uma obra parcial, que não esgota tudo o que deve ser feito por outras instâncias, mas é uma obra própria da Igreja como força social e uma obra na qual a força da fé contribui com algo insubstituível. Exemplos como o de monsenhor Romero com a sua Igreja de El Salvador mostram que esse modelo tem a sua peculiaridade e a sua eficácia.

Com essa abordagem são salvas a especificidade e a autonomia da fé e da instituição eclesial. Nem a Igreja, nem qualquer parte dela, nem mesmo um cristão como cristão, deve se subordinar a qualquer órgão político e, certamente, a nenhum governo. Isso é especialmente verdadeiro no caso da Igreja como instituição e das suas diferentes partes, não excluindo as comunidades de base. Uma coisa é o compromisso social em favor da justiça, e outra é a subordinação a outras organizações, especialmente políticas, das quais se recebem ordens ou instruções de ação. Pode ser que a ação ou a linha determinada autonomamente pela Igreja ou por partes dela favoreça mais a uma organização do que a outra, mas isso deve ser como uma consequência, e não como um princípio. Não é aceitável a identificação da opção a favor dos pobres com a opção a favor da revolução, nem a opção pela revolução com a opção por uma determinada organização revolucionária, nem a opção por uma organização revolucionária específica com a opção por uma certa vanguarda. Presumir essas identificações é um erro de enormes consequências.

Há uma estrita gradualidade, e o compromisso formal da Igreja deve ser pelas maiorias populares a partir do Evangelho, deixando o seu compromisso com o resto das etapas condicionado ao discernimento permanente. Só em casos excepcionais dá-se a ocasião para o compromisso institucional ir além do nível de favorecimento das mudanças estruturais exigidas pelas maiorias populares para realizar a sua própria libertação. Monsenhor Romero falava da possível e perigosa absolutização das organizações populares, e muito mais da subordinação a qualquer organização popular absolutizada.

Somente a desconfiança na eficácia histórica da fé pode levar a abandonar o seu crescimento para dedicar-se ao crescimento de outras instâncias. Essas outras instâncias políticas são necessárias, assim como o são também as instâncias científicas, tecnológicas etc. A fé tem uma palavra sobre elas, às vezes de denúncia e outras vezes de alento. A fé pode lançar-se a um trabalho estritamente político, enquanto a política pode ser entendida como uma forma mais universal de viver a caridade. Mas dificilmente se dará o caso em que será mais benéfico para o povo e para as maiorias populares que a Igreja abandone a pregação e a realização da fé em favor de um compromisso político. Há tanto para se fazer na dimensão social, e a partir do social pode-se exercer tanta pressão sobre o político, que não se deve cair facilmente na tentação de transformar a dimensão social da fé numa dimensão política. A política, em última análise, move-se no plano do supraestrutural, enquanto a ação social se move no plano dos sujeitos humanos e no plano do estrutural. A vida está mais no social do que no político, e o social representa um lugar mais natural para a Igreja, ao mesmo tempo que representa uma tentação menor. Esse recurso ao social não se faz no sentido de se separar do mundo ou de evitar o compromisso; não se trata de potencializar a Igreja ou de evitar perigos, trata-se antes de contribuir para a historicização do reino, para a sua realização histórica no que é mais próprio da Igreja e no que os homens mais necessitam. Não se pode fazer separações estritas. Trata-se, melhor dizendo, de acentos. Mas os acentos são importantes.

Essa atenção ao social, e não ao político, reside no carácter social não-político da instituição eclesial, bem como no carácter mais real do social, no carácter mais participativo dos homens no social e através do social. Por exemplo, existe todo o campo sindical ou educativo, em que a fé pode promover e inspirar estilos de ação de maneira eficaz. Embora nominalmente exista a possibilidade de haver partidos ou governos de inspiração cristã, na realidade isso não ocorre e acarreta enormes perigos de manipulação do cristianismo. Assim como não pode haver políticos de inspiração cristã, é improvável que haja partidos e governos de inspiração cristã, muito menos confessionalmente cristãos. Por outro lado, é mais viável, embora não seja fácil, estabelecer uma relação com as forças sociais para promovê-las e orientá-las a partir de uma inspiração cristã. Tudo isso repercutirá finalmente na esfera do político, sobre a qual deve ser exercida pressão como força social e através de forças sociais.

3. A teologia da libertação e os movimentos marxistas

Não se trata aqui de discutir a relação da teologia da libertação com o marxismo de uma forma geral. Isso já foi feito repetidamente e ultrapassa os limites desta apresentação. Trata-se aqui, a modo de exemplo, de situar o movimento da teologia da libertação em relação com as distintas formas sociais e políticas de orientação marxista, que pretendem mudanças sócio-históricas na América Latina.

A teologia da libertação surgiu, em boa medida, da experiência do desastre humano que resultou das diferentes formas de capitalismo na América Latina. Essa experiência é, na sua imediatez, uma experiência de pobreza e até de miséria injustas que atingem a maior parte da população. Trata-se primeiramente de uma experiência ético-religiosa, semelhante à que teve Moisés quando percebeu como vivia o seu povo no Egito. Ele atribuiu essa situação à opressão do faraó e, de forma mais geral, da classe dominante egípcia. A teologia da libertação na América Latina atribui também aos ricos e poderosos a situação que faz os pobres clamarem com um grito que chega ao céu.

É uma atribuição do tipo ético-religiosa, talvez referindo-se mais às pessoas do que às estruturas, às vontades pessoais e não às leis sociais. Seriam os "ricos" os responsáveis pela situação dos "pobres", não só porque não os socorrem como deveriam – ponto tradicional na habitual pregação histórica da Igreja –, mas porque, de uma forma ou de outra, eles seriam responsáveis e causadores da pobreza. Daí a espontânea reação ético-religiosa de se colocar a favor dos pobres e, apenas como consequência disso, contra os ricos.

Essa experiência fundamental e fundante se encontra com uma teoria que visa explicar cientificamente esse fenômeno e que propõe não apenas uma alternativa ao mesmo, mas um modo de superação real. É o caso do marxismo; mas aquela parte do marxismo que explica os mecanismos de exploração do capitalismo, que propõe um sistema econômico distinto com o seu sistema político correspondente e que arbitra uma práxis revolucionária capaz de derrubar o sistema capitalista e implementar o sistema marxista. Tem-se, ademais, a percepção de que apenas os movimentos marxistas estão fazendo algo efetivo para acabar com a fase de exploração capitalista. Daí se conclui que, caso se deseje fazer algo eficaz para superar a injustiça e pela libertação das maiorias populares, deve-se aproveitar o que o marxismo está fazendo, tanto no campo teórico como no campo prático. Num primeiro momento, foram apreciadas mais as vantagens e as contribuições do marxismo do que as dificuldades, tanto imediatas como mediatas, que dele poderiam surgir.

Num primeiro momento, a teologia da libertação, no seu desejo de se colocar a serviço da libertação das maiorias populares, colocou-se radicalmente como anticapitalista e nisso coincidiu com as posições marxistas. A Igreja universal, na sua doutrina social, também vinha se convencendo de que um capitalismo não moderado por princípios morais estava sendo uma verdadeira praga para a humanidade. Tanto a *Gaudium et spes* do Vaticano II como as últimas encíclicas papais vinham denunciando com crescente penetração e severidade os excessos do capitalismo. Mas, longe de se pensar que o capitalismo era intrinsecamente mau, havia a vontade de vê-lo como o modelo apropriado para o desenvolvimento democrático dos povos. Deve ser corrigido, deve ser reformado, segundo as orientações da moral cristã, mas não tem por que ser abolido. Especialmente porque a alternativa, a do socialismo real, pareceu muito pior para a Igreja, sobretudo para ela mesma, mas também para os povos. A situação dos países capitalistas do Atlântico Norte foi comparada com a situação dos países onde foi imposto um regime socialista, e daí se concluiu que o que aconteceu naqueles países foi incomparavelmente melhor do que o que aconteceu nestes. Muito pouco foi levado em conta daquilo que estava acontecendo no resto do mundo, onde outras formas de capitalismo resultaram em situações desastrosas, econômica, social e politicamente. Por tudo isso, pensou-se que uma reforma do capitalismo seria o sistema adequado para resolver os problemas, e que esse sistema representaria o melhor contexto no qual se poderia consolidar o ser da Igreja e a sua missão. Pode-se assim dizer que a doutrina social da Igreja é uma tentativa de reforma e humanização do capitalismo.

Mas a experiência libertadora na América Latina era distinta. O capitalismo apareceria em suas realizações históricas não apenas como intrinsecamente mau, mas como substancialmente antievangélico. O capitalismo era irreformável. Poderia conseguir-se que fizesse males menores, mas não poderia ser concebido como o modelo ideal, no qual o homem fosse verdadeiramente homem e no qual as maiorias populares tivessem a posição que mereciam aos olhos de Deus. O capitalismo é bom para os fortes, e os fracos podem tirar vantagem dele enquanto os fortes ficam mais ricos e distribuem algo de sua riqueza. Isso não é evangélico. O que é evangélico, a exigência do reino de Deus, é que se alcance um sistema em que as maiorias populares, os pobres, sejam o verdadeiro sujeito da história, se não porque são pobres, pelo menos porque representam a maioria dos povos e a maioria da humanidade. Havia uma experiência real do capitalismo e dos seus males, e não havia nenhuma experiência real do socialismo e dos seus males. Isso faz com que a teologia da libertação, em vez de pretender e promover uma reforma do capitalismo, esforce-se por alcançar uma reforma do socialismo. O socialismo, pensava-se, é um sistema mais conveniente para a causa dos pobres e é, consequentemente, em virtude da opção preferencial pelos pobres, mais congruente com a realização histórica do reino que a fé cristã deve promover.

Passa-se, assim, de uma posição anticapitalista para uma posição pró-socialista. A primeira é a posição anticapitalista, ao perceber não apenas vivencialmente, mas racionalmente, que os males da América Latina não vêm da dureza de coração dos ricos, mas da própria estrutura do sistema, tanto na sua configuração interna como na sua conexão com o capitalismo mundial, especialmente com o dos Estados Unidos, que é o guardião político e militar dessa ordem. O anticapitalismo leva ao anti-imperialismo americano. A libertação da América Latina deve ser não apenas uma libertação do sistema capitalista, mas também uma libertação da dominação norte-americana. Apoiar as causas e os processos anticapitalistas e anti-imperialistas converte-se, assim, em um dos modos de ação histórica da teologia da libertação. Desta forma se chega a uma colaboração óbvia com os movimentos revolucionários marxistas que se dedicam totalmente a essa tarefa, apesar de se reconhecerem seus defeitos, tanto na teoria como na prática dos mesmos. No entanto, e em consequência do exposto acima, uma pessoa é anticapitalista, mas não é pró-marxista da mesma forma, e muito menos é marxista. A teologia da libertação e os movimentos que estão sob a sua inspiração são cristãos, embora suas distintas atitudes e os diversos modelos de mudança social possam levar a certos desvios práticos que, com o tempo, podem transmutar sua realidade. Mas, nesse caso, a teologia da libertação foi abandonada; portanto, não é justo atribuir a ela o que não é próprio dela.

Um dos pontos em que se tende a haver convergência é na questão dos pobres, por um lado, e das classes oprimidas, por outro, de modo que a luta de classes se torna, tanto para a teologia da libertação como para o marxismo, um ponto de coincidência. Pensa-se que a preocupação da teologia da libertação com os pobres, ao procurar uma eficácia real, deveria naturalmente inclinar-se para a interpretação classista daquela categoria bíblica e, consequentemente, para uma prática política de luta de classes, que é essencial ao marxismo, pelo menos na sua forma mais ortodoxa. No entanto, convém fazer alguns esclarecimentos para não cair em simplismos. Talvez nem sempre tenha havido cuidado nesse ponto, e embora os teólogos da libertação não tenham com frequência caído em confusão, talvez em algumas ações práticas e em alguns movimentos de base tenha havido tal confusão e certos exageros.

Inicialmente, não é demais recordar o famoso texto de Marx referente à luta de classes:

> Quanto a mim, não me cabe o mérito de ter descoberto a existência de classes na sociedade ou a luta entre elas. Muito antes de mim, alguns historiadores burgueses já haviam exposto o desenvolvimento histórico dessa luta, e alguns economistas burgueses tinham explicado a sua anatomia econômica. O que eu aportei de novidade foi demonstrar: (1) que a existência de classes só está ligada a certas fases históricas do desenvolvimento da produção; (2) que a luta de classes conduz necessariamente à ditadura do proletariado; (3) que essa mesma ditadura, por si, nada mais é do que a transição para a abolição de todas as classes e rumo a uma sociedade sem classes.

Do texto fica claro que as classes e a luta de classes se dão historicamente de uma certa maneira espontânea, o que já havia sido descoberto como uma certa lei da história por autores pré-marxistas. Esse ponto é importante, porque a teologia da libertação havia reconhecido essa interpretação, até certo ponto neutra, de que as classes e a luta de classes estão efetivamente acontecendo, com o agravante de que a situação na América Latina mostra que são as classes dominantes que têm iniciado a luta e a violência, não apenas para construir as classes dominadas, mas para mantê-las na dominação, de modo que as incipientes respostas históricas das classes dominadas são isto: respostas a uma violência anterior, provocada não apenas pela situação objetiva das classes dominadas, definida pela miséria e pela injustiça, mas pela percepção de que essa situação se deve à violência cometida contra elas.

Do marxismo, portanto, assumiu-se que esse fenômeno, primeiro das classes e depois da luta de classes, ocorre numa determinada fase histórica do desenvolvimento da produção; no caso latino-americano, essa fase histórica continua a ser a fase atual, algo que talvez não ocorra nos países mais desenvolvidos, nos quais a produção tomou outros rumos. Também se assumiu do marxismo – e muito em sintonia com a inspiração cristã – que é necessário chegar à abolição das classes, levando a uma sociedade sem classes, tal como em linguagem metafórica se anuncia fortemente na mensagem bíblica.

Todos esses pontos de convergência tendem a concluir que os pobres de que fala a Bíblia são o proletariado de que fala Marx e que, consequentemente, o modo para a libertação desses pobres é através de uma ditadura do proletariado. Contudo, a teologia da libertação mais madura e crítica não aceita essas proposições. Entre dizer que os pobres bíblicos são as classes dominadas, entendidas como uma categoria sócio-histórica, seja dos pensadores burgueses ou marxistas, e assegurar que os pobres bíblicos não têm nada a ver com essas classes, a teologia da libertação mantém uma posição muito mais diferenciada.

Os pobres bíblicos têm muitas semelhanças materiais com as classes oprimidas, mas não se identificam com elas pelas seguintes razões: (1) embora a maior parte dos pobres bíblicos e a razão da sua pobreza tenham muito a ver com as classes oprimidas, o conceito de pobre bíblico é mais amplo e, em concreto, não pode ser identificado com o proletariado estritamente entendido; (2) a especial preferência de Deus pelos pobres não se reduz à sua libertação puramente socioeconômica, mas antes atende à sua condição pessoal e à sua libertação histórico-transcendente; (3) os pobres de Yahweh, tendo uma estrita realidade sócio-histórica, não se reduzem a uma categoria sócio-histórica; (4) os pobres, para que contribuam plenamente como sujeitos ativos da própria libertação integral e dos outros, sem abandonar a sua condição histórica, devem incorporar o espírito da mensagem cristã, de modo que sejam autenticamente pobres com espírito; (5) embora possa haver traços de coincidência entre a luta histórica e as classes sociais oprimidas, o que as classes oprimidas podem fazer com as suas lutas revolucionárias não é suficiente para uma libertação integral, nem sequer para a libertação exclusivamente histórica; (6) essa coincidência dificilmente passa pela ditadura do proletariado, tal como tem ocorrido historicamente, através das vanguardas dos partidos.

Essa posição diferenciada leva a conclusões práticas. A teologia da libertação não pode deixar de aprovar e, em muitos casos, apoiar os movimentos marxistas que são autenticamente revolucionários e não puramente burocráticos, sobretudo naquilo que têm de preocupação e de trabalho pelos pobres, tanto no momento de denunciar as opressões do sistema capitalista como quando se trata de buscar efetivamente superar as diferentes formas de miséria, injustiça e opressão. Isso ocorre especialmente quando se trata de organizações populares, em relação às quais o marxismo e a tomada do poder não são elementos essenciais, mas sim aspectos instrumentais na luta para que as maiorias populares se tornem sujeitos ativos do seu próprio destino histórico.

Mas, ao mesmo tempo, a teologia da libertação não pode deixar de se diferenciar das políticas marxistas, e isso de várias maneiras. A teologia da libertação pretenderá, antes de tudo, o robustecimento crente das maiorias populares, o que não implica o seu enfraquecimento social, mas sim a sua responsabilização no que têm de setor preferencialmente escolhido por Deus para trazer uma libertação integral à história, que vai para além de uma abordagem exclusivamente política. Nesse sentido, há uma autonomia que deve ser respeitada. A teologia da libertação pretenderá também robustecer o aporte da fé cristã para a mudança social porque, mesmo sem se subordinar a nenhuma instância política, a fé, os que que vivem a fé e a Igreja têm uma força própria que deve ser exercida de forma autônoma a serviço da realização histórica do reino. Finalmente, a teologia da libertação promoverá que os movimentos políticos e/ou sociais, que afirmam estar a serviço das classes oprimidas, o estejam de fato e primariamente, sem subordinar esse serviço à consolidação institucional desses movimentos, e que, além disso, na escolha dos meios e na hierarquia dos valores, acomodem-se ao que a fé cristã propõe como espírito de toda possível libertação.

Com esses princípios, a teologia da libertação não só descarta o anátema político e ideológico que pesa sobre o marxismo e sobre a posição progressista, em muitos círculos da América Latina, não excluindo amplos setores populares, mas também se esforça para colaborar com o marxismo de uma forma positiva. Essa colaboração não chega a aceitar pontos mais especificamente filosóficos do marxismo, naquilo que possa ter de sistema materialista fechado, mas se limita, no âmbito teórico, à utilização mais especificamente heurística do que o marxismo tem de análise científica em questões socioeconômicas e especificamente econômicas, e, no âmbito prático, dedica-se a promover tudo o que há de positivo nos movimentos populares e nos movimentos de libertação, sem esquecer de criticar o que de mau possa haver neles ou de impulsionar aqueles elementos que podem ser melhorados.

Dá-se assim uma clara distinção com relação a outras posições dentro da Igreja, e isso constitui um dos pontos de debate sobre a teologia da libertação. Mas, para que este debate seja útil, não pode ser realizado caricaturando-se a posição global da teologia da libertação, como ocorre na primeira das instruções da Sagrada Congregação para a Doutrina da Fé sobre a teologia da libertação. Nem o marxismo desfigurou a interpretação que a teologia da libertação faz dos pontos essenciais da mensagem cristã, nem a teologia da libertação mantém uma posição ingênua relativamente à prática política dos diferentes movimentos marxistas. Pelo contrário, move-se, com diferentes nuances e tendências, dentro do quadro aqui descrito.

4. A teologia da libertação e a violência

A teologia da libertação não está apenas relacionada com a luta de classes, e sim mais especificamente com a violência revolucionária. Com a incitação ao ódio, a luta de classes se estenderia e se radicalizaria, e, a partir dela, a violência revolucionária seria a arma própria das massas na conquista do poder. Ódio, luta de classes, violência revolucionária não só seriam tolerados na teologia da libertação, mas também seriam provocados por ela. No entanto, se isso não é assim tão simples no marxismo, muito menos o é na teologia da libertação.

Pelo contrário, a teologia da libertação surge da vivência profunda do estado de violência e dos atos de violência, que constituem o tecido social da América Latina, e se propõe com todas as suas forças a anulação desses atos e a superação desse estado. Desse ponto de vista, a teologia da libertação pretende ser uma instância desideologizadora da violência. De modo algum se atém àquele princípio de que a violência é má, venha de onde venha. Certamente, pode aceitar que todo ato de violência, todo ato que pela força faça algum mal, não é bom, mas para afirmar imediatamente que a violência é pregada e afirmada de muitas maneiras, e que todas essas maneiras não são de forma alguma unívocas, nem menos uniformes. Há violências piores que outras. A moral clássica, que tanto gosta de distinguir espécies e nuances de pecados sob muitos pontos de vista, deveria usar a mesma precisão ao falar da distinta gravidade das diversas formas de violência. A teologia da libertação pretende, formalmente e em última instância, que todas as formas de violência sejam superadas, que a violência desapareça em todas as suas formas, mas nem por isso permite que, sob o pretexto de que toda violência é má, as formas mais graves de violência se consolidem. Por isso interroga-se sobre as diferentes formas de violência e os seus efeitos, segundo o critério e a perspectiva a partir dos quais se enfocam seus problemas: a opção preferencial pelos pobres, a situação das maiorias populares.

Dessa perspectiva, que está em plena consonância com a mensagem bíblica, a teologia da libertação aborda, em primeiro lugar, aquela violência que recai sobre as maiorias populares, sob a forma de injustiça estrutural. Trata-se daquela injustiça que afeta o conjunto das estruturas sociais, econômicas, políticas, culturais etc., nas quais forçosamente deve viver o homem e que, pela sua própria estruturação, o impedem de viver humanamente. Não se trata de estruturas que somente lhe dificultam viver uma vida humana, mas que também o impedem de o fazer, privando-o, pela força, muitas vezes legalizada e institucionalizada, daqueles meios indispensáveis para poder viver como homem. A opressão em todas as suas formas e, mais genericamente, em todas os modos de injustiça estrutural é a maior das violências, uma vez que afeta a maioria da população e a afeta naquilo que para ela é mais sagrado e profundo: a conservação e o aperfeiçoamento da própria vida. E é a maior das violências, apesar de ser apresentada de formas e maneiras desprovidas do dramatismo aparente em outras formas de violência. Tudo o que a teologia da libertação denuncia como pecado social, que na situação da América Latina é, em grande parte, resultado do capitalismo imperante, tanto na relação centro-periferia, norte-sul, como no seu reflexo correspondente dentro de cada país, é considerado violência e origem da violência. O principal reflexo, mas não o único, dessa violência é a situação de pobreza e miséria que afeta de forma fundamental não a qualidade da vida, mas o fato mesmo do viver.

A repressão é também parte dessa violência estrutural e, quando não é uma repressão puramente ideológica de engano pela imagem e propaganda, mas se transforma em repressão policial ou através de esquadrões da morte, tende a assumir formas extremas, as quais subjetiva e objetivamente tendem a aniquilar as suas vítimas. O estado de violência em que se está, em razão da injustiça estrutural, não pode ser mantido senão com a força injusta de uma violência acrescida. Essa repressão trata de impedir a luta contra a injustiça, seja previamente, seja com o terrorismo de Estado ou de classe desencadeado, quando já tenha surgido movimentos revolucionários e, mesmo anteriormente, quando surgiu o protesto popular contra uma situação que vai se tornando insustentável, não só pela dolorosa desigualdade entre os poucos que têm tudo e a maioria que quase nada tem, mas também pelos mecanismos de acumulação e exploração que deram origem a essa situação. Essas descrições não são fantasias acadêmicas, mas constatações das formas como se apresenta a violência em muitos povos da América Latina.

A teologia da libertação faz dessa situação um dado primário. Dá-se conta de que se trata de uma realidade que não só afeta profundamente a maior parte da população, sobretudo nos países mais pobres, mas também a estigmatiza como um pecado gravíssimo. O que o Êxodo apresenta como o grande clamor de um povo que chega à presença de Javé, como uma crescente demanda de libertação, é também apresentado pela teologia da libertação, que lê a situação latino-americana nos mesmos termos. A leitura do Êxodo nesse estudo de análise leva, em primeiro lugar, a entender como justiça primária o desejo de libertação desse povo assim oprimido e reprimido e, em segundo lugar, a procurar, como no caso de Moisés, aqueles meios efetivos que possam trazer libertação. Mas atualmente existe uma separação histórica das duas dimensões de Moisés, a política e a religiosa. A teologia da libertação situa-se mais na dimensão religiosa, mas procura relacionar-se com a outra dimensão política, que na sua radicalidade só é mantida pelos movimentos revolucionários.

A teologia da libertação aceita, então, em princípio, a moralidade e mesmo a coerência cristã da violência libertadora de outras formas radicais de violência, desde que ocorra no contexto e com as condições devidas. Nisso segue a mesma linha da moral clássica, só que de forma mais rigorosa e restrita, permitindo certas formas de violência somente contra a violência estrutural, repressiva e opressora. A violência da injustiça estrutural, sobretudo quando chega a extremos de impedir a realização da vida humana e de fechar todos os caminhos menos violentos para buscar o remédio, é um mal máximo que pode e até deve ser combatido com meios eficazes, incluindo a luta armada. Na caracterização do mal, a teologia da libertação destaca mais o carácter social da injustiça estrutural do que o carácter político (tirania) a que se referia a moral clássica, considerando que o social é mais definidor do que o político. Mas, não obstante a licitude limitada da luta armada, esta é sempre um mal, e só pode ser utilizada em proporção com o mal maior que se quer evitar. Esse mal deve ser medido sobretudo em relação aos danos que, a curta e longa distância, ocorrem para as maiorias. Quando, porém, ocorre uma subordinação do bem das maiorias populares à conquista do poder político por parte de um movimento revolucionário ou à sua manutenção, o direito à luta armada é invalidado.

Por outro lado, não quaisquer meios violentos podem ser empregados. Existem meios tão intrínseca e totalmente maus que sua utilização é vedada. Daí que a violência revolucionária nunca deve assumir a forma de terrorismo. Entende-se por terrorismo aquele conjunto de ações realizadas contra pessoas indefesas de forma violenta, que ponha em perigo a sua vida ou a sua integridade física. Algo não é terrorismo porque provém de grupos previamente qualificados como terroristas, mas o terrorismo e o terrorista devem ser medidos pelas ações perpetradas. Desse ponto de vista, mesmo os governos legalmente estabelecidos podem ser estritamente terroristas, em distintos graus. Os movimentos revolucionários também caem frequentemente na tentação de cometer ações terroristas.

Tampouco é aceitável propiciar como condição subjetiva, favorecedora da violência revolucionária, o ódio em qualquer de suas formas. O inimigo não deixa de ser pessoa humana, a quem se pretende libertar de seu papel de opressor ou repressor violento. A difícil tarefa de amar o inimigo, incluindo o inimigo social, não deixa de ser um desafio para o cristão. Certamente, as classes não são pessoas que possam ser amadas ou odiadas, mas existe o perigo de introduzir na rejeição da classe a rejeição das pessoas que a ela pertencem. A luta revolucionária não deve nos fazer esquecer que o Evangelho é mais a favor da paz do que da guerra, mais do serviço do que da dominação, mais do amor do que do confronto.

É possível que a teologia da libertação tenha sido, em alguns momentos e em alguns lugares, um tanto ingênua quanto às possibilidades reais da violência revolucionária, quanto à sua mescla de males e bens. Pode-se aceitar que as mudanças revolucionárias necessárias na América Latina não possam ser alcançadas sem movimentos traumáticos. Todo o corpo social e político está organizado tendo em vista o bem-estar e o domínio das elites dominantes, bem como a serviço dos imperialismos, o que, se quisermos mudar urgente e drasticamente, implica transformações que encontram uma resistência fortíssima. Mas, nesses casos, não cabe passar facilmente da necessidade ética à possibilidade política. Os triunfos revolucionários em Cuba e na Nicarágua fizeram que se visse como iminente uma mudança revolucionária global em toda a América Latina ou ao menos em alguns países. Os fracassos ocorridos na Argentina, Uruguai, Chile, Bolívia, Brasil, bem com o violento derramamento de sangue que ocorreu na Colômbia e na Guatemala e a dureza da luta em El Salvador, fizeram com que não se possa cair em ingenuidades políticas. Os fundamentalismos religiosos podem levar a suicídios sociais.

Por outro lado, o uso da força para se manter no poder e os fracos resultados econômicos vêm tornando mais cautelosa a teologia da libertação. Certamente, os regimes levemente reformistas não estão trazendo uma libertação mínima às maiorias populares, nem as democracias políticas estão gerando democracias sociais, nem sequer estão produzindo a ruptura do círculo da miséria e da injustiça estrutural. Por tudo isso, embora a teologia da libertação tenda a simpatizar mais com as organizações populares e os movimentos revolucionários, nem por isso cai no simplismo de identificar o seu propósito utópico com as reformas concretas que empreendem. Talvez se possa aceitar como mal menor alguns processos revolucionários, mantendo-se frente a eles em uma posição de vigilante crítica e de apoio ponderado, mas não se pode cair em simplificações fáceis que desconheçam a relatividade e a pecabilidade inerentes às pessoas que conduzem os processos e à complexidade do conjunto de processos sociais que implica um projeto nacional.

5. A título de conclusão

A teologia da libertação, de fato, teve e continua tendo um enorme significado político. Isso foi visto no *Relatório Rockefeller*, nas abordagens de Santa Fé, nos constantes ataques a que é submetida por forças conservadoras fora e dentro da Igreja. Estima-se que, embora não seja em si uma força capaz de transformar revolucionariamente a situação na América Latina, pode se tornar um fator importante no conjunto de forças que constituem o movimento revolucionário. Inclusive alguns dos movimentos marxistas não só têm mudado a crença segundo a qual a teologia da libertação seria o ópio do povo, como também têm atribuído à teologia da libertação um papel positivo nas lutas libertadoras.

Tal reconhecimento não é infundado. A fé, a religião e a Igreja continuam sendo elementos especialmente significativos e influentes no contexto social, especialmente entre os mais pobres da América Latina. Se a fé e a Igreja se colocassem inteiramente a favor da causa popular, se intra e extra-eclesiasticamente tornassem efetiva a opção preferencial pelos pobres e deixassem de proteger de forma conservadora a ordem estabelecida, algo importante se teria alcançado. Medellín e Puebla alertaram as forças reacionárias, as quais mediram bem o que uma mudança substancial na Igreja e na sua pregação poderia significar para o continente. Os partidários da segurança nacional têm chamado a isso de "marxização" da fé e "marxização" da Igreja, porque tudo o que entra em conflito com os ditames da teoria da segurança nacional e as exigências do capitalismo é rotulado como marxismo. As acusações não são apenas verbais. São muitíssimos os que nos últimos dez anos foram assassinados para forçar a Igreja e os seus setores mais avançados – bispos, padres e leigos – a abandonarem sua nova posição de denúncia e de alento aos movimentos reivindicativos e revolucionários. Mas isso não impediu o movimento. A teologia da libertação continua se expandindo e se consolidando como movimento estritamente teológico, mas também como práxis pastoral. Em ambos os lados, continua a contribuir para a mudança social na América Latina.

Esse avanço e consolidação continuam em dois campos. O primeiro deles está dentro da Igreja, não sem enormes resistências. Esse campo é decisivo. Caso se conseguisse que a Igreja Latino-Americana enquanto tal se pusesse efetivamente na linha de Medellín e Puebla, não só se alcançaria uma profunda transformação eclesial muito mais evangélica e evangelizadora, mas se constituiria uma força muito importante para o avanço da libertação e para que essa libertação fosse conformada segundo os valores evangélicos. O outro é colocar essa força em relação às necessidades populares de libertação. Nem sempre foi encontrada uma forma de fazer isso, uma forma que combine a eficácia a curto e a longo prazo com o respeito à própria identidade cristã e à relativa autonomia dessa identidade. Esse é um problema difícil para o qual ainda não foi dada uma resposta definitiva. Ainda há hesitações e discussões.

Sobre os pontos que foram tratados nesta exposição, já há muita coisa escrita, e da mesma forma há também várias tentativas práticas, as quais não coincidem com as linhas aqui desenvolvidas. Esta não é ocasião oportuna para discutir analiticamente outras posições. Aquilo que aqui foi escrito pode ser suficiente para expor o problema e situar algumas questões fundamentais na devida perspectiva. O que importa, em última análise, é salvar a plenitude da mensagem reveladora e libertadora de Deus em Jesus Cristo, e alcançar a sua plena eficácia na história, na convicção de que, quanto melhor for desenvolvido o primeiro empenho, mais eficaz será o segundo; mas também na convicção de que é necessária a práxis, a realização histórica do reino de Deus, para alcançar teórica, vivencial e eficazmente a plenitude desta mensagem. As coisas já começaram. O importante agora é que não se afogue esse novo espírito. Por enquanto, ainda há esperança de que isso não irá acontecer.

Tradução: Eduardo Pessoa Cavalcante

CAPÍTULO 13
Para uma fundamentação do método teológico latino-americano

Neste artigo, publicado em *ECA* (322-323, 1975, 409-425), Ellacuría busca dar conta dos pressupostos filosóficos que intervêm na teologia, especificamente no que se refere à fundamentação crítica do método teológico latino-americano. Essa fundamentação ressalta, por um lado, a hermenêutica histórica própria do método latino-americano, em contraste com a hermenêutica teórica de outros modos de fazer teologia, e, por outro lado, o aporte da teoria da inteligência de Zubiri, enquanto referência básica à realidade como princípio e fundamento de toda atividade, neste caso, teológica realista. Traduzido de: *Escritos Teológicos I*, San Salvador: UCA, 2000, 187-218.

Diferentemente do que puderam pensar Descartes e seus sequazes, as questões de método não são anteriores ao quefazer intelectual, que se ocuparia já com a resolução de determinados problemas. Supõe, inclusive temporalmente, uma certa posterioridade: depois de ter realizado uma tarefa intelectual produtiva, questiona-se como se procedeu nela, a modo de justificação crítica, a modo de correção ou a modo de retomada. Não apenas as doutrinas e as teorias, mas também os métodos têm seu próprio "círculo hermenêutico", e não ver isso é começar acriticamente qualquer intento de crítica. O método fundamental é o modo próprio de pensar, e esse modo próprio de pensar só se realiza e se verifica quando de fato produziu um pensamento. Na realidade, implica todo esse pensamento como fundamentação última do que, de outro ponto de vista, aparece como método. A partir dessa perspectiva, o método não é senão o aspecto crítico e operativo, reflexamente considerado, de um sistema de pensamento. Não por acaso é tão difícil explicar o que é o método transcendental, o método dialético ou o método fenomenológico sem explicar o que é o pensamento kantiano, o pensamento hegeliano ou marxista e o pensamento husserliano ou heideggeriano.

Tudo isso se diz, em primeiro lugar, para que a teologia latino-americana ou a reflexão teológica latino-americana não caia na tentação de se perder em questões de método, deixando de lado questões reais de conteúdo e de práxis, pelo prurido de ser científica e crítica; mas, em segundo lugar, e vista a questão a partir do outro extremo, para que o fazer teológico latino-americano não se realize acriticamente, isto é, sem se dar conta de modo explícito daquilo que o justifica, ao mesmo tempo que é sua norma e inspiração.

Entendido assim, o problema do método é um problema que, no nosso caso, confunde-se com o problema mesmo da teologia latino-americana, se não no desenvolvimento de seus conteúdos, ao menos na caracterização do que é sua orientação fundamental. Isso nos faz ver desde o princípio que não se pode confundir a questão do método com a questão de que métodos em concreto se podem e se devem utilizar no trabalho teológico.

Essa distinção de método e métodos é óbvia, mas, se não se tem isso em conta, corre-se o perigo de se perder no começo mesmo da marcha. Podem e devem ser utilizados métodos que são, em si, mais ou menos neutros e universais, sem que por isso padeça forçosamente o caráter latino-americano do método fundamental; assim se explicaria – embora nem sempre a explicação resulte convincente – a proliferação de citações estrangeiras nos escritos de teologia da libertação mais típicos e mencionados. Podem porque, com as devidas cautelas críticas, certos métodos são assimiláveis como instrumentos que recebem sua orientação da mão que os utiliza, sem esquecer, claro, que não se pode utilizar qualquer instrumento para realizar qualquer tarefa. Podem porque, do contrário, sob o manto de não se servir de métodos alheios, o próprio labor teórico se converte às vezes em balbucios de principiantes ou no rechaço das uvas que estavam verdes porque não eram alcançáveis. A negação de um determinado intelectualismo não pode levar à renúncia da inteligência como princípio de libertação. Seria um equívoco radical entregar o exercício pleno da inteligência – o "que inventem eles" de Unamuno – a quem, definitivamente, tem fundamentado nela seu poder de dominação.

Para não cometer esse suicídio intelectual, para poder se defender dos que, partindo de um suposto monopólio intelectual em geral e do labor teológico em particular, estigmatizam os trabalhos teóricos procedentes da periferia dominada e, sobretudo, para poder avançar positivamente na tarefa empreendida, parece ter chegado o momento de fundamentar criticamente o método próprio da teologia latino-americana. Esse tem sido o objetivo de uma série de escritos recentes[1] e foi o intento do encontro latino-americano de teologia[2]. A teologia latino-americana, depois de uma rápida, intensa e frutuosa criação de conteúdos, apresta-se para se justi-

---

1. Entre os muitos trabalhos dedicados ao problema do método teológico latino-americano, escolhemos os seguintes: ALONSO, J., La teología de la praxis y la praxis de la teología, *Christus*, 444 (1972) 228-241; Una nueva forma de hacer teología, *Iglesia y praxis de liberación*, Salamanca, 1974; ASSMANN, H., Teología política, *Perspectivas de diálogo*, 50 (1970) 306-312; *Teología desde la praxis de liberación*, Salamanca, 1973; BRAVO, C., Notas marginales a la teología de la liberación, *Eclesiastica Xaveriana*, 24 (1974) 3-60; COMBLIN, J., El tema de la "liberación", en el pensamiento cristiano latinoamericano, *Pastoral Popular*, 113 (1973) 46-63; *Theologie de la pratique révolucionnaire*, Paris, 1974; DUSSEL, E. D., *Caminos de la liberación latino-americana*, Buenos Aires, 1973-1974, tomos I-III; *Método para una filosofia de la Liberación. Superación analéctica de la dialectica hegeliana*, Salamanca, 1974; ELLACURÍA, I., Tesis sobre la posibilidad, necesidad y sentido de una teología latinoamericana, *Teología y mundo contemporâneo* (Homenaje a Karl Rahner), Madrid, 1975, 325-350; FACELINA, R., *Liberation and salvation. Libération et Salut*, Bibliographie Internationale, Strasbourg, 1973; GERA, L., Cultura y dependência a la luz de la reflexión teológica, *Stromata*, 30 (1974) 169-227; GUTIÉRREZ, G. M., *Teología de la Liberación*, Salamanca, 1973; MALLEY, F., *Liberation, Mouvements, analyses, recherches, théologies: Essai Bibliographique*, Paris, 1974; RICHARD, P., Racionalidad socialista y verificación histórica del cristianismo, *Cuadernos de la Realidade Nacional*, 1972, 144-153; SCANNONE, J. C., El lenguaje teológico de la liberación, *Víspera*, 7 (1973) 41-47; Transcendencia, praxis liberadora y lenguaje. Hacia una filosofia de la religión postmoderna y latinoamericana situada, *Nuevo Mundo*, 1 (1973) 221-245; Teología y política. El actual desafio planteado por el lenguaje teológico de la liberación, *Fe cristiana y cambio social en América Latina*, Salamanca, 1973, 247-264; SCHOOYANS, M., Théologie et libération: quelle liberacion?, *Revue Theologique de Louvain*, 6 (1975) 165-173; SEGUNDO, J. L., *Liberación de la teología*, Buenos Aires, 1975; VAN NIEUWENHOVE, R., Les théologies de la liberation latino américaines, *Le Point Théologique*, 10, (1974) 67-104; AA.VV., *Pueblo oprimido, señor de la história*, Montevideo, 1972; AA.VV., *Hacia una filosofía de la liberación latinoamericana*, Buenos Aires, 1973; AA.VV., *Fe cristiana y cambio social en América Latina*, Salamanca, 1973; AA.VV., *Liberación: diálogos en el CELAM*, Bogotá, 1974; VEKEMANS, R., Antecedentes para el estúdio de la "teología de la liberación". Comentario bibliográfico, *Tierra Nueva*, 1 (1972) 5-23; VIDALES, R., Cuestiones en torno al método de la teología de la liberación, *Servicio de Documentación MIEC-JECI*, Lima, 1974.

2. Realizado no México de 11 a 15 de agosto de 1975 com o tema "Os métodos de reflexão teológica na América Latina e suas implicações pastorais no presente e no passado". Este trabalho foi preparado para esse encontro. A publicação das conferências e das comunicações será uma prova do interesse pela determinação do método teológico latino-americano.

ficar criticamente, refletindo sobre seu próprio método, sobre o método que exercitou desde o princípio sem se pôr a questão crítica de sua fundamentação, embora já desde o seu começo se justificava por seu próprio andamento e pelos resultados obtidos.

No presente trabalho, intenta-se contribuir com a fundamentação crítica do método teológico latino-americano a partir de um ponto de vista predominantemente filosófico, mesmo consciente de que com ele não se chega a dominar a totalidade do problema. E não se chega porque o método teológico, precisamente por ser teológico, é inseparável de conteúdos e atitudes teológicas. Mas, por outro lado, sem um olhar sobre os pressupostos últimos, a justificação é sempre insuficiente e, o que é pior, deixa o pensar teológico à mercê dos que o dominam a partir de uma determinada teoria do quem, do que e do para que do conhecimento humano: quem conhece, o que é conhecer e para que se conhece? Não é que estas linhas pretendam fazer uma teoria prévia e total da inteligência humana independentemente do que é hoje o trabalho teológico. Pretende-se apenas, a partir do trabalho teológico, refletir sobre seus pressupostos fundamentais, aqueles pressupostos que, se não são reflexamente conhecidos, deixam desvalidos e desamparados aqueles que definitivamente não sabem o que estão fazendo. O fato de haver mais uma teologia latino-americana do que uma filosofia latino-americana explícita não deixa de ter suas explicações profundas de índole diversa; mas, no outro extremo, há na teologia latino-americana uma série de questões filosóficas que devem ser trazidas à luz e fundamentadas para que se leve a libertação às raízes mesmas do trabalho intelectual.

Os interesses apontados orientam nosso modo de proceder. Como se trata de uma fundamentação filosófica do método teológico latino-americano, começará com a apresentação de um modelo teológico. Como se supõe que o modelo teológico latino-americano tem sua peculiaridade própria, contrapõe-se a ele um modelo teológico não-latino-americano. Como se supõe que a diferença de ambos os modelos implica uma diferença nos seus pressupostos últimos, analisam-se esses pressupostos também de maneira contraposta. Dessa forma, evitam-se os perigos de um proceder puramente teórico e apriorístico, uma vez que as reflexões se apoiam sobre exemplos bem precisos. Convém, no entanto, advertir desde o princípio que se toma o modelo não-latino-americano, tanto de pensamento teológico como de fundamentação filosófica, somente para que sirva de contraste, com o qual é bem provável que fique comprometido. Porém o que se busca com isso não é sua crítica, mas uma melhor compreensão do que é próprio do método latino-americano. Menos ainda busca-se rechaçar o que se poderia entender como teologia europeia apoiando-se em exemplos que para muitos podem parecer pouco representativos. Trata-se de um mero proceder metodológico, cujo valor e cuja justificação devem se ver no proceder mesmo e em seus resultados, e cujos limites devem ficar claros desde o começo.

O trabalho se dividirá em duas partes principais: na primeira, serão apresentados os modelos; na segunda, se refletirá sobres seus fundamentos. Tanto na primeira como na segunda parte se procederá a modo de contraste, um contraste que não pretende ser um pensamento *a contrariis*, mas simplesmente um pensamento que, a partir de si mesmo, contrasta com outros modos de pensar e nesse contraste se compreende melhor a si mesmo e se afirma em sua peculiaridade própria.

1. Dois exemplos de método teológico

Os dois modelos escolhidos foram tomados de uma recente publicação, na qual aparecem trabalhos teológicos distintos em homenagem a Rahner. Do lado latino-americano, um artigo de Leonardo Boff, intitulado "Libertação de Jesus Cristo pelo caminho da opressão. Uma leitura latino-americana", no qual, como afirma o próprio enunciado, pretende-se bem diretamente uma leitura latino-americana. Do lado não-latino-americano – e com certas pretensões de teologia universal, isto é, não regionalizada, embora o seja de antemão –, o artigo de Olegario González de Cardenal intitulado "Um problema teológico fundamental: a preexistência de Cristo. História e hermenêutica"[3]. De ambos os trabalhos, pode-se dizer que um é latino-americano, e outro não. Daí que o segundo sirva de contraste ao primeiro. Por outro lado, como alguns modos de fazer teologia na América Latina pretendem se realizar com esquemas mentais e culturais parecidos, patentes no artigo latino-americano, a comparação pode ter a utilidade subsidiária de manifestar alguns pressupostos de certos trabalhos teológicos na América Latina. Isso não significa que haja um único modo latino-americano de fazer teologia, nem menos ainda que a unidade de modo – digamos mais estritamente de método fundamental – implique coincidência de análises e de respostas, mas insinua que há um novo modo de fazer teologia na América Latina e que esse modo tem características

---

3. VARGAS-MACHUCA, A. (ed.), *Teología y mundo contemporâneo*: homenaje a Karl Rahner en su 70 cumpleaños, Madrid, 1975, 241-268 e 179-211 respectivamente.

próprias válidas que para alguns parecem oferecer uma resposta profunda às necessidades da fé nessas regiões oprimidas. O que esse modo próprio possa ter de universalmente válido em relação a todo o possível fazer teológico é uma questão que, de momento, podemos deixar de lado.

(a) Olegario González trata da preexistência de Cristo como algo que considera o "problema teológico fundamental". É "um dos problemas que implicam mais interesse e dificuldade para uma cristologia que queira ser fiel às suas origens e fiel à sua natureza última: ser uma palavra significante de salvação, pronunciada à altura de um tempo histórico e, por isso, com inteligibilidade e com peso de verdade para uns homens determinados"[4]. A esse tema fundamental, aproxima-se histórica e hermeneuticamente. Por história, entende um recorrido histórico desde a Escritura, através da tradição até chegar à teologia atual. Por hermenêutica, entende a busca de sentido que tem as distintas afirmações cristológicas em sua dupla vertente de algo em si e algo para mim. Ambos os aspectos, o histórico e o hermenêutico, parecem-lhe essenciais para se aproximar do trabalho teológico, conforme à exigência de nosso tempo cultural.

No que se refere à história, diz-nos que "qualquer reflexão teológica sobre o tema da preexistência deve partir da consideração histórica de Jesus em seu destino concreto"[5] e que "a história de Cristo como preexistente é função da história do Jesus existente; o conteúdo daquela não se esgota nesta, mas só é discernível e verificável a partir de sua análise e contemplação. Nada mais estranho ao cristianismo que uma desistoricização de qualquer tipo, ética ou gnóstica, ideológica ou petista"[6]. No que se refere à hermenêutica, o acento é posto na compreensão teórica do sentido de determinadas afirmações que, sem dúvida, querem se referir a uma realidade, mas das quais se busca, antes de tudo, sua relevância vivencial.

A concretização de seu método aclara e confirma a direção fundamental de seu proceder teológico: (1) mostrar a gênese histórica do conceito que se analisa – no seu caso, o da preexistência de Cristo –, tendo em conta os gêneros literários em que aparece; (2) analisar a função que esse conceito cumpre em cada um dos contextos culturais em que aparece: "que intenta expressar ao falar de preexistência ou, se se quer, que

---

4. Ibid., 193.
5. Ibid., 179.
6. Ibid., 200.

incógnita trata de resolver, que dificuldade quer superar?"[7]; (3) atender ao giro da modernidade que consistiria em encontrar significatividade nas afirmações, "na medida em que são significantes para a compreensão e a realização da existência humana"[8]. E esses três passos lhe parecem fundamentais porque o que ele julga essencial em sua investigação é determinar os pressupostos que trazem consigo "essa concepção de Cristo como preexistente, e em que medida estão superados pela atual concepção da realidade [...]. É aqui que surge a grande pergunta, já não de caráter histórico (fontes da ideia, cristalização e aplicação a Cristo), nem sequer de caráter fenomenológico (significação e intencionalidade que há em cada contexto em que se aplicou a Cristo), mas de caráter hermenêutico..."[9]. E essa pergunta de caráter hermenêutico é, em última instância, uma pergunta pelo sentido e pela função das afirmações bíblicas e dogmáticas da preexistência: se dizem algo sobre a realidade mesma de Cristo ou apenas algo de nossa existência, enquanto redimida por Jesus.

O lugar de verificação desse sentido e dessa função é a vivência religiosa: "Qualquer discurso teórico sobre a preexistência de Cristo na eternidade só tem sentido a partir do encontro religioso com ele em nosso tempo de homens"[10]; o lugar "de nascimento original e de permanente verificação dessa categoria é a vivência religiosa: o encontro com Jesus como encontro com Deus e, para isso, o encontro salvífico-escatológico"[11].

A conclusão a que chega o trabalho é, sem dúvida, coerente com os passos que a precedem e com o método seguido: "O mundo é função de Jesus. A história, cósmica e humana, é derivada em relação à sua história pessoal que se desdobra assim em uma pré-história crente e em uma pós-história consumadora [...]. Se Cristo fosse apenas função de Deus para a história, isto é, se seu sentido ficasse circunscrito às margens da relação Deus-mundo, sem ser ao mesmo tempo função do próprio mistério de Deus, a história ainda estaria aberta e não teríamos a segurança de um final positivo. Ainda teriam sentido todos os messianismos [...], todos os programas para instaurar o paraíso na terra [...]. Se não temos em Cristo o Filho Unigênito, com o qual Deus é Deus enquanto Pai, não podemos, todavia, dizer que conhecemos a Deus"[12].

---

7. Ibid., 193.
8. Ibid., 193.
9. Ibid., 200-201.
10. Ibid., 207.
11. Ibid., 207.
12. Ibid., 210.

(b) Leonado Boff não trata da preexistência de Cristo, mas da libertação que ele traz a um povo oprimido, tema que lhe parece absolutamente fundamental na cristologia. Seu ponto de partida metodológico poderia parecer, numa primeira e superficial leitura, semelhante ao anterior: "Preocupa-nos a pergunta: como anunciar, de forma significativa para o homem de hoje, a libertação trazida por Jesus Cristo?"[13]. Mas a pergunta é pelo significado que tem a libertação não para um suposto homem em geral, nem para um suposto único homem de hoje, mas para o homem marginalizado e oprimido, que conta com determinadas incitações históricas e cuja necessidade fundamental não é um problema de compreensão teórica, mas uma tarefa efetiva de libertação; para o homem que se encontra na necessidade de optar não tanto por um ou outro sistema de interpretação do universo, mas por um outro sistema de transformação da realidade histórica.

História e hermenêutica adquirem, em consequência, um sentido distinto do caso anterior. "Não queremos ser hermeneuticamente ingênuos"[14] ao nos enfrentarmos com a pergunta do que é a libertação trazida por Jesus Cristo e com o significado que lhe é próprio: "Essa pergunta está orientada por um interesse bem claro: pretende detectar e estabelecer as mediações concretas que a libertação de Jesus Cristo encarna na história. Discursos universais não são suficientes. Eles têm que ser verificados na trama da vida humana. Sem essa mediação são irreais e ideológicos e terminam fortalecendo os interesses dominantes"[15]. Toda leitura, toda interpretação está orientada por um interesse, seja existencial, seja social. O importante é dar-se conta desse interesse e de como ele condiciona nosso modo de nos aproximarmos da realidade e de compreendê-la.

A libertação de Jesus Cristo não é tanto uma doutrina que se anuncia como uma práxis que se realiza. Para descobrir hoje essa doutrina e esta práxis, os olhos devem se voltar para as ações e as palavras de Jesus com o obtivo de descobrir o que têm de significativamente permanente, mas com um sentido hermenêutico preciso, que rompe os quadros históricos de Jesus, e de ver neles um sentido transcendente, não para se perder nele, mas para encarná-lo em uma nova situação histórica. A universalidade e a transcendência de Jesus Cristo são totais, mas necessitam mediar-se e

---

13. Ibid., 241.
14. Ibid., 242.
15. Ibid., 242.

visibilizar-se em passos libertadores concretos: "O próprio Cristo realizou sua libertação universal através de uma marcha libertadora, dentro de sua própria situação. De modo semelhante, nós devemos traduzir praticamente a libertação universal em situações libertadoras, na situação na qual Deus nos faz viver. Só desta forma a libertação de Jesus Cristo se torna significativa em nossa vida"[16].

Consequentemente, a tarefa libertadora que Boff se propõe é dupla: "Por um lado, mostrar como a libertação de Jesus Cristo foi uma libertação concreta para o mundo com o qual se encontrou [...]; por outro lado, detectar dentro dessa libertação concreta uma dimensão que transcende essa concreção de história de libertação e que, por isso mesmo, interessa e diz respeito ao que vivemos agora em outra situação"[17]. Mas só se pode falar de libertação e de redenção a partir de seus opostos, a partir da opressão e da perdição. Daí que as perguntas fundamentais sejam: "Como se apesentam hoje, em nossa experiência, a opressão e a perdição? Como devem ser articuladas a redenção e a libertação de Jesus Cristo, de forma que sejam efetivamente reposta de fé para esta situação?"[18]. E é aqui que as ciências sociais e as mediações históricas entram de cheio: "Em primeiro lugar, faz-se necessária uma pertinente leitura sócio-analítica da situação para deixar claro o caráter estrutural e sistêmico de dependência cultural, política e econômica. Em segundo lugar, urge articular uma leitura teológica dessa mesma situação, que, para a fé, não corresponde aos desígnios de Deus"[19]. Isso implica não apenas uma denúncia desmascaradora do suposto progresso de nosso tempo, mas também um anúncio que antecipe um sentido novo da sociedade humana, que utilize o instrumental atual de nossa civilização, não para a dominação, mas para a liberdade e a solidariedade. Entretanto, não se deve fazer da libertação cristã algo que se identifique e se esgote em cada passo histórico de libertação, nem tampouco reduzir a fé e a reflexão teológica a uma ideologia intramundana.

Seu modo teológico de proceder é recorrer o mais criticamente possível – crítica histórica, crítica ideológica, crítica hermenêutica – às ações e às palavras do Jesus histórico, tal como se deduzem dos relatos evangélicos, recuperando assim para a cristologia a realidade histórica de sua vida. A reta interpretação dessa realidade e sua correta tradução em nossa própria realidade histórica com referência essencial e primária à práxis cons-

---

16. Ibid., 244.
17. Ibid., 262.
18. Ibid., 263.
19. Ibid., 264.

tituem não apenas um modo de proceder na reflexão teológica, mas uma declarada posição acerca do que deve ser hoje e aqui a tarefa do teólogo.

(c) A mera justaposição dos dois modelos manifesta notáveis diferenças.

Já a própria escolha do tema é uma das diferenças, e uma das mais significativas. Não se trata apenas nem principalmente de que um dos temas seja mais "atual" do que outro, mas da possibilidade mesma de sua "veri-ficação". Não é estranho a nenhum dos dois autores esse conceito de "veri-ficação". Mas, enquanto no primeiro caso a verificação tem um caráter primariamente contemplativo e vivencial, no segundo caso é práxico e real, algo que se pode comprovar de alguma forma na própria realidade histórica. Obviamente, a preexistência de Cristo e a libertação de Cristo têm significatividade distinta e verificação diferente, pois em um dos casos trata-se de um atributo estático, e no outro de uma intervenção dinâmica. Poderia suceder que só um preexistente poderia libertar, mas, então, a preexistência se veria e se verificaria na libertação, com o que adquiriria um caráter novo mais significativo. Não é que essa consideração dinâmica tenha que cair necessariamente num funcionalismo para ficar nele, mas começa recorrendo ao lugar teológico fundamental da fé e da reflexão teológica.

Ambos os autores buscam significatividade para o homem atual. Mas, no primeiro caso, a significatividade é predominantemente de ordem intelectiva, e, no segundo caso, de ordem real-histórica. O que em um caso é significatividade de afirmações, peso de verdade, no outro é significatividade para os interesses reais. O que em um caso é significatividade predominantemente para as elites intelectuais que necessitam de formulações assimiláveis aos seus usos intelectuais e científicos, no outro é significatividade para o povo de Deus que necessita crer e sobreviver. Poderia parecer que, nesse último caso, o labor intelectual ficaria reduzido, ao confundir a pregação da fé com a reflexão teológica, o que certamente pode ser um perigo real. Mas, em princípio, não tem por que ser assim, pois uma coisa é o lugar teológico em que se inicia e em referência ao qual se continua a reflexão teológica, e outra coisa é o caráter próprio da reflexão teórica como esforço da inteligência humana para que a fé mostre sua própria plenitude.

É que em cada um dos casos se maneja um conceito distinto de história. A história pode ser o intento crítico de ter em conta os fatos ocorridos e interpretá-los corretamente ou pode ser entendida como a realidade mesma em sua plenitude dinâmica concreta, da qual ninguém pode escapar. Desse segundo ponto de vista, o método histórico não se reduz a um recorrido histórico, do qual se busca criticamente a significatividade, mas deve se adequar ao que é a história como processo real e englobante de toda a realidade humana, pessoal e estruturalmente considerada. História não é primariamente autenticidade crítica, mas processo de realização e, definitivamente, processo de libertação. Quando se fala de uma volta à história, pode-se entender a volta como recurso a dados históricos e, nesse caso, estamos ante um processo meramente metodológico, por mais necessário que se considere – e assim deve ser considerado – para não se perder em fantasias ou em especulações; mas pode se entender como uma volta ao que é a totalidade estrutural do real em seu processo unitário como lugar primário de verificação. Daí que a máxima desistorificação surgiria, no caso das perguntas cristológicas, de uma historicização reduzida da própria realidade do Jesus histórico, não captada a partir de sua ação histórica concreta, pessoal e social, e/ou de uma historicização, igualmente reduzida, da própria experiência cristã atual, entendida à margem dos condicionamentos que lhe são próprios.

Consequentemente, a hermenêutica também adquire significado e realidade metodológica bem distintos. Frente a um problema de biografias pessoais, que não são anuladas, mas subsumidas em um marco sócio-histórico concreto, propõe-se o problema dos interesses sociais, enquanto determinantes dos modos de pensar e de viver. Daí surge uma hermenêutica histórica em contraposição a uma hermenêutica teórica. Frente ao conceito de história como relato histórico com sua própria hermenêutica, está o conceito de história como ação histórica, como processo real histórico, com a hermenêutica social e histórica que lhe corresponde. A referência ao Jesus histórico implica, sem dúvida, uma hermenêutica. Mas a hermenêutica que se deve utilizar não é apenas nem primariamente uma hermenêutica idealista do sentido, por mais que se vivencie esse sentido, mas uma hermenêutica realista que tem em conta o que toda ação e toda interpretação devem às reais condições de uma sociedade e aos interesses sociais que as sustentam. E isso tanto no caso do interpretado como no caso do interpretador, o que não exclui técnicas hermenêuticas metodológicas, mas as subordina a uma abordagem mais geral e profunda do labor hermenêutico.

A referência às ciências sociais como elemento integrante do labor teológico é bem explícita em um modelo e está praticamente ausente no outro. O que neste há de mediação de algum modo filosófica, no outro é fundamentalmente mediação sociológica. A razão é clara: o que interessa de maneira predominante em um é o sentido e a compreensão do sentido; o que interessa de maneira predominante no outro é a transformação da realidade e, nela, a transformação da pessoa. O intento comum de conversão e conversão pessoal seria, em um, predominantemente a partir de uma posição intelectualista de crer na mudança profunda a partir da mudança das ideias ou de suas formulações; no outro, seria predominantemente a partir de uma posição realista de crer que a mudança real do homem e de suas ideias não pode ocorrer sem que mudem as condições reais de sua existência.

Como dissemos desde o princípio, não estamos julgando os modelos, mas ressaltando as possíveis diferenças direcionais que põem ante os olhos um problema: a existência de modelos distintos de reflexão teológica. Sobre o modelo não-latino-americano, destacamos não o que há de positivo, mas aquilo em que se pode supor, por contraposição, uma chamada de atenção. Não é puramente ocasional que algumas teologias cultivadas na América Latina e suas consequências pastorais caiam em abordagens que devem ser abandonadas ou reassumidas, no que têm de positivo, em um novo modo de fazer teologia, cujos pressupostos passamos a examinar.

2. O problema dos fundamentos filosóficos do método teológico latino-americano

Entendemos por método, aqui, a direção fundamental e totalizante com a qual e a partir da qual se deve exercitar a atividade teológica. Pode e deve incluir, como já disse, uma série de "métodos" parciais ou instrumentais: não apenas os métodos próprios do estudo da Escritura, da tradição do magistério, da história do pensamento teológico etc., mas também todo o rico instrumental que pode proporcionar determinados saberes científicos. Não nos perguntamos aqui pelos modos concretos de proceder no labor intelectual teológicos: se o método deve ser transcendental, dedutivo, estruturalista, dialético, analítico-linguístico etc. Todos esses métodos podem ter sua própria validez, se ficam convenientemente desideologizados e postos a serviço do método fundamental, cujos pressupostos tratamos de descobrir e fundamentar criticamente. O que nos importa aqui é a caracterização prévia desse método fundamental, entendendo por caracterização prévia a análise dos pressupostos filosóficos fundamentais, nos quais deve se apoiar a atividade teológica e que devem servir de inspiração e de critério.

O princípio de determinação desse método fundamental deve ser buscado na determinação histórica do que se deve entender hoje por teologia na América Latina. Como se deve entender hoje a teologia na América Latina é um tema de que já tratei, embora esquematicamente, em outro lugar[20]. Se pretendêssemos tratar do método teológico mesmo, teríamos que entrar numa série de problemas que se apontam ali e que aqui não podemos nem mencionar. Aqui buscamos apenas aclarar filosoficamente o tema e seus pressupostos. Com o modelo que acabamos de expor temos suficientemente presente a realidade dos conteúdos e das atitudes teológicas do modelo latino-americano, o qual nos permite entrar de imediato no problema dos pressupostos filosóficos que nem sempre ficam suficientemente explicitados nem justificados.

Não entraremos aqui no problema geral do método. Aludiremos apenas àquelas questões que afetam de maneira direta o problema de nosso trabalho. A atividade teológica tem um momento essencial de conhecimento, e isso nos obriga a precisar o que é esse momento cognoscitivo. Certamente, esse momento cognoscitivo não é absolutamente separável de outros momentos não formalmente cognoscitivos, mas tem uma autonomia própria. Não é sem mais um reflexo passivo, pois não é a mera reprodução de uma realidade já dada, nem tampouco a resposta não mediada de determinados interesses ou de estruturas fixamente definidoras. E é a esse momento cognoscitivo, relativamente autônomo, do método teológico que nos referiremos explicitamente.

Também aqui procederemos a modo de contraste, pelas mesmas razões e com a mesma intenção e medida com que se procedeu na parte anterior. Sobre um dado modelo, que bem pode servir de fundamentação teórica do que foi apresentado anteriormente como esquema não-latino-americano de fazer teologia, será proposto outro modelo como começo de fundamentação filosófica do método teológico latino-americano.

2.1. Alguns pressupostos filosóficos do método teológico que devem ser superados

Escolhemos como contraste um livro recente de Coreth que pode representar a fundamentação teórica de uma determinada forma de fazer teologia não-latino-americana. O livro não deixou de ter difusão entre leitores de língua espanhola e, junto com outros escritos do autor, pode-se considerar como influente entre nós[21]. Insistimos de novo que não se trata de uma discussão global com as ideias expostas no livro que comentamos,

---

20. ELLACURÍA, I., Tesis sobre la posibilidad, necesidad y sentido sobre una teología latinoamericna, ibid., 325-350.
21. CORETH, E., *Cuestiones fundamentales de hermenêutica*, Barcelona, 1972.

mas essas ideias são tomadas apenas como contraste para entender melhor certas posições teológicas não latino-americanas e para nos aproximar do que pode ser uma fundamentação do método teológico latino-americano. Uma discussão geral e global acerca do método exigiria tomar em conta outras abordagens mais explícitas[22].

O livro está dedicado a questões de hermenêutica, dentre as quais aparece como básica a questão do "círculo hermenêutico". Segundo Heidegger, toda intelecção mostra uma "estrutura circular", "posto que só dentro de uma totalidade de sentido previamente projetada 'algo' se abre como 'algo', e toda interpretação – como refundição da intelecção – se move no campo da inteleção prévia e, por conseguinte, o pressupõe como sua condição de possibilidade"[23]. Gadamer, por sua vez, insiste no caráter histórico de todo conhecer e na circularidade própria do conhecer histórico: o conhecer está condicionado pela compreensão histórica do momento e, por isso, toma corpo com nossa própria história e com nossa compreensão de história. Já Humboldt havia insistido sobre esse ponto da unidade, apoiando-se na linguagem como vínculo de compreensão: "A linguagem é a unidade em oposição ao espírito individual e subjetivo porque, certamente cada um fala seu idioma, mas ao mesmo tempo é introduzido pelo idioma em uma comunidade idiomática e, com ela, no 'espírito objetivo' de uma configuração histórica e cultural da humanidade"[24]. Finalmente, com relação aos problemas hermenêuticos, a chamada filosofia analítica tem uma posição peculiar que busca "a determinação do sentido das frases sintéticas" através da verificação: "O sentido de uma frase está determinado pela maneira de sua verificação, que deve se fazer pela experiência. Combinações ulteriores de frases significativas só são possíveis por relações lógicas que não dão nenhuma ampliação de sentido"[25].

Coreth enfrenta toda a problemática a partir de sua posição própria ante o problema do conhecimento. Para ele, a intelecção é uma compreensão de sentido, a partir do que estima ser a forma originária do entender, que é o entender humano, "antes de tudo o diálogo"[26], embora haja outras formas de entender, como o entender prático que consiste em um fazer entendido e que abre ao mundo do bem-feito e dos deveres.

---

22. Por exemplo, Lonnergan.
23. CORETH, E., *Cuestiones fundamentales de hermenêutica*, 37.
24. Ibid., 43.
25. Ibid., 46-47.
26. Ibid., 73.

A intelecção, entendida como compreensão de sentido, tem, efetivamente, uma estrutura circular porque supõe sempre um "mundo"; "a totalidade deste mundo [...] em sentido de experiência prévia [...], forma o *a priori* frente a cada experiência ulterior. O horizonte desse fundo e dessa continuidade de sentido é a condição para que entendamos em seu sentido tudo que nos vem ao encontro"[27]. Horizonte significa aqui "uma totalidade, compreendida conjunta e atematicamente ou pré-entendida, que penetra, condicionando e determinando, no conhecimento – na percepção ou na intelecção – de um conteúdo singular que se abre de uma determinada maneira dentro dessa totalidade"[28]. Daí que todo conteúdo singular, seja palavra, coisa ou acontecimento, "é compreendido na totalidade de um horizonte de significação previamente aberto"[29]. Mas não se trata de um mundo sem qualquer determinação: "Nosso mundo não é apenas um mundo empiricamente determinado e transcendentalmente condicionado, mas também [...] um mundo historicamente cunhado e linguisticamente interpretado; por conseguinte, um mundo multiplamente 'mediado'"[30].

Referido o problema ao que é o conhecimento teológico, nos depararíamos com o fato de que "no condicionado encontramos o incondicionado, no relativo se revela o absoluto. O homem está aberto para a infinitude do ser, mas ao mesmo tempo está ligado à finitude de seu mundo e de sua história. Não é possível um elemento sem o outro. Eles se condicionam e se penetram mutuamente [...]. Essa constituição essencial do homem está introduzida no acontecer de salvação que Deus faz no mundo e na história"[31]. Daí que, no que se refere ao método teológico, a tarefe hermenêutica implicaria conjuntamente as seguintes fases: busca do sentido originário da afirmação escriturística, sua interpretação histórica e o desenvolvimento de sentido na tradição da vida e da doutrina da Igreja, abertura de seu significado de salvação à compreensão do homem de hoje. São tarefas distintas, mas não se podem separar de maneira total umas das outras.

O livro desenvolve mais essas ideias e expõe outras, mas para o nosso propósito o transcrito é suficiente. Nessas poucas linhas ficam destacadas as diretrizes dos pressupostos filosóficos de todo conhecimento, incluído o teológico. Podem-se assinalar os seguintes: (1) a intelecção tem uma estru-

---

27. Ibid., 91.
28. Ibid., 104.
29. Ibid., 101.
30. Ibid., 134.
31. Ibid., 244.

tura circular e exige, portanto, um círculo hermenêutico; entende-se sempre a partir de algo, e esse a partir de algo se pressupõe e se subentende, por mais que sua independência em relação ao que é entendido não seja total; (2) a intelecção é primariamente compreensão de sentido; é, antes de tudo, compreensão, e, ademais, o que se compreende é o sentido de algo, com o que a intelecção resulta reduplicativamente teórica e especulativa; (3) o que tanto o "mundo" como o "horizonte" dão é transfundo e continuidade de sentido, embora não seja sem mais um sentido puro e apriorístico, mas multiplamente mediado; (4) o que se vai buscando no conhecimento, inclusive no saber teológico, é sempre uma busca de sentido, isto é, algo predominantemente interpretativo. Frente a essa conceituação do quefazer intelectivo deve se propor outra que faça justiça ao que é a realidade do conhecer humano e ao que pretende ser o labor teológico. Pensamos que tal conceituação responde melhor ao que é a realidade do inteligir humano e responde melhor ao que, de fato, está pretendendo ser o pensamento teológico latino-americano.

2.2. Algumas afirmações fundamentais para uma reta conceituação do que é o inteligir humano em ordem à determinação do método teológico latino-americano

Não pretendemos aqui fazer nem, muito menos, fundamentar uma teoria da inteligência. Fazemos apenas uma série de afirmações que nos parecem responder ao que é e ao que deve ser a realidade do nosso fazer intelectivo, de modo que, se não se têm em conta essas afirmações como critério hermenêutico fundamental, todo labor intelectual fica mistificado desde o início.

(a) A inteligência humana não só é essencial e permanentemente sensitiva, mas é inicial e fundamentalmente uma atividade biológica. Essa afirmação não pretende dizer que o conhecer intelectivo não se diferencia do exercício puramente sensorial, mas apenas que é sempre *sentiente* e, sobretudo, que desempenha sempre uma função biológica[32].

---

32. Todas essas abordagens devem muito ao pensamento de Zubiri, embora suponham uma reelaboração em ordem a resolver problemas que se abordam na realidade latino-americana. Por isso, não se pretende nesses desenvolvimentos a repetição exata do pensamento explícito de Zubiri, embora neles esteja presente muito de sua inspiração e, quero pensar, muitas de suas melhores virtualidades.

A inteligência humana só pode atuar a partir dos sentidos e em referência aos sentidos que são, antes de tudo, funções biológicas e que servem primariamente para a subsistência do ser vivo. Mais ainda: a inteligência humana é por si e formalmente uma atividade biológica, uma vez que sua função inicial, em razão da qual surgiu, assim como seu exercício permanente se orientam a dar viabilidade biológica ao ser humano, individual e especificamente considerado. Zubiri costuma dizer que uma espécie de idiotas não é viável biologicamente, embora seja perfeitamente viável uma espécie de animais superiores sem inteligência. No fundamental fazer biológico que é a vida, embora a vida não se reduza a puro fazer biológico, a inteligência é um momento essencial desse fazer. A inteligência humana tem, sem dúvida, uma estrutura própria, pela qual se diferencia de outras notas da realidade humana. Essa estrutura própria permite uma precisa especialização, irredutível ao que é próprio de outras notas da realidade humana, de modo que só a inteligência intelige, e o que fazem outras notas é algo formalmente distinto desse inteligir. Mas, o que a inteligência faz, por mais formalmente irredutível que seja, o faz em unidade primária com todas as demais notas da realidade humana. Portanto, o reconhecimento dessa estrutura própria não implica que se lhe atribuam uma substantividade e uma autonomia totais, pois está sempre condicionada e determinada pela unidade primária que é o homem como ser vivo. Essa realidade física total do homem é a instância primária a partir da qual o homem intelige, conhece e entende. O primeiro homem utilizou a inteligência para seguir vivendo, e essa referência essencial à vida, a partir da unidade primária que é o homem como ser vivo, é o "a partir do que" primário da inteligência e, bem entendido, é também o "para que" primário de todo inteligir: para que tenham vida e a tenham em mais abundância, se se permite essa secularização e redução da fórmula tão essencial à fé cristã.

Poderia parecer que este caráter sensorial do conhecimento humano está reconhecido por muitas filosofias e, dentre outras, pelas chamadas filosofias realistas. Mas não basta um reconhecimento prévio. É mister ser consequente com esse reconhecimento, porque em nenhum dos exercícios da inteligência, nem sequer nos supostamente mais altos, deixa de estar presente e operante esse caráter sensorial e biológico, orientado à manutenção ativa da vida humana e à sua superação, e nunca à sua negação. As filosofias realistas nem sempre logram ser consequentes com a essencial dimensão material do conhecer humano ou com seu necessário caráter práxico, precisamente por desatender à raiz vital de toda a atividade humana.

(b) A estrutura formal da inteligência e sua função diferenciadora, dentro do contexto estrutural das notas humanas e do caráter biológico permanente da unidade humana, não é ser compreensão do ser ou captação do sentido, mas apreender a realidade e se enfrentar com ela. A compreensão de sentido é uma das atividades da inteligência, sem a qual não dá de si tudo o que ela é e tudo o que o homem necessita dela. Mas não se dá em todo ato de inteligir e, quando se dá, pode servir de evasão contemplativa e de negação na prática do que é a condição formal da inteligência humana. Em relação com sua referência primária à vida, o específico e formal da inteligência é fazer com que o homem se enfrente consigo mesmo e com as demais coisas, enquanto coisas reais, que só por sua essencial respectividade com ele podem ter para ele um ou outro sentido.

Esse enfrentar-se com as coisas reais enquanto reais tem uma tríplice dimensão: o enfrentar-se com a realidade ("*el hacerse cargo de la realidad*"), o que supõe um estar na realidade das coisas – e não meramente um estar ante a ideia das coisas ou no sentido delas –, um estar "real" na realidade das coisas que, em seu caráter ativo de estar sendo, é o contrário de um estar "coisal" e inerte e implica um estar entre elas através de suas mediações materiais e ativas; o assumir/carregar a realidade ("*el cargar con la realidad*"), expressão que destaca o caráter ético fundamental da inteligência que não foi dada ao homem para se evadir de seus compromissos reais, mas para assumir sobre si o que as coisas realmente são e o que realmente exigem; o encarregar-se da realidade ("*el encargarse de la realidad*"), expressão que destaca o caráter práxico da inteligência que só cumpre com o que é, inclusive em seu caráter de conhecedora da realidade e compreendedora de seu sentido, quando assume um fazer real.

Precisamente por essa prioridade da realidade sobre o sentido, não há uma mudança real de sentido sem mudança real de realidade. Pretender o primeiro sem intentar o segundo é falsear a inteligência e sua função primária, inclusive na ordem puramente cognoscitiva. Crer que, por mudar as interpretações das coisas, mudam-se as coisas mesmas ou, pelo menos, a consciência profunda da própria instalação no mundo, é um grave erro epistemológico e uma profunda ruptura ética. As mudanças interpretativas de sentido e mesmo as puras análises objetivas de uma realidade de índole social e histórica não são mudanças reais, nem sequer mudanças reais do próprio sentido, mas, na maioria das vezes, mudanças de suas formulações.

Isso não obsta que a inteligência tenha uma função insubstituível como potência teórica para a devida mudança da realidade histórica na ordem técnica e na ordem ética.

Só a partir desse enfrentamento com a realidade e desse ajustar-se à realidade a questão do sentido tem relevância real. O que importa é o sentido da realidade, mas importa porque realmente o homem também necessita se questionar sobre o sentido das coisas. Mas essa real necessidade de sentido junto com essa necessidade de sentido real se inscrevem na dimensão de realidade. Consequentemente, quando se discute a interpretação da intelecção como compreensão de sentido, não se discute que o homem e a inteligência humana devam se perguntar pelo sentido. Discute-se apenas a radicalidade da abordagem.

(c) A inteligência humana não apenas é sempre histórica, mas essa historicidade pertence à própria estrutura essencial da inteligência, e o caráter histórico do conhecer, enquanto atividade, implica um preciso caráter histórico dos mesmos conteúdos cognoscitivos. Esse caráter histórico fundamental da inteligência e do conhecer é cada vez mais reconhecido, ao menos verbalmente, mas o que se entende por história é, em muitos casos, algo substancialmente distinto. Aqui, indicaremos apenas três aspectos dessa historicidade, por serem essencialmente importantes para determinar as características do método teológico.

Primeiro: a atividade da inteligência humana, mesmo em sua pura dimensão interpretativa – muito mais em seu caráter de projeção e de práxis –, está condicionada pelo mundo histórico no qual se dá. Com efeito, a inteligência conta, em cada caso, com determinadas possibilidades teóricas[33], que se constituem como resultado de uma marcha histórica e representam o substrato a partir do qual se pensa. Não era possível, por exemplo, fundamentar a teoria da relatividade senão a partir de determinadas possibilitações teóricas, proporcionadas pela história real da matemática e da física. Da mesma forma, não são realmente possíveis determinadas leituras da fé senão a partir de determinações históricas muito precisas que tornam possível, realmente possível, situações concretas e mediações históricas diversas. Mais ainda: a inteligência, inclusive nos casos mais teóricos,

---

33. Entendemos o conceito de "possibilidade", aqui, em um sentido estritamente zubiriano, que nada tem a ver com o da filosofia clássica. Cf. ZUBIRI, X., La dimensión histórica del ser humano, *Realitas*, 1 (1974) 11-69. Sobre o conceito de história, de realidade histórica, trato longamente em um livro de publicação próxima.

tem um momento de opção, condicionada por uma multidão de elementos que não são puramente teóricos, mas que dependem muito precisamente de condições biográficas e de condições históricas. Consequentemente, a hermenêutica, mesmo como busca de sentido, não pode se reduzir a uma busca do que foi objetivado nas formulações teóricas, como se o sentido último e total dessas formulações radicassem nelas mesmas, mas deve se perguntar temática e permanentemente a que mundo social respondem, já que nem sequer uma formulação puramente teórica se explica em todo o seu sentido apenas a partir de si mesma. Para dar um exemplo sobre um modelo clássico de formulação teórica e apriorística, é interessante retomar o que escreve Max Scheler sobre a ética kantiana: "Pode-se mostrar pelo caminho histórico e psicológico que o que Kant se achava autorizado a inquirir na própria razão pura, de validez geral para todos os homens, era simplesmente o enraizamento do *ethos*, delimitado étnica e historicamente de modo rígido, do povo e do Estado, em uma determinada época da história da Prússia (o que não tira nada da grandiosidade e da excelência desse *ethos*)"[34].

Segundo: o conhecer humano, como função objetiva e social, sobretudo em disciplinas como a teologia, que faz referência explícita a realidades humanas, desempenha, junto à sua função de contemplação e interpretação, uma função práxica que vem de e leva à configuração de uma determinada estrutura social. Isso não implica negar um estatuto próprio e uma certa autonomia ao conhecer, nem sequer às distintas formas do conhecer como atividade intelectual, mas implica tão somente a afirmação de que esse estatuto e essa autonomia respondem a algo que é momento estrutural de uma totalidade histórica, condicionada socialmente por determinados interesses e, em geral, por determinadas forças sociais. A configuração dessas forças sociais exige e reelabora uma determinada produção intelectual em função dos interesses predominantes, sejam da índole que sejam, e não exclusivamente socioeconômicos, embora não devam entender-se necessariamente como reflexo automático dos mesmos.

O conhecer humano tem, assim, uma estrita dimensão social, não apenas por sua origem, mas também por sua destinação. Para não cair em ideologizações obscuras, necessita-se, então, levar a hermenêutica à análise crítica e, quando preciso, ao desmascaramento das origens sociais e das destinações sociais do conhecimento. Que isso tenha que passar, tanto em sua fase criativa quanto em sua fase de recepção, por indivíduos, que não

---

34. SCHELER, M., *Ética*, Madrid, 1941, 10.

se reduzem a concreções numéricas de um suposto macro-eu, não nega o caráter social, a dimensão social do conhecer como de qualquer outra atividade humana.

Terceiro: o conhecer humano tem também uma referência imediata à práxis, inclusive como condição de sua própria cientificidade. É, de antemão, a práxis mesma e um dos momentos essenciais de toda possível práxis. Para que a práxis não seja pura reação, isto é, para que seja propriamente práxis humana, necessita, como elemento essencial, de um momento ativo de inteligência. Mas, por outro lado, o conhecer humano, segundo o tipo que seja e com uma ou outra referência, necessita da práxis, não só para sua comprovação científica, mas também para se pôr em contato com a fonte de muitos de seus conteúdos. A necessária referência à realidade como princípio e fundamento de toda atividade realista adquire um caráter especial, se se atende ao necessário caráter dinâmico da própria realidade cognoscente e da realidade em que estamos. Mas essa dinamicidade não é, por assim dizer, puramente intencional e idealista. Tampouco é puramente passiva e receptiva. É preciso estar ativamente na realidade, e deve-se medir e comprovar o conhecer obtido com uma presença igualmente ativa na realidade. Isso, que é válido para o problema geral de teoria e de técnica, vale também, com suas caraterísticas próprias, para todo conhecimento e, certamente, para conhecimentos como o teológico, que se relaciona com uma fé que pretende ser a vida mesma dos homens. Essa dimensão ativa do conhecimento não é puramente práxica, como queria Aristóteles, mas deve ser estritamente poiética, no sentido de que deve se objetivar em realidades exteriores, para além da imanência ativa da própria interioridade e da intencionalidade subjetiva.

2.3. Condicionamentos críticos do método teológico latino-americano

Nesta sessão, expõem-se suscintamente alguns condicionamentos, deduzidos do que foi dito anteriormente, sem os quais a atividade teológica latino-americana não seria crítica nem responderia ao que se exige dela.

(a) Cada atividade humana e cada âmbito de realidade têm sua própria cientificidade e exigem criticamente um método próprio que deve se acomodar à estrutura dessa atividade e desse âmbito. A própria atividade deve se acomodar às exigências do âmbito de realidade ao qual se dirige. Entendemos aqui por âmbito de realidade não um objeto ou uma série de objetos, mas a totalidade concreta e histórica com a qual uma determinada atividade se enfrenta. Há um mútuo condicionamento entre atividade e âmbito de realidade. Só se chega a certos âmbitos de realidade a partir de determinados modos de atividades, e só é possível exercitar certos modos de atividade frente a determinados âmbitos de realidade. As coisas de Deus, por exemplo, tal como se dão no homem e se apresentam ao homem, supõem uma precisa atitude e atividade, sem as quais não é possível sua captação. Por outro lado, certas dimensões do homem não se atualizam nem, menos ainda, alcançam sua plenitude se não são exercitadas frente ao que é presença e encarnação do divino.

O método teológico latino-americano deve ter muito em conta essa especificidade de sua própria atividade, no que diz respeito à atividade mesma e no que diz respeito ao âmbito de realidade ao qual se dirige.

No que diz respeito ao âmbito de realidade, tem de dar-se conta de que seu âmbito próprio não é Deus sem mais, mas Deus tal como se faz presente na própria situação histórica. O problema da fé e, consequentemente, da teologia é, hoje e aqui, um problema com perfis bem determinados. Não dependem principalmente nem da vontade da hierarquia eclesiástica nem das pretensões dos teólogos, mas do que é a realidade concreta do povo de Deus. A salvação de Deus e a missão salvífica da Igreja e da fé concretizam aqui e agora sua universalidade em formas bem precisas, que o teólogo deverá inquirir, refletindo, num primeiro momento, sobre os sinais nos quais a presença salvífica de Deus se mostra e se esconde, em um Jesus que continua se fazendo carne ao longo da história.

No que diz respeito à atividade, é importante destacar que, quando se fala de teologia, não se trata de uma ciência pura. Não se pode começar como se já se contasse com uma definição unívoca de ciência, para depois acomodar a atividade teológica a essa definição e o discurso teológico ao que prévia e genericamente instituímos como científico. O começo deve ser a determinação do âmbito de realidade, a determinação do que persegue a atividade teológica, e a determinação das condições críticas requeridas para que a atividade teológica logre suas finalidades concretas. Em nosso caso, deve-se determinar o que entendemos por teologia latino-americana, pois aí se radica o pressuposto fundamental do que deve ser o método teológico latino-americano. Deve-se determinar também qual é o modo histórico de viver a fé e de perceber sua própria realidade do homem latino-americano em sua atual situação. Deve-se determinar, finalmente, o que se espera ou se pode esperar da teologia no continente latino-americano para que este viva seu modo próprio de fé em relação com sua situação histórica própria e trabalhe por essa situação histórica a partir de um modo adequado de viver sua fé.

Tanto no caso do âmbito como no caso da atividade, é mister aproximar-se muito do que é a realidade dessa fé mediante uma atenção perspicaz e crítica à religiosidade popular. A religiosidade popular não é sem mais a fé do povo nem, menos ainda, certa forma popularizada de teologia, mas nem por isso deve-se deixar de ter em conta como lugar teológico de inspiração e de comprovação. As proposições políticas e as proposições teológicas nem sempre estão livres de elitismo, embora se fale permanentemente do povo. Teólogos e crentes latino-americanos deveríamos nos perguntar se, frente à significatividade acadêmica, que busca ser reconhecida por elites acadêmicas, não se está defendendo uma significatividade política, que busca ser reconhecida por elites revolucionárias. A fé e a reflexão sobre a fé devem ficar alertas para não cair, por outro caminho, na mesma falsa mundanidade.

(b) A atividade teológica tem um estrito caráter social que, se não se assimila criticamente, pode levar a desvios teológicos graves. Já falamos anteriormente do caráter social de todo conhecimento. Mas esse caráter social aumenta no caso da atividade teológica e, consequentemente, no caso do conhecimento teológico.

Há pelo menos três razões para se refletir sobre o caráter social da atividade teológica e para perceber o que implicaria se não o fizéssemos: (1) a atividade teológica está condicionada e está a serviço não só da fé, mas de uma instituição eclesial que, enquanto instituição, está profundamente configurada pela estrutura sócio-histórica em que se dá; com relação a essa instituição eclesial, a atividade teológica, ao configurá-la e ao mesmo tempo ser configurada por ela, adquire um especial caráter social e converte-se, ademais, através da instituição a que serve, em favorecedora ou contraditora de determinadas forças sociais; (2) a atividade teológica, além de estar submetida a múltiplas precisões de ordem social – que, se não se desmascaram, mistificam seus resultados –, tem que lançar mão de recursos teóricos que podem ser resultado de ideologizações mais ou menos larvadas, o que é válido na ordem teórica da reflexão e na ordem práxica da utilização do pensamento teológico; (3) a atividade teológica é especialmente histórica, tanto pela índole própria que lhe compete como pelo âmbito de realidade ao qual responde; daí seu reduplicativo caráter opcional, que não é fruto apenas de algumas opções individuais, mas também de algo formalmente social.

Sendo assim, a pergunta do "para que" e do "para quem" da teologia, que se compendia na pergunta "a quem serve o que fazemos e para que serve de fato o que fazemos", é absolutamente prioritária em ordem a determinar o que deve ser a atividade teológica em seus temas e no modo de enfocá-los e propô-los. Não se deve confundir essa pergunta com a questão de quem a recebe de fato ou a quem se deve estendê-la para que a receba, porque isso suporia que a teologia é por si elitista, e que o único que se poderia exigir dela é colocar-se extensivamente ao alcance de todos. A questão é mais radical: sejam uns ou outros os que recebam o aporte teológico, o que importa é determinar a quem, de fato, está servindo a transmissão e o conteúdo dessa transmissão. E essa determinação deve se fazer a partir da fé e da crítica da própria teologia. Colocado assim o problema, o que se está pedindo não é que a atividade teológica careça de nível intelectual, como se não necessitasse de um ingente esforço de atividade puramente intelectual. A única coisa que se exige é questionar-se sobre o tipo de inteligência e o modo de trabalho intelectual que é próprio de uma atividade teológica verdadeiramente cristã e verdadeiramente latino-americana. Exige também aclarar a fundo – o que em si mesmo é um problema teológico grave – sobre quem e o que é o povo de Deus aqui e agora e sobre como ler nele a presença reveladora de Deus[35].

(c) A circularidade em que o método teológico latino-americano deve prestar atenção primária é a circularidade real, histórica e social. Segundo o que foi destacado anteriormente sobre o caráter próprio da inteligência e sobre o reduplicativo caráter social da atividade teológica, é preciso falar de uma circularidade primária. A circularidade fundamental, que se dá inclusive no conhecer humano – para não falar de outras dimensões da atividade humana –, não é a de um horizonte teórico e de alguns conteúdos teóricos, que se entendem a partir daquele horizonte e em parte o reconfiguram, mas a de um horizonte histórico-prático e de algumas realidades concretas. Não há uma circularidade pura entre horizonte teórico e compreensão do sentido de algo determinado. A circularidade é física; o é no ponto de partida de toda compreensão e de toda atividade, e o é no movimento pelo qual se constituem as determinações concretas. O importante, portanto, antes de se

---

35. A este tema se refere J. L. Segundo em *Liberación de la teología*, obra citada acima.

perguntar pelo horizonte teórico – por mais vivencial que seja – de minha compreensão e de minha opção, é se perguntar pelo horizonte real a partir do qual se exercita qualquer tipo de função humana. Isso pode parecer um desconhecimento do caráter próprio do horizonte, mas indica que o horizonte, tecnicamente entendido, não se explica por si, como resultado de uma suposta abertura puramente transcendental, mas está pré-condicionado por uma série de elementos, que vão das próprias estruturas biológicas até os últimos condicionamentos sociopolíticos, passando por uma longa fila de outros tipos de condicionamentos.

Consequentemente, a hermenêutica deve ser uma hermenêutica real e histórica porque o que se trata de medir criticamente não é um determinado sentido teórico, mas como pôde surgir realmente um determinado sentido a partir de um "desde onde" físico. No que diz respeito ao método fundamental, isso é o importante, embora depois sejam necessários passos mais teóricos e técnicos no desdobramento do horizonte total em horizontes mais parciais.

(d) Outro ponto ao qual o método teológico latino-americano deveria atender é a análise de sua própria linguagem. De novo, não como pura investigação de análise linguística, como se estivéssemos em um problema exclusiva ou fundamentalmente de sentido teórico ou de significação intencional, mas como investigação do que os termos empregados descobrem ou encobrem. Não em vão a linguagem aristotélica levou a intelecção da fé por caminhos que hoje parecem parciais e discutíveis. Pela mesma razão, cabe se perguntar se a linguagem marxista não pode nos levar a equívocos parecidos, a não ser que seja usada criticamente. Que a reflexão teológica tenha que lançar mão, em cada caso, de determinada linguagem reconhecida e operante, parece ser uma necessidade. O importante, então, é processar essa necessidade. E isso a partir de um duplo ponto de vista: cuidando que a linguagem usada não desfigure a pureza e a plenitude da fé e cuidando que não se converta a teologia em uma versão sacralizada de um determinado discurso secular.

Para interpretar e transformar o mundo cristãmente são necessárias tanto mediações teóricas como mediações práticas. Nem a teologia é uma pura reflexão sobre a fé a partir da própria fé – sem esquecer que a própria fé já não é pura fé – nem a atividade dos cristãos pode ser levada a cabo neste mundo sem apoios operativos. Mas as mediações não podem se constituir em pautas absolutas, nem no todo da fé nem na práxis cristã. Se se absolutiza o meio, idolatriza-se e, consequentemente, converte-se na negociação daquilo que relativamente quer mediar; converte-se na negociação do caráter absoluto, em relação ao qual quer ser mediação. É algo que não se pode realizar sem tensão, tanto na ordem teórica como na ordem práxica: os que acusam a teologia latino-americana e a práxis de determinados movimentos de marxização partem do falso pressuposto de que sua teologia e sua práxis não estão mediatizadas; mas os que não captam o que o marco teórico e prático do marxismo pode ter de mediação – e de mediação ambígua, pelo menos no sentido de parcializante – estão, por outro capítulo, mediatizando a fé e a práxis do povo de Deus. E mediatizar não é o mesmo que mediar.

Não se pode fazer teologia hoje à margem da teoria marxista. E isso não só como princípio crítico, mas também como princípio iluminador. Toda a campanha eclesiástica e extra-eclesiástica para que se teologize e se atue à margem do que é o marxismo é uma campanha míope e, na maioria das vezes, interessada, consciente ou inconscientemente. Mas o exagero de uns não pode levar ao exagero de outros. A leitura crítica do fato cristão realizada a partir do marxismo deve acompanhar a leitura crítica da interpretação e ação marxista, levada a cabo a partir da mais autêntica fé cristã. A fé e a reflexão teológica não podem se esvaziar no molde marxista, por mais que devam responder ao desafio marxista, no que ele tem de interpretação e transformação do homem e da sociedade.

Insistimos nesse ponto não porque o marxismo seja a única forma ou a forma mais grave de colocar em perigo a força e a totalidade da fé. Mas, com relação ao método teológico latino-americano, o marxismo é seu interlocutor mais próximo. Pode ajudar muito a decifrar outras linguagens e outros discursos teológicos; pode ajudar muito na interpretação do fato histórico do qual se parte e na formulação não mistificada da resposta teológica à realidade de um povo em marcha; pode ajudar muito na orientação do trabalho em que a salvação deve se historicizar[36]. Não obstante, tampouco há que ser ingênuo com as consequências que seu uso indiscriminado e, sobretudo, a absolutização desse uso podem significar para a própria fé. Precisamente pelo que pode servir, precisamente porque se deve tomá-lo com toda seriedade, deve ser permanentemente submetido

---

36. Cf. ELLACURÍA, I., Historia de la salvación y salvación de la historia, *Teología política*, San Salvador, 1973.

a uma crítica que mostre seus limites. E isso vale para o método, porque os métodos não são estranhos aos conteúdos, nem são estranhos ao que é a dinâmica fundamental do pensamento e da ação, cujo estatuto epistemológico é expressado pelo método fundamental.

Concluindo, esses quatro condicionamentos – a especificidade própria do método teológico, o caráter social da atividade teológica, a circularidade primária da reflexão teológica e a análise crítica de sua própria linguagem – são pontos que o método teológico latino-americano deve ter muito em conta, sob pena de se desvirtuar. Com eles, concretiza-se a fundamentação filosófica do método. Como se deva manejar operativamente esse método fundamental, assim fundamentado, é questão que esse artigo pode deixar em aberto. A fundamentação filosófica, com efeito, não representa mais que um passo, se bem que insubstituível, na busca da determinação do método teológico. Os exemplos propostos na primeira sessão mostram a importância que podem ter distintas bases filosóficas. A diferença não se deve apenas às bases filosóficas, manejadas de forma mais ou menos atemática, mas a um modo distinto de viver a fé e de viver o ofício teológico. Mas a revisão dos supostos filosóficos é, como não podia deixar de ser, revisão dos fundamentos desse modo distinto de viver a fé e de viver o ofício de teólogo. A partir dos fundamentos aqui analisados, pensamos que se pode estruturar um método que seja fiel às demandas da teologia e à necessidade de uma grande parte do povo de Deus que marcha em busca de salvação.

Tradução: Francisco de Aquino Júnior

Edições Loyola

editoração impressão acabamento
Rua 1822 n° 341 – Ipiranga
04216-000 São Paulo, SP
T 55 11 3385 8500/8501, 2063 4275
www.loyola.com.br